Mapeamento da Sinalética Energética Parapsíquica

Sandra Tornieri

Mapeamento da Sinalética Energética Parapsíquica

2ª Edição

Foz do Iguaçu, PR – Brasil
2018

Os originais desta edição foram produzidos e revisados através de editoração eletrônica e de impressão a *laser* (texto em *Minion Pro 11,5*).

Ilustração de Capa: Francieli Padilha.
Foto da Capa: Sensitiva (Dormideira) – *Mimosa pudica* (*L.* 1753) e modelo da mão: Kao Pei Ru.
Revisão de Conteúdo: Mabel Teles, Tatiana Lopes, Tony Musskopf.
Revisão da Língua Portuguesa: Erotides Louly, Helena Alves Araujo, Liege Trentin.
Revisão Final: Kao Pei Ru.
Diagramação: Epígrafe Editorial e Gráfica Ltda.
Impressão: Impresul Indústria Gráfica Ltda.

Dados Internacionais de Catalogação na Publicação (CIP)

T685m Tornieri, Sandra

Mapeamento da sinalética energética parapsíquica. / Sandra Tornieri; [prefácio de Hernande Leite]. -- Foz do Iguaçu : Editares, 2018 – 2ª ed.

302 p. ; il.

Inclui bibliografia.

ISBN 978-85-8477-091-5

1. Conscienciologia. 2. Sinaleticologia 3. Parapercepciologia. I. Título.

CDD 133

Tatiana Lopes CRB 9/1524

Associação Internacional Editares
Av. Felipe Wandscheer, 6.200, sala 107, Cognópolis
Foz do Iguaçu, PR – Brasil – CEP: 85856-530
Tel/Fax: 45 2102 1407
E-mail: editares@editares.org *Website:* www.editares.org

DEDICATÓRIA

Dedico esta obra conscienciológica aos intermissivistas interessados em compreender e mapear as próprias sinaléticas parapsíquicas, rumo à qualificação e desenvolvimento da inteligência parapsíquica interassistencial.

Dedico também ao meu parceiro de dupla evolutiva, Amin Lascani, que, ao seu modo discreto e exemplar, me deu forças, energias e incentivos para o término desta primeira obra e início de outras...

AGRADECIMENTOS

Ao meu grupocarma, em especial o da família nuclear e extensa, verdadeiros amigos e aportes evolutivos, a começar pelos meus pais, Silvano (in memorian) e Marlene, que sempre nos incentivaram a estudar assuntos transcendentes e multidimensionais; aos meus irmãos: Silvia, Denise, Daniel, Marcos e Valter pelo apoio e carinho, mesmo a distância.

Ao Amin Lascani por tudo e principalmente pela paciência tarística.

Aos amparadores extrafísicos, que me auxiliaram o tempo todo na inspiração e elaboração desta obra, em especial ao amparador da Tenepes, que contribuiu para meu equilíbrio e conexão interassistencial.

Minha sincera gratidão ao amparador Zéfiro, pesquisador Waldo Vieira (in memorian), agente retrocognitor e benfeitor mentalsomático de múltiplas existências.

Agradeço também aos meus amigos raríssimos pelo apoio e principalmente pela cobrança insistente para a publicação de minha primeira Gescon – Gestação Consciencial.

Merecem também as melhores energias e meus agradecimentos o médico e pesquisador Hernande Leite pela elaboração do prefácio, os revisores Mabel Teles, Tatiana Lopes e Tony Musskopf que apontaram as necessidades de correções e as sugestões de melhorias no conteúdo da primeira edição desta obra.

À equipe da Editares em especial as revisoras de língua portuguesa Helena Alves Araujo e Erotides Louly, a Kao Pei Ru pela revisão pente-fino e à colaboradora Francieli Padilha pela linda capa e ilustrações.

Agradeço aos revisores Denise Tornieri, Eliane Wojslaw, Guilherme Kunz, Nina Rosa Manfroi, Sandro Batistella, Roseli

Oliveira e Liege Trentim, pela importante revisão da segunda edição desta obra.

À equipe da Epígrafe, em especial aos sempre amigos evolutivos Ernani Brito, pela diagramação e Rosemary Salles, pelo índice remissivo e incentivo gesconográfico.

SUMÁRIO

SEÇÃO III
Mapeamento da Sinalética Energética Parapsíquica Pessoal

SEÇÃO IV
Técnicas de Mapeamento das Sinaléticas Energéticas Parapsíquicas

Anexo e Apêndices

PREFÁCIO

Opção. O parapsiquismo é consequência evolutiva natural, até os subumanos possuem. Animais detectam sinais precoces de catástrofes naturais preservando a sua integridade, porém não têm qualquer discernimento sobre o fato, tratando-se de puro instinto. O ser humano possui livre-arbítrio de viver instintivamente ou buscar conhecimento e lucidez de tudo que o cerca; é uma questão de opção sobre a qual não precisamos indagar a que carrega maior conteúdo intelectivo.

Autonomia. A sinalética parapsíquica liberta as conscins dos misticismos pueris, dos gurus intermediários multidimensionais charlatães e da psicopatia universal religiosa, trazendo maior autonomia consciencial e compreensão da interdependência evolutiva homeostática, em qualquer esfera dimensional em que se manifeste.

Deficiência. A cegueira multidimensional é a mais complexa das deficiências humanas, superando as visuais, auditivas e físicas, pois impede o ser humano de acessar a sua essência, impelindo ao isolamento quadrimensional sob o jugo materialista degradante das potencialidades conscienciais.

Mapeamento. A comunicação multidimensional da conscin em plena vigília física é fundamental para o desenvolvimento da lucidez parapsíquica e inicia-se através da decodificação e mapeamento técnico da sinalética parapsíquica pessoal.

Metodologia. Visando garantir a veracidade de tais parapercepções o pesquisador deve, em primeiro lugar, descartar quaisquer misticismos e interpretações fantasiosas, adotando postura crítica e metodológica, desde a fase da coleta de dados às interpretações das vivências parapsíquicas.

Subjetividade. No tocante à objetividade, as percepções físicas, oriundas do sistema nervoso em conexão com os órgãos sensoriais, possuem caráter ambivalente, pois, embora o estímulo externo apresente maior concretude intersubjetiva, sua interpretação e significado dependem exclusivamente do experimentador. No campo das parapercepções, a subjetividade torna-se predominante, estando mais exposta a ilusões e equívocos.

Interassistência. O intermissivista é plenamente consciente da importância do desenvolvimento da sinalética energética pessoal no âmbito da interassistencialidade multidimensional, em particular quanto à conquista do domínio energético e da iscagem lúcida, dispensando aqui a necessidade de listar os benefícios hauridos por parte daqueles que já o conquistaram.

Maturidade. A conquista da maturidade bioenergética é alcançada pelo esforço no domínio das diversas manobras energéticas, passando pelo equilíbrio emocional e chancelada com a decodificação da sinalética parapsíquica, auferindo o assistente o alcance da condição de desassediado permanente total – Desperto.

Iscagem. A psicosfera do ser desperto assemelha-se em muito ao átomo, com intenso fluxo de elétrons em sua órbita sem alterar a estrutura nuclear. O fato que permite o equilíbrio estrutural do ser desperto em meio ao tumultuado tráfego de consciexes perturbadas em sua psicosfera é o grau de lucidez interassistencial multidimensional, o qual se inicia a partir do mapeamento da sinalética pessoal.

Obra. Esta obra esmiúça o tema, detalhando os pormenores técnicos que envolvem o desenvolvimento da sinalética energética, predispondo ao leitor a oportunidade de esclarecimento profundo da ferramenta essencial à assistencialidade lúcida e à catálise da desperticidade pessoal.

Teática. Tive a oportunidade evolutiva de ser aluno da professora Sandra Tornieri; fato que me permite identificar seus trafores no que tange ao didatismo técnico, metodológico e vivência interassistencial. Bem ao seu estilo, a autora nos oportuniza uma obra rica em detalhes essenciais à conquista da lucidez multidimensional, fruto do seu esforço tarístico teático.

Foz do Iguaçu, 14 de Junho de 2014

Hernande Leite
Médico, Conscienciólogo
Secretário Geral da Ectolab – Associação Internacional de Pesquisa Laboratorial em Ectoplasmia e Paracirurgia.

INTRODUÇÃO

Sinais. A *comunicação interconsciencial* é realizada a partir da linguagem de signos e sinais, da palavra escrita ou falada, de gestos, ou de mensagens silenciosas. Estas chegam por meio de pessoas ou situações e costumam fazer sentido e ter alguma lógica, para aquele que as capta e principalmente quando são aplicadas na prática.

Parapsiquismo. A comunicação pode ser ampliada, de modo significativo e evolutivo, a partir do desenvolvimento do parapsiquismo.

PES. O desenvolvimento parapsíquico começa a partir do reconhecimento das parapercepções, percepção extrassensorial (PES) ou percepções além dos sentidos físicos, conhecidas popularmente como sexto sentido.

Sensitividade. A pessoa sensitiva é aquela que possui parapercepções aguçadas e consegue captar e interpretar os *sinais energéticos* que o *Cosmos* está o tempo todo transmitindo.

Atenção. Para quem está atento é possível captar desde o sinal visível de que está para chegar uma tempestade, até o *sinal energético* invisível ou multidimensional de que está para chegar uma consciência extrafísica a ser assistida.

Paraolhos. A partir do paradigma consciencial proposto pela ciência *Conscienciologia* a realidade ou a pararrealidade pode ser observada com outros olhos, ou com os paraolhos.

Psicossoma. Os paraolhos são os olhos extrafísicos ou correspondentes ao veículo de manifestação denominado psicossoma ou corpo das emoções.

Corpos. A conscin ou consciência intrafísica, eu ou você, somos multidimensionais e possuímos um holossoma, ou conjunto de corpos de manifestação.

Holossoma. Além do corpo físico, ou *soma*, temos o corpo energético ou *energossoma,* o corpo emocional ou *psicossoma* e o corpo mental ou *mentalsoma.* Cada um vibra numa frequência energética diferente, o que permite a interposição de um sobre o outro.

Energossoma. As parapercepções mais sutis ocorrem a partir da soltura do corpo energético ou energossoma, que todos possuem, mas poucos percebem ou utilizam de modo consciente.

Multidimensionalidade. O que no senso comum é chamado de "coisas do além", na verdade, faz parte da manifestação dos fenômenos parapsíquicos nas múltiplas dimensões, ou multidimensionalidade. A dimensão mais conhecida, *além* da física, é a extrafísica e esta pode ser vista a partir da clarividência, ou dos paraolhos, e percebida a partir do desenvolvimento natural do parapsiquismo.

Pararrealidade. Quem desenvolve o parapsiquismo passa a englobar em seu mundo pessoal a pararrealidade. Isto significa que irá somar à população terrestre conhecida, a parapopulação, pouco vista ou reconhecida pela maioria das conscins ou consciências intrafísicas.

Proporção. Segundo o pesquisador e propositor das ciências *Projeciologia* e *Conscienciologia,* Waldo Vieira (1932-2015), por suposições lógicas de projetores conscientes, a parademografia é nove vezes maior do que a população terrestre, ou seja, para cada conscin na dimensão física, existem nove consciências extrafísicas correspondentes ou ligadas a esta.

Intangibilidade. Como aguçar a parassensibilidade, a fim de perceber tais presenças reais, porém intangíveis?

Mal-estar. Do mesmo modo que alguém mais generoso ou sensível pode sofrer algum tipo de mal-estar, ao olhar para uma criança faminta à sua porta, a parapercepção das consciências extrafísicas carentes ou desamparadas também pode causar o mesmo, ou até mais profundo mal-estar, na pessoa predisposta.

Omissão. A maioria dos indivíduos egoístas evita o contato mais direto com o sofrimento alheio e são pouco empáticas (GIKOVATE, 2005).

Paraomissão. Sendo assim, por hipótese lógica, o egoísta pode agir de modo inconsciente, ao não desejar estimular ou desenvolver as parapercepções, para não sentir a dor alheia ou ter que tomar algum tipo de atitude em relação à parapopulação carente.

Contiguidade. A grande diferença é que quando a consciência percebe em sua parapsicosfera a presença de consciexes carentes, o mal-estar costuma ser muito maior e a necessidade de tomar alguma atitude também.

Paraempatia. Essa é a verdadeira empatia, a de sentir o que o outro está sentindo na "parapele do psicossoma".

Anonimato. A interassistência à parapopulação não traz nenhum tipo de "ibope" ou reconhecimento público. E, às vezes, pode provocar tremendo mal-estar, mesmo depois de iniciada a interassistência.

Hipersensibilidade. Existem pessoas que percebem de modo excessivo o que os outros estão sentindo. Ficam fragilizadas, desequilibradas ou à "flor da pele".

Esponjas. É o caso da pessoa apelidada de conscin-esponja, ou seja, que *absorve* todo tipo de energia, sentimento e pensamentos das conscins e consciexes ao seu redor.

Antipatia. Esta é a chamada assimilação antipática de energias, ou seja, aquela prejudicial à conscin.

Casca-grossa. Por outro lado existe a conscin "casca grossa", ou seja, que não tem percepção alguma. Mas isto não significa que sua parapsiscosfera esteja limpa.

Sinal. Se uma borboleta pousasse em suas costas agora, você saberia identificá-la ou levaria um susto espantando-a de imediato?

Consciex. Da mesma forma, se uma consciência extrafísica se aproximasse agora, você conseguiria identificar se é uma consciex carente ou se é um amparador?

Sinalética. Você já identificou quais são os sinais energéticos, parapsíquicos e somáticos da presença de uma consciência extrafísica em sua energosfera?

Interesse. As parapercepções podem ser ampliadas de modo positivo, na medida em que a consciência passa a ter maior interesse pelo outro.

Treino. Para quem deseja compreender a real importância do desenvolvimento e **Mapeamento da Sinalética Energética Parapsíquica,** um bom exercício de reflexão é estudar a biografia da grande educadora e autora de mais de 14 obras escritas e publicadas: Helen Keller (1880 - 1968). Ela ficou cega e surda aos 18 meses de idade após um quadro de congestão seguido de febre altíssima (KELLER, 2008).

Perda. Fazendo analogia com a situação de Keller, podemos dizer que a maioria das consciências, ao ressomar, ou renascer, passa pelo restringimento físico, perdendo a paravisão e a para-audição da dimensão extrafísica.

Recuperação. Enquanto a conscin não recuperar as parapercepções será considerada paracega e parassurda do ponto de vista multidimensional.

Comunicação. É possível um cego e surdo comunicar-se com o mundo físico? A resposta é sim, porém é algo complexo e necessita de um longo aprendizado, a fim de utilizar outros sentidos e outras estratégias de comunicação.

Para-alfabetização. Que outros parassentidos e parassinais podem ser desenvolvidos até a pessoa recuperar a paravisão e a para-audição multidimensional? Será que existe um alfabeto ou para-alfabeto parapsíquico, ao modo dos alfabetos manuais criados para cegos e surdos? Como voltar a perceber a pararrealidade multidimensional da paraprocedência pessoal?

Acesso. Um dos parafenômenos para acessar a extrafisicalidade, estando na dimensão física, é a clarividência, porém a maioria das pessoas ainda não desenvolveu tal habilidade.

Energosfera. Outra forma de acesso à extrafisicalidade é a partir das energias. Quem expande as próprias energias e amplia a energosfera aguça as parapercepções e pode começar a perceber as consciências extrafísicas ao seu redor, a partir da sinalética energética parapsíquica pessoal.

Pele. A sinalética energética parapsíquica pessoal é a representação da *segunda pele* ou do chamado *sexto sentido.*

Mapeamento. O ato de mapear as sinaléticas energéticas parapsíquicas pessoais demonstra, em primeiro lugar, o interesse, a valorização e o reconhecimento que a conscin está dando à sua vida multidimensional. É o primeiro passo para sair da escuridão ou da ignorância quanto à pararrealidade.

Compreensão. Um dos objetivos do estudo da sinalética é ampliar a compreensão e expandir os elos da comunicação interdimensional ou da paracomunicação, a fim de perceber a pararrealidade, a manifestação de consciências, as energias e dimensões extrafísicas.

Nível. O mapeamento da sinalética parapsíquica irá contribuir para a identificação do nível evolutivo das consciências que nos cercam, ampliando a estratégias interassistenciais para lidar com cada uma delas.

Autodefesa. Nem toda consciex ou consciência extrafísica deseja ser assistida. Ao invés de querer melhorar a si mesma, pode manifestar-se na condição infeliz de conscener ou consciência extrafísica energívora, sugando energias conscienciais por onde passa. Daí a necessidade de desenvolvermos as autodefesas energéticas a partir do mapeamento das sinaléticas parapsíquicas.

Crucial. A *sinalética parapsíquica* está entre os 20 temas evolutivos cruciais, segundo Vieira (2004, p. 86), pelo fato de extrapolar as áreas da Ciência convencional materialista.

Conquistas. De acordo com a *Conscienciometria,* o emprego da sinalética está entre as 30 conquistas pessoais, prioritárias, e depende exclusivamente da própria vontade.

Mega-aquisição. Pela *Evoluciologia,* a sinalética parapsíquica é considerada a segunda mega-aquisição ou conquista parapsíquica, depois do Estado Vibracional.

Autoconhecimento. O grande objetivo de se mapear a sinalética parapsíquica é a consciência reconhecer os sinais da multidimensionalidade em si mesma e aplicá-los, a fim de assistir evolutivamente o maior número de consciências.

APRESENTAÇÃO

Histórico. A pesquisa do mapeamento da sinalética parapsíquica pessoal surgiu a partir da leitura do verbete da Enciclopédia da Conscienciologia "Planilha Evolutiva", no qual o autor Waldo Vieira, apresentou 20 metas evolutivas a serem conquistadas pela conscin intermissivista. Dentre estas, a sinalética parapsíquica destacou-se, numa espécie de efeito zoom. Reconheci tratar-se do meu próximo passo evolutivo. Isto ocorreu em 2004, três anos após ter mudado para a cidade de Foz do Iguaçu-PR, para voluntariar no CEAEC - Centro de Altos Estudos da Conscienciologia, - Instituição Conscienciocêntrica (IC).

Pesquisa. No Holociclo - megalaboratório pesquisístico da Enciclopédia da Conscienciologia - houve o aprendizado da importância da Arquivologia, da utilização de pastas específicas para cada tipo de assunto e do detalhismo exaustivo em todas as anotações registradas.

Pastas. Houve ainda a técnica de utilizar a pasta L, bem conhecida nos ambientes empresariais, com etiqueta no alto, para classificar o tema da pesquisa, e a *pasta polionda*, também identificada com letras bem grandes na lombada, para o arquivo de um volume maior de achados, podendo ser jornais, revistas, anotações.

Cosmograma. As pastas e arquivos fazem parte do Cosmograma, técnica criada pelo pesquisador Vieira (2000, páginas 33-52), consistindo em selecionar, recortar e classificar matérias de jornais e revistas, a fim de ampliar a visão de mundo ou cosmovisão, e principalmente para ser fonte da pesquisa da *Enciclopédia da Conscienciologia*, além dos dicionários, outras enciclopédias e livros.

Clipping. O cosmograma é uma espécie de *clipping* jornalístico, porém com o foco no estudo da consciência. Avalia o cosmos a partir do estudo da própria consciência pesquisadora e vice-versa.

Acúmulo. Com o passar dos anos, após um número considerável de registros e anotações sobre as sinaléticas pessoais, esta autora decidiu fazer o respectivo mapeamento.

Mapeamento. A partir de um desenho representando o corpo humano foram anotadas as principais sinaléticas e o seu significado.

Cosmovisão. Este simples ato proporcionou visão de conjunto sobre as categorias das sinaléticas.

Verbete. Mais adiante, esta autora elaborou um verbete para a *Enciclopédia da Conscienciologia,* específico sobre o *Mapeamento da Sinalética Parapsíquica,* defendido na tertúlia conscienciológica do dia 02.03.2012.

Pedido. Ao final da defesa do verbete houve a abordagem, por uma tertuliana, com o seguinte questionamento: "Quando você irá escrever um livro sobre este assunto? Nós todos temos muita dificuldade em lidar com as sinaléticas...".

Gescon. A partir daí houve motivação de sobra para iniciar a escrita deste livro.

Prática. Esta autora faz parte da equipe de professores da *Escola de Parapsiquismo* (ano base: 2018), curso modular oferecido pelo CEAEC, com o objetivo de desenvolver as competências parapsíquicas de modo gradual e contínuo.

Sinalética. É responsável por desenvolver a aula sobre a competência parapsíquica **Sinalética Energética Parapsíquica Pessoal** e propor exercícios ou técnicas a fim de os alunos conseguirem identificar e mapear os vários tipos de sinalética.

Resultado. Os alunos realizaram vários tipos de exercícios ou *técnicas* para testar a identificação e mapeamento das próprias sinaléticas. O que mais repercutiu de modo positivo foi a técnica para identificar a sinalética parapsíquica da presença do amparador (ver cap. 48).

Livro. Na ocasião, já havia iniciado a escrita deste livro e listado diversas técnicas de mapeamento da sinalética. A partir da experiência positiva com as técnicas do curso, foram desenvolvidas outras técnicas que estão descritas na seção IV. Você, leitor ou leitora, terá a oportunidade de colocá-las em prática.

Estrutura. O livro foi estruturado em 4 seções: a primeira seção apresenta os *conceitos sobre a sinalética energética parapsíquica pessoal;* a segunda seção aborda o *desenvolvimento da sinalética parapsíquica pessoal,* a terceira seção é dedicada ao assunto principal da obra, ou seja, o *mapeamento da sinalética energética parapsíquica* e a quarta seção sugere *técnicas de mapeamento das sinaléticas parapsíquicas.*

Manual. A obra foi elaborada ao modo de manual, para que o(a) leitor(a) pesquisador(a) possa ler conforme seu interesse ou necessidade.

Teática. A proposta é ser bem prático para acelerar a identificação e o mapeamento da sinalética parapsíquica.

Chapa. A estrutura utiliza-se de capítulo mais flexível, sendo que nem todos possuem o mesmo padrão.

Ciência. A fim de favorecer o raciocínio lógico e científico a respeito do tema, são propostos, no capítulo 2, as 11 perguntas da ciência sobre a sinalética parapsíquica.

Pensatas. No capítulo 55 foram compiladas também pensatas no campo da *Sinaleticologia.* O formato da pensata ajuda na fixação e memorização da ideia e na valorização das sinaléticas parapsíquicas no cotidiano.

Vocábulos. Objetivando a formação de dicionário cerebral específico sobre o tema, são apresentados no capítulo 56 o Minidicionário contendo 135 termos de *Ideias Afins da Sinaleticologia,* que pode ser lido antes, durante ou depois da leitura completa da obra.

Exemplos. Para cada termo é apresentado um exemplo específico, a partir da vivência prática desta autora ou de outros colegas evolutivos, relativos ao campo da Sinaleticologia e Sincronologia.

Convite. Convido você, leitor (a), a ampliar a visão e percepção das próprias sinaléticas parapsíquicas.

Heterocríticas. As heterocríticas são bem-vindas, pois nenhuma obra é completa ou perfeita. Sempre pode e deve ser revisada, corrigida, aperfeiçoada, ampliada e melhorada.

A autora
stornieri@yahoo.com.br

Seção I

O que é Sinalética Energética Parapsíquica Pessoal

01. SINALÉTICA PARAPSÍQUICA

Definição. "A *sinalética parapsíquica* é a existência, identificação, registro e emprego autoconsciente dos sinais anímicos, energéticos, parapsíquicos e personalíssimos, ou a percepção transcendente, indiscutível, autopersuasiva e autoconfirmadora da presença de consciexes ou de ocorrências extrafísicas, parafatos e parafenômenos em torno da pessoa parapercipiente na vigília física ordinária ou da conscin projetada, fora do soma, com lucidez" (VIEIRA, 2002).

Sinonímia: 1. Sinais parapsíquicos; parapercepções autoidentificadas; autossinalética. 2. Paracampainhas. 3. Alertas interassistenciais.

Antonímia: 1. Ausência de sinais parapsíquicos. 2. Antissinalética parapsíquica.

Exemplos: arrepios, formigamentos, aragem refrescante, mudanças de temperatura, bocejos, estalidos ósseos, zumbidos.

Animismo. Nem toda sinalética é parapsíquica, ou com interferência de consciências ou energias de outras dimensões. Existem sinaléticas anímicas, ou seja, provenientes da vontade e das parapercepções do próprio pesquisador.

Exemplo. Um exemplo de sinalética energética *anímica* é o ato de a conscin expandir as próprias energias, pela vontade, desencadeando sensações de balonamento ou flutuação, dentre outros sinais energéticos.

Significado. Todo sinal energético possui um significado a ser compreendido e decodificado a fim de tornar-se útil nas tarefas interassistenciais.

Polaridade. A sinalética pode apresentar sinais com significados positivos ou negativos.

Aviso. Geralmente estão relacionados ao aviso da presença de consciex amparadora, assistível ou assediadora.

Harmonia. A sinalética parapsíquica permite detectar a presença de consciências sadias e doentias, de modo imediato. A consciência detecta as consciências a serem assistidas e promove a autodefesa diante das consciências assediadoras. "Este fato harmoniza o holopensene pessoal e a vida em torno" (VIEIRA, 2007; p.657).

Atitude. A percepção da sinalética energética pessoal exige atitude. Um sinal é ao mesmo tempo um chamado de alerta.

Motivo. Por exemplo, o sinal da presença do amparador pode ser alerta para a conscin ficar mais atenta às possíveis informações ou mensagens que serão transmitidas. Também pode ter relação com algum ou vários assistidos, de modo direto ou indireto. Na maioria dos casos a primeira pessoa a ser assistida é a conscin lúcida na função de assistente multidimensional.

Questão. Como ampliar o autodiscernimento quanto às próprias sinaléticas energéticas parapsíquicas pessoais?

Autodiscernimento. A partir do estudo, da autopesquisa, acúmulo de experiências e das vivências com a sinalética, a consciência pode adquirir maior autoconfiança e qualificar o autodiscernimento.

Características. A fim de ampliar a compreensão sobre o tema, eis lista, em ordem alfabética, de 17 características das *sinaléticas parapsíquicas:*

01. **Classificável.** A primeira classificação da sinalética parapsíquica é do ponto de vista homeostático ou parapatológico. Por exemplo, o que você está percebendo ou sentindo é saudável ou patológico? Amplia sua lucidez ou intoxica sua parapsicosfera?

02. **Confirmatória.** A sinalética possui caráter confirmatório de parapercepções e de parafenômenos. Por exemplo, o banho energético pode ser sinalética confirmatória.

03. **Contextual.** A sinalética pode estar correlacionada a determinado contexto ou ocorrência. Por exemplo, determinada sinalética é acionada toda vez que a pessoa atua em função ou atividade específica.

04. **Decodificável.** A sinalética pode ser decodificada de acordo com a situação ou ocorrência. Por exemplo, determinada sinalética pode indicar estado de alerta da conscin.

05. **Estratégica.** A sinalética pode ser utilizada como estratégia interassistencial, para criar um sentimento de prontidão no assistente.

06. **Evolutiva.** A sinalética evolui com o tempo e a experiência do parapsíquico ou parapsíquica.

07. **Holopensene.** A sinalética pode apresentar-se conforme determinado padrão holopensênico de certos locais, por exemplo, um hospital.

08. **Mapeável.** É possível mapear a sinalética parapsíquica do ponto de vista holossomático, ou seja, de cada um dos veículos de manifestação – soma, energossoma, psicossma e mentalsoma.

09. **Mensurável.** A sinalética pode ser medida, do ponto de vista de número de repetições.

10. **Mutável.** A sinalética pode mudar. Por exemplo, a presença de determinado amparador pode provocar sinalética específica. Na troca de amparo, a sinalética também muda.

11. **Paratécnica.** A sinalética parapsíquica é considerada paratécnica de comunicação interdimensional.

12. **Personalíssima.** O tipo de sinal pode ser o mesmo, porém o significado geralmente é diferente para cada pessoa. Por exemplo, o zumbido para uma pessoa pode significar a presença de consciex, para outra, pode significar energias gravitantes.

13. **Preventiva.** A sinalética pode representar sinal de alerta ou indicador prévio de determinado acontecimento.

14. **Provocada.** A sinalética pode ser induzida de modo educativo e positivo pelos amparadores. Por exemplo, toda vez que sente seu frontochacra pulsar de determinado modo é um aviso da presença do amparador e da necessidade de exteriorizar energias.

15. **Recorrência.** A repetição da ocorrência do mesmo sinal é condição essencial para o mapeamento da sinalética.

16. **Significativa.** Toda sinalética possui um significado a ser identificado pela conscin pesquisadora.

17. **Útil.** A sinalética pode ter caráter interassistencial educativo e servir como diagnóstico de saúde, patologias ou parapatologias.

Autodiscernimento. As características da sinalética podem ser percebidas pela conscin atenta e lúcida quanto às ocorrências diárias dos fatos e parafatos.

O *PRINCÍPIO DA DESCRENÇA,* ***ALIADO AO*** *AUTODISCERNIMENTO,* ***REPRESENTA A BASE DA AUTOPESQUISA DA*** *SINALÉTICA.*

02. 11 PERGUNTAS CIENTÍFICAS SOBRE SINALÉTICA ENERGÉTICA PARAPSÍQUICA

Perguntas. Eis 11 perguntas científicas, em ordem lógica, sobre o tema sinalética parapsíquica, especialidade da *Sinaleticologia:*

01. **Agente.** *Quem* produz a sinalética energética parapsíquica?

R.: A conscin intermissivista lúcida, a partir da percepção quanto à própria manifestação holossomática e multidimensional.

02. **Existência.** *O que* constitui ou gera a sinalética energética parapsíquica?

R.: A repercussão de fatos, parafatos ou ocorrências intraconscienciais dentro do microuniverso consciencial ou holossoma da conscin lúcida.

03. **Local/Espaço.** *Onde* se produz e se desenvolve a sinalética energética parapsíquica?

R.: No holossoma ou veículos de manifestação da consciência: soma, energossoma, psicossoma e mentalsoma.

04. **Tempo.** *Quando* se produz a sinalética energética parapsíquica?

R.: A partir da repetição continuada de um padrão energético de referência de determinada parapercepção.

05. **Comparação.** *Com o que* se compara a sinalética energética parapsíquica?

R.: A sinalética energética parapsíquica pode ser comparada à linguagem de sinais ou a um dicionário parapsíquico, no qual cada sinal ou sinalética identificada possui um significado.

06. **Causa-efeito.** *Por que* se produz e se desenvolve a sinalética energética parapsíquica?

R.: Pela expressão natural da consciência, a partir das energias conscienciais, no processo da comunicação interdimensional.

07. **Recursos.** *Com que* elementos se deve produzir a sinalética energética parapsíquica?

R.: Com o aumento da lucidez, atenção dividida, hiperacuidade e interesse nas próprias ações e reações multidimensionais e com a dinamização energossomática.

08. **Modo.** *Como* se produz a sinalética energética parapsíquica?

R.: A partir da auto-observação detalhista ou autovigilância ininterrupta, diante dos fatos, parafatos e diante das automanifestações energéticas.

09. **Meta.** *Qual* o objetivo da sinalética energética parapsíquica?

R.: Ser ferramenta de aprendizado evolutivo, de interlocução multidimensional com os assistidos e conscienciexes evoluídas.

10. **Fim.** *Para que* se produz a sinalética energética parapsíquica?

R.: Para a autodefesa holossomática, para servir de alerta ou sinalizador de situação de risco ou *ameaça*, e/ou indicar *oportunidade* de atuação interassistencial, para que a conscin possa aplicar seus trafores e mega-atributos conscienciais no momento certo.

11. **Quantidade.** *Quanto* se deve investir na sinalética energética parapsíquica?

R.: O máximo que a pessoa puder, sendo ideal o hábito saudável do mapeamento e aplicação da sinalética de modo contínuo e cosmoético.

Autodiscernimento. Prestar atenção em si mesmo e descobrir quais são os sinais de necessidades do próprio soma ou do corpo físico é o primeiro passo para iniciar na jornada de autopesquisa quanto à sinalética energética parapsíquica e pessoal.

Rústico. Se a conscin ainda não consegue decifrar as necessidades básicas de seu veículo mais rústico, terá maior dificuldade em identificar os sinais naturais dos demais veículos de manifestação da sua consciência.

***PRESTAR** ATENÇÃO **EM SI MESMO** É O PRIMEIRO PASSO **PARA** IDENTIFICAR **OS** SINAIS **DAS NECESSIDADES** HOLOSSOMÁTICAS.*

03. HERMENÊUTICA DA SINALÉTICA ENERGÉTICA PARAPSÍQUICA

Definição. A *hermenêutica da sinalética parapsíquica* é a interpretação do conteúdo da sinalética energética parapsíquica pessoal.

Sinonímia: 1. Decifração da sinalética; interpretação da sinalética. 2. Decodificação da sinalética. 3. Mapeamento da sinalética.

Antonímia: 1. Identificação da sinalética. 2. Registro da sinalética.

Hermenêutica. Na realidade, o mapeamento envolve não só saber identificar a sinalética, mas saber interpretar o seu significado.

Diagnóstico. Saber interpretar o significado ou o conteúdo da sinalética parapsíquica é tão importante quanto fazer sua identificação.

Mensagem. Para identificar a mensagem da sinalética é preciso estar atento às ideias novas ou diferentes que contrastam com o próprio padrão pensênico e o contexto e contingenciamento ligados à mesma.

Conteúdo. No processo de desenvolvimento e mapeamento da sinalética, é comum a conscin parapsíquica não conseguir identificar de imediato qual o conteúdo geral das sinaléticas percebidas.

Tempo. É preciso às vezes deixar o próprio tempo e as situações posteriores corroborarem a interpretação mais assertiva da mensagem ou do conteúdo da sinalética parapsíquica.

Colimação. Com o acúmulo dos fatos e parafatos é possível fazer a colimação destas ocorrências a fim de criar, em primeiro lugar, as hipóteses para depois, se possível, confirmá-las.

Incertezas. A paciência de saber conviver com as incertezas contribui com a investigação e posterior confirmação dos conteúdos das sinaléticas ou dos parafenômenos.

Complexidade. A sinalética parapsíquica e os parafenômenos podem envolver variáveis complexas, inclusive relativas a acertos de interprisões grupocármicas.

Autodiscernimento. A conscin parapsíquica pode ficar numa condição de ignorância relativa perante detalhes dos fatos e parafatos, porém nada que impeça a utilização do autodiscernimento a ser usado no momento crítico.

Criticidade. Dentro do universo da hermenêutica é necessário manter a criticidade ativa, a fim de evitar falhas de interpretação.

Hipostasia. O equívoco cognitivo, de percepção ou parapercepção falsa é chamado de hipostasia (VIEIRA, 2013). (V. Bias parapsíquica, p. 193).

Influência. Existem fatores intraconscienciais que podem interferir na interpretação da sinalética energética parapsíquica. Eis cotejo entre 5 variáveis homeostáticas e nosográficas possíveis de influenciar no processo da hermenêutica:

Variáveis Homeostáticas	Variáveis Nosográficas
Autoconfiança: autossegurança.	Autoinssegurança: vulnerabilidade.
Autodesassédio: higiene mental; autocriticidade.	Autoassédio: autocorrupção; autovitimização.
Cientificidade: autoquestionamento; registro; autopesquisa.	Religiosidade: crença; autoculpa; medo; superstição e misticismo.
Cosmovisão: ponderação.	Monovisão: preciptação.
Otimismo: bom humor, positividade.	Pessimismo: mau humor; negativismo; antagonismo.

Descrença. Pela *Descrenciologia,* a utilização do princípio da descrença: ***"Não acredite em nada, tenha suas experiências pessoais"***, colabora para a isenção nas abordagens e interpretações dos parafenômenos e das sinaléticas parapsíquicas.

Follow-up. Daí a necessidade de acompanhar os fatos e parafatos, muitas vezes durante décadas, até obter noção mais certeira e poder tirar ilações realistas.

Confiabilidade. A técnica da análise do conteúdo do parafenômeno pode aumentar a confiabilidade da nova sinalética. Eis lista de 10 autoquestionamentos, em ordem alfabética, a fim de diminuir erros de interpretação com relação a determinada hipótese de sinalética parapsíquica:

01. **Benefício.** Identificou algum benefício específico a partir da descoberta da sinalética em análise?

02. **Classificação.** Conseguiu classificar a sinalética como sendo homeostática ou nosográfica?

03. **Frequência.** Com que frequência a sinalética ocorre?

04. **Holossoma.** A sinalética pode ser classificada com algum predomínio maior em determinado veículo de manifestação da consciência: soma, energossoma, psicossoma ou mentalsoma?

05. **Interassistência.** Utilizou de modo prático e interassistencial a sinalética identificada?

06. **Período.** Há quanto tempo você registra e acompanha a mesma hipótese de sinalética?

07. **Pesquisa.** Investigou para saber se outras pessoas identificaram essa mesma sinalética com conteúdo ou significado semelhantes?

08. **Significado.** A mesma sinalética teve relação com fatos anteriores ou posteriores semelhantes?

09. **Utilidade.** Você testou a utilidade da sinalética como hipótese percebida anteriormente?

10. **Variações.** A mesma sinalética apresentou variações de significado e utilidade?

***A CHANCELA DA** INTERPRETAÇÃO*
DOS** PARAFENÔMENOS **OCORRE
***PELA** INTERASSISTENCIALIDADE*
E NÃO POR MERA CURIOSIDADE.

04. REGISTROS DA SINALÉTICA NA ANTIGUIDADE

Registro. É possível verificar indícios de percepção da sinalética a partir de expressões populares e pensamentos registrados na antiguidade.

Evidências. Segundo Tosi (2010, p. 330),

> *na base de certas locuções antigas está a convicção - muito difundida entre os antigos - de que as partes do corpo têm uma espécie de premonição do que lhe está para acontecer. Nesse sentido, existia inclusive um tipo especial de arte divinatória.*

Expressões. Eis lista de 6 expressões da antiguidade, extraídas do *Dicionário de Sentenças Latinas e Gregas* de autoria de Renzo Tosi (2010):

1. ***Dorsus totus prurit*** - (coceira nas costas). Para representar a sensação da pessoa que pressentia ser atacada pelas costas ou levar surra.
2. ***Supercilium salit*** - (supercílio estremece). Para representar a premonição de que a pessoa iria achar dinheiro.
3. ***O olho direito está pulando*** - Prenúncio de que se verá a mulher amada.
4. ***Sonus geminas mihi circumit auris*** - (um ruído gira em torno dos meus dois ouvidos). "Ouvir assobio nos ouvidos". Explicação de crença antiga de que, se alguém fala bem ou mal de outra pessoa, esta percebe um zumbido. O zumbido é sinalética muito comum relatada pela presença de consciex mais próxima à psicosfera, podendo ser tanto de origem positiva quanto negativa (TOSI, 2010; p. 6).
5. ***Ex ventre crasso tenuem sensum non nasci*** - (De ventre gordo não nasce sensibilidade sutil). Neste caso foi mais empregada para a sutileza dos pensamentos, porém pode se

aplicar também às parapercepções. Quem come de modo exagerado terá no mínimo o bloqueio do umbilicochacra (TOSI, 2010; p. 338).

6. ***Mures etiam migraverunt*** - (Até os ratos fugiram). Era crença comum que os ratos fugissem quando estava para acontecer algum desmoronamento. Esse caso mostra a *sensibilidade do mato* dos animais (V. Capítulo 17).

Sinalética. Ao que tudo indica na época essas descrições eram comuns entre as pessoas. Do mesmo modo, nos dias de hoje, surgem registros como, por exemplo: "se coçar a mão é sinal que aparecerá dinheiro". Nesse caso, pendendo mais para a superstição, do que para um significado real.

Escala. O antigo filósofo *Iamblichus Chalcidensis* (c. 245 A.D - c.325 dC) descreveu na obra "Os Mistérios do Egito Antigo" os padrões de percepção para classificar o nível evolutivo do que ele chamou de "divindades". Este fato poderia corresponder ao mapeamento da sinalética parapsíquica de amparadores identificados por ele (JURADO, 1997; p. 91-93).

Autocognição. A máxima grega socrática mais conhecida "conhece-te a ti mesmo", escrita sobre o templo do antigo oráculo de Delfos, pode ser a melhor opção a ser colocada em prática para o resto da evolução, ao invés de simplesmente acreditar em sinais alheios.

***Carpe diem* — aproveite o momento fugaz — com autocrítica é o melhor lema quanto à sinalética parapsíquica.**

05. CATEGORIAS DE SINALÉTICAS

Multifacetada. A sinalética parapsíquica é multímoda e multifacetada, do mesmo modo que a consciência. A seguir, serão apresentadas 5 categorias de sinaléticas e respectivas classificações:

1. **Manifestação.** Quanto à natureza da manifestação parafenomênica, a sinalética pode ser classificada em 2 categorias:

A. **Sinalética Anímica.** A sinalética percebida de modo natural pela manifestação da própria pessoa. Por exemplo, a sinalética específica de determinado padrão pensênico evocado pela própria pessoa. Os ortopensenes ou pensenes cosmoéticos, podem expandir a psicosfera energética pessoal.

B. **Sinalética Parapsíquica.** Ocorre quando há interferência de outras consciências na sinalética percebida, tanto do ponto de vista extrafísico, quanto intrafísico. Por exemplo, a sinalética específica da presença de determinado amparador ou amparadora.

2. **Holossoma.** Do ponto de vista da *Intraconscienciologia* e da *Holossomatologia* existem 4 categorias de sinalética:

A. **Somática.** Sinalética somática ou correspondente ao corpo físico: zumbido no ouvido, arrepio nas costas, enrijecimento muscular, dentre outras.

B. **Energossomática.** Sinalética energossomática ou correspondente ao corpo energético: pulsação dos chacras, percepção de ampliação de campo energético ou holosfera, dentre outros.

C. **Psicossomática.** Sinalética psicossomática, ou correspondente ao corpo das emoções: sensações emocionais correlacionadas a determinados eventos e/ou pessoas, como por exemplo, acalmia ou ansiedade.

D. **Mentalsomática.** Sinalética mentalsomática, intelectiva ou correspondente ao corpo mental: ampliação dos atributos mentaissomáticos de modo geral.

3. **Qualidade.** Quanto à qualidade, a sinalética pode ser homeostática ou parapatológica:

A. **Homeostaticologia.** A sinalética homeostática tem relação com a parapercepção de energias, holopensenes, retrocognições e companhias intra e extrafísicas saudáveis. Por exemplo, a identificação de sinalética específica do amparador de função, da tenepes ou da ofiex.

Bem-estar. O sinal de saúde não necessariamente é ausência de doença. A percepção de ***bem-estar,*** por exemplo, pode estar relacionada a um conjunto de sensações, como: acalmia emocional, disposição física, ampliação da motivação e agilidade mental e de modo mais avançado tem relação direta com a automegaeuforização (VIEIRA, 2014; Comunicação verbal – Círculo Mentalsomático: Bem-Estar).

B. **Parapatologia.** A sinalética parapatológica tem relação com a parapercepção de energias, holopensenes, retrocognições e companhias intra e extrafísicas parapatológicas.

Presença. A condição parapatológica pode significar a presença de consciexes doentias ou energias gravitantes, por exemplo, a identificação de sinalética específica da presença de consciência carente ou energívora.

Iscagem. As consciexes doentias podem estar acopladas na condição de *iscagem interassistencial* ou na condição de evocação pela própria conscin autoassediada.

Energias. As energias gravitantes negativas ou intoxicadoras podem vir de fora, sendo de consciexes, conscins, ou ainda ser produzidas pela própria conscin, de acordo com o padrão pensênico.

4. **Ocorrência.** A sinalética pode ocorrer de modo *centrífugo* (de dentro para fora ou anímico) e *centrípeto* (de fora para dentro ou parapsíquico):

A. **Profilaxia.** A sinalética centrífuga deve ser identificada e atendida antes da sinalética centrípeta, devido ser, em primeiro lugar, um sinal profilático.

B. **Emergência.** A sinalética centrípeta pode se apresentar a partir de sinais entrópicos ou miniacidentes de percurso ou, em caso positivo, e mais raro, a partir de sincronicidade.

5. **Cronêmica.** Do ponto de vista da cronêmica, a sinalética pode antecipar fatos (futuro), explicar fatos ocorridos (passado) ou diagnosticar fatos no aqui e agora (presente).

A. **Precognitiva.** A sinalética parapsíquica antecipatória de fatos e parafatos. Por exemplo: o aviso ou anúncio da chegada de conscin ou consciex.

B. **Retrocognitiva.** A sinalética parapsíquica indicadora de fatos e parafatos relativos a retrovidas. Por exemplo: a percepção a partir da empatia com determinados fatos, personalidades ou situações históricas do passado, indicando a relação da consciência com tais ocorrências.

C. **Simulcognitiva.** A sinalética parapsíquica apresentando o diagnóstico da situação presente. Por exemplo: a exteriorização de ectoplasma detectando a presença de doença incubada.

O EXERCÍCIO DO *MAPEAMENTO DA SINALÉTICA* ***PERMITE A IDENTIFICAÇÃO DAS*** *CATEGORIAS* ***DA SINALÉTICA*** *PERCEBIDA.*

06. TAXOLOGIA DA SINALÉTICA

Distinção. A percepção em si de fenômeno parapsíquico ou sinal energético não significa necessariamente sinalética.

Hermenêutica. Para ser considerada sinalética é necessário avaliar os fatos e parafatos, a fim de interpretar o conjunto de variáveis, conforme descritas nas características das sinaléticas (V. Cap.1).

Padrão. Para avaliar os sinais parapsíquicos é necessário acompanhar as repetições em relação a determinado ***padrão de referência.***

Diferencial. Como já dito anteriormente, a parapercepção pode ser idêntica, por exemplo, o mesmo arrepio pode ter significado totalmente diferente de pessoa para pessoa.

Causa-efeito. As causas ou estímulos da sinalética parapsíquica podem ser os mesmos, porém os efeitos dependerão da repercussão e da interpretação de cada conscin.

Contexto. Quando a sinalética ou o conjunto de sinais ocorre em condições mais ou menos semelhantes ou repetidas é possível estabelecer um padrão.

Fisiologia. Nem toda manifestação física ou fisiológica tem relação com alguma sinalética parapsíquica. A primeira coisa a ser feita nesses casos é eliminar qualquer possibilidade do diagnóstico puro de desequilíbrio físico ou patologia fisiológica.

Divisão. A fim de esclarecer a manifestação da sinalética parapsíquica, esta autora faz a divisão didática a partir dos veículos de manifestação do holossoma, porém, na prática percebe-se a inter-relação e conexão quase que indissociável da sinalética no holossoma como um todo.

Holossoma. O holossoma, ou o conjunto de veículos (corpos) de manifestação da conscin, pode apresentar repercussões interveiculares ou sinais diretos e indiretos, *durante as práticas energéticas,* de acordo com a ênfase da manifestação.

Exemplificação. Eis inventário de 44 possíveis tipos de sinalética, a partir do predomínio de cada veículo de manifestação:

A – **Sinalética Somática:**

01. **Aceleração da digestão:** *pode significar* ação provocada pelo amparador, a fim de propiciar a saída do corpo ou a exteriorização de energias da região abdominal.

02. **Aceleração dos batimentos cardíacos:** *pode significar* a presença de consciex a ser atendida ou um processo natural de desenvolvimento parapsíquico.

03. **Arrepio:** *pode significar* algo relacionado à percepção da presença de amparador, banho energético, dentre outros.

04. **Aumento da temperatura:** *pode significar* liberação de energias gravitantes ou desintoxicação energética.

05. **Aumento ou diminuição da salivação:** *pode significar* exteriorização de ectoplasmia.

06. **Diminuição de temperatura:** *pode significar* soltura de ectoplasma.

07. **Bocejo:** *pode significar* desintoxicação energética gravitante ou desassimilação energética com consciex (desassim).

08. **Coceira:** *pode significar* intoxicação energética.

09. **Desidratação:** *pode significar* perda energética.

10. **Diurese:** *pode significar* desintoxicação energética.

11. **Dor de cabeça:** *pode significar* assimilação de energia antipática gravitante, iscagem lúcida com consciex assistível ou assédio.

12. **Enjoo:** *pode significar* intoxicação energética ou assimilação antipática.

13. **Enrijecimento muscular:** *pode significar* necessidade de exteriorizar energias ou ectoplasmia.

14. **Espasmo muscular:** *pode significar* falta de traquejo com as energias.

15. **Estalidos musculares:** *pode significar* desidratação, podendo ser provocada pela ***hidrofilia energética***, ou seja,

quando há maior consumo de água do corpo físico durante as práticas energossomáticas.

16. **Formigamento em qualquer parte do corpo:** *pode significar* um toque extrafísico de amparador ou consciex de modo geral.

17. **Lacrimejamento:** *pode significar* desintoxicação energética ou doação de ectoplasma.

18. **Necessidade de endireitar a coluna e o pescoço na busca de posição mais ereta:** *pode significar* o acoplamento mais direto com amparador ou consciex de modo geral.

19. **Necessidade de espreguiçar-se:** *pode significar* necessidade de expansão energética.

20. **Pressão na cabeça ou na nuca:** *pode significar* energias gravitantes ou assimilação antipática com consciex assediadora ou energívora.

21. **Prurido nasal ou do ouvido:** *pode significar* exteriorização de ectoplasma.

22. **Sensação de dor:** *pode significar* presença de consciex energívora.

23. **Sudorese:** *pode significar* desintoxicação energética.

24. **Tremer das pálpebras:** *pode significar* o desenvolvimento do parapsiquismo, diante da reação do efeito físico das energias.

25. **Zumbido nos ouvidos:** *pode significar* presença de consciex.

B – **Sinalética Energossomática:**

26. Varredura vertical de arrepio agradável (banho energético).

27. Pressão em determinado chacra.

28. Pulsação energossomática.

29. Pulsação imediata de determinado chacra.

30. Sensação de balonamento ou expansão do energossoma.

31. Sensação de esvaecimento energético.

32. Sensação de formigamento em determinado chacra.
33. Sensação de potencialização energética.
34. Vibração energossomática.

C – **Sinalética Psicossomática:**

35. Acalmia instantânea.
36. Automegaeuforização.
37. Irritabilidade repentina.
38. Mudança de humor repentino.

D – **Sinalética Mentalsomática:**

39. Autopensenidade lúcida.
40. Autotaquirritmia mental.
41. Hiperacuidade mental.
42. Hiperconcentração mental.
43. Percepção de ampliação da lucidez.
44. Quietude ou silêncio mental.

Atributos. Para identificar e mapear a sinalética mentalsomática o ideal é escolher determinadas atividades, por exemplo, escrita (gescon), leitura, pesquisa, viagem científica, que exijam o uso direto dos atributos mentais e anotar toda sinalética que se repete e aparece como padrão.

A *SINALÉTICA MENTALSOMÁTICA* ***PODE REATIVAR*** *PARASSINAPSES PRODUTIVAS* ***UTILIZADAS NA ESCRITA EM*** *RETROVIDAS*.

07. PARAFISIOLOGIA DA SINALÉTICA

Mecanismo. A sinalética parapsíquica possui um mecanismo geral *(lato sensu)* de funcionamento, no que diz respeito a sua funcionalidade e utilidade.

Parafisiologia. Por outro lado, possui um mecanismo específico *(stricto sensu)* de funcionar, no que diz respeito à maneira de se manifestar de modo particular em cada pessoa. Esse fato reforça sua característica de ser *personalíssima.*

Correspondência. Toda *sinalética energética parapsíquica* possui sua correspondência somática, ou seja, alguma parte do corpo físico é representada ou acionada em cada sinalética percebida.

Mentalsoma. Mesmo as sinaléticas relacionadas ao veículo mais sutil do ponto de vista energético, ou com relação ao mentalsoma possuem correspondência no soma, neste caso, estas estão mais ligadas ao encéfalo e aos chacras superiores localizados nesta região. Por exemplo, a ampliação da lucidez em conjunto com a sensação de vácuo ou *ouvido* tampado.

Encéfalo. As sinaléticas parapsíquicas fazem parte do sistema sensório do soma, portanto possuem relação com o encéfalo, os pares cranianos e com o osso esfenoide.

Nervos. Os *12 pares de nervos cranianos* têm correspondências com o *sistema sensório* ou de sensibilidade do corpo humano e os sentidos somáticos, daí sua ligação com a sinalética de modo mais global (ver Apêndice I, n. 2). Eis a classificação:

01. **Nervo Olfatório:** é um nervo sensitivo, com a função do olfato, sua origem se dá no bulbo olfatório. Pode ter relação com o parafenômeno de olorização ou ocorrência de odores extrafísicos ou energéticos.

02. **Nervo Óptico:** passa pelo forame óptico e tem função de visão, sua origem se dá na retina. Chega até o crânio pelo canal óptico.

03. **Nervo Óculo-Motor:** tem a função de motricidade dos músculos ciliar, esfíncter da pupila e grande parte dos músculos extrínsecos do bulbo do olho; sua origem se dá nos pedúnculos cerebrais.

04. **Nervo Troclear:** passa pela fissura orbital superior; tem a função de motricidade do músculo oblíquo superior do bulbo do olho; é originado nos pedúnculos cerebrais.

05. **Nervo Trigêmeo:** é um nervo misto, pois é responsável pelos movimentos da mastigação e percepções sensoriais da face, seios da face e dentes. Sua origem se dá no portio maior e portio menor. A raiz motora do trigêmeo é constituída de fibras que acompanham o nervo mandibular, distribuindo-se aos músculos mastigatórios. O nervo trigêmeo é dividido em três partes: nervo oftálmico, nervo maxilar e nervo mandibular.

06. **Nervo Abducente:** passa pela fissura orbital superior, desempenha a motricidade do músculo reto lateral do bulbo do olho, sua origem se dá no sulco bulbar.

07. **Nervo Facial:** também é um nervo misto, pois possui uma raiz motora e outra sensorial gustativa. O nervo facial dá inervação motora aos músculos cutâneos da cabeça e pescoço. A raiz motora é formada pelo nervo facial, chamada de nervo intermédio. A origem se dá no sulco pontino inferior.

08. **Nervo Vestíbulo-Coclear:** a função deste nervo é orientar a movimentação e audição. É um nervo sensitivo. As fibras do nervo vestíbulo-coclear auxiliam impulsos nervosos relacionados ao equilíbrio e audição.

09. **Nervo Glossofaríngeo:** este nervo tem percepção gustativa no posterior da língua e sensoriais da faringe, laringe e palato. É um nervo misto.

10. **Nervo Vago:** este nervo tem percepções sensoriais da orelha, faringe, laringe, tórax e vísceras. É um nervo misto, originado no soalho do 4º ventrículo.

11. **Nervo Acessório:** este nervo permite o controle motor para a faringe, laringe, palato, músculos esternocleidomastoideo e trapézio. É constituído por raiz craniana e outra espinhal. É originado no bulbo.

12. **Nervo Hipoglosso:** este nervo permite a motricidade dos músculos da língua, com exceção do músculo palato glosso. O nervo hipoglosso sai do crânio e vai até os músculos intrínsecos e extrínsecos da língua. Sua origem se dá no bulbo e passa pelo forame condiliano anterior.

Esfenoide. O osso esfenoide é um osso irregular, ímpar e situa-se na base do crânio. Este osso possui relação mais direta com os pares de nervos cranianos, por estar localizado na passagem dos mesmos, mais especificamente: do 3° ao 6° nervo craniano.

Neuróglias. Da mesma forma, a sinalética energética possui relação com as neuróglias: estruturas de sustentação do tecido nervoso e do conjunto de células que compõe este tecido.

Neuroectoplasma. O *neuroectoplasma* é o ectoplasma proveniente da região encefálica e do sistema nervoso. Possui relação com as neossinapses, mudança de padrão pensênico e possível carregamento de energias gravitantes e bloqueios encefálicos.

Ampliação. É possível à consciência, quando lúcida da parafisiologia de suas sinaléticas, provocar a ampliação ou a expansão das mesmas, a partir da vontade e autodeterminação.

Autocognição. As autocognições da consciência são diferenciadas de acordo com suas vivências e experiências ao longo de múltiplas vidas.

Automnemônica. A partir deste acúmulo de informações e arquivos mnemônicos é formado um paradicionário cerebral.

Paradicionário. Os paraléxicos ou paraverbetes deste paradicionário são os signos ou as informações que possuem significado único para cada consciência.

Sinal. Devido às conexões paraneuroniais e aos paraléxicos, cada sinal ou sinalética pode apresentar um significado completamente diferente de pessoa para pessoa.

Efeitos. Todo sinal ou sinalética exige atitude posterior. Cabe à conscin tomar ou não alguma atitude. Quem identificou a sinalética sabe quando está fazendo omissão deficitária ou superavitária.

Relógio despertador. Por exemplo: quando o relógio toca o alarme, você sabe que está na hora de levantar. A atitude de levantar ou não exige posicionamento e decisão.

Alerta. Hoje determinados carros modernos possuem um sensor que avisa quando o carro está se aproximando de algum obstáculo.

A *SINALÉTICA PARAPSÍQUICA* ***FUNCIONA AO MODO DE*** *PARASSENSOR* ***DE POSSÍVEIS IMPRUDÊNCIAS OU OPORTUNIDADES EVOLUTIVAS.***

08. UTILIDADES DA SINALÉTICA

Utilidades. Eis lista, em ordem alfabética, de 15 utilidades da *sinalética parapsíquica:*

01. **Alerta.** A sinalética parapsíquica *pode ser utilizada* ao modo de sinal de alerta a respeito de algo a ser realizado ou a alguma providência a ser tomada.

02. **Autodesassédio.** A sinalética parapsíquica *pode ser utilizada* para o autodesassédio, a partir do autodiscernimento quanto às energias, pensenes e companhias intra e extrafísicas.

03. **Autodiscernimento.** A sinalética parapsíquica *pode ser utilizada* tal qual ferramenta potencializadora do autodiscernimento e da autolucidez, pelo fato de ampliar as fontes de informações e parainformações da conscin na condição do autorrestringimento físico.

04. **Autoparapsiquismo.** A sinalética parapsíquica *pode ser utilizada* para o desenvolvimento do autoparapsiquismo, no que diz respeito às autoconfirmações parafenomênicas.

05. **Comunicação.** A sinalética parapsíquica *pode ser utilizada* para a comunicação interconsciencial e interdimensional.

06. **Cosmoética.** A sinalética parapsíquica *pode ser utilizada* para ampliar o *código pessoal e grupal de Cosmoética* (V. capítulo 23).

07. **Escolhas.** A sinalética parapsíquica *pode ser utilizada,* de modo específico, para sondar determinado local, imóvel, pessoa, objeto, trabalho, antes de qualquer tomada de decisão (V. capítulo 39).

08. **Interassistência.** A sinalética parapsíquica *pode ser utilizada* durante o processo interassistencial de acolhimento, orientação, encaminhamento e *follow-up* (V. capítulo 31).

09. **Invéxis.** A sinalética parapsíquica *pode ser utilizada* pelo jovem, inversor ou inversora, desde a juventude, para favorecer o desenvolvimento do parapsiquismo.

10. **Paracriptografia.** A sinalética parapsíquica *pode ser utilizada* ao modo de linguagem paracriptografada, pelo fato de facilitar a taquirritmia na identificação da presença e comunicação com os amparadores.

11. **Paradiagnóstico.** A sinalética parapsíquica *pode ser utilizada* para detectar minidoenças e/ou patologias graves, na própria conscin ou em outras consciências.

12. **Parassegurança.** A sinalética parapsíquica *pode ser utilizada* tal qual mecanismo de segurança, para ampliar a salvaguarda da consciência no exercício das tarefas interassistenciais.

13. **Precognição.** A sinalética parapsíquica *pode ser utilizada* para a antecipação ou a antevisão de fatos e parafatos.

14. **Proéxis.** A sinalética parapsíquica *pode ser utilizada* pela conscin intermissivista lúcida nas tomadas de decisão e identificação das megaprioridades evolutivas (V. capítulo 39).

15. **Simancômetro.** A sinalética parapsíquica *pode ser utilizada* para a pessoa se "mancar" a fim de diminuir e até eliminar os erros de conduta. Existem sinaléticas autoacusatórias (V. capítulo 20).

Avanço. A evolução da humanidade deu um salto quântico a partir da utilização da fala e outro a partir da escrita.

Utilização. É possível fazer avanços incalculáveis a partir da valorização e utilização prática e interassistencial do autoparapsiquismo e da sinalética energética parapsíquica pessoal.

NO UNIVERSO DA *ALFABETIZAÇÃO PARAPSÍQUICA,* ***A*** *SINALÉTICA* ***REPRESENTA O "ABECEDÁRIO" DA*** *LINGUAGEM INTERDIMENSIONAL.*

Seção II

Desenvolvimento da Sinalética Energética Parapsíquica Pessoal

09. ETAPAS DE DESENVOLVIMENTO DA SINALÉTICA PARAPSÍQUICA

Mudança. A sinalética energética parapsíquica se desenvolve e pode ser modificada com o passar do tempo, a partir da ampliação da autoparaperceptibilidade e autodefesas da conscin.

Camadas. O desenvolvimento da sinalética energética parapsíquica pode ocorrer ao modo de camadas ou níveis de percepção. Sendo que quanto maior a autodefesa energética, maior será o distanciamento da percepção no energossoma ou interferências no soma.

Energosfera. A energosfera é a extensão das energias do energossoma e representa na prática o nível de autodefesa energética, podendo ter centímetros, metros ou quilômetros ao redor do holossoma da conscin.

Etapas. Eis 7 etapas básicas de desenvolvimento da sinalética parapsíquica com a utilização do hábito saudável do mapeamento das mesmas:

1. **Parapercepção.** O estado de alerta consciencial, na condição de padrão homeostático, facilita a parapercepção das sinaléticas.

2. **Registro.** A disciplina de registrar todas as vezes que a sinalética ocorrer irá facilitar a posterior análise da mesma.

3. **Hipóteses.** A análise das sinaléticas a partir do acúmulo dos registros possibilita criar hipóteses para os casos. O ideal é eliminar as causas ligadas às reações puramente orgânicas.

4. **Acompanhamento.** Somente a partir do acompanhamento das repetições dos mesmos sinais energéticos será possível a melhoria na decodificação das sinaléticas.

5. **Decodificação.** A decodificação das sinaléticas aumenta a partir das confirmações, ampliando a autoconfiança nas tarefas interassistenciais.

6. **Comunicação.** A contínua valorização das sinaléticas fortalecerá o canal de comunicação e acesso dos amparadores para com a conscin parapsíquica, a fim de qualificar a interassistência.

7. **Utilização.** O desenvolvimento da sinalética parapsíquica energética pessoal terá chegado ao seu máximo quando a conscin souber o que fazer e como atuar perante cada sinalética.

Crescendologia. O *mapeamento da sinalética parapsíquica* promove o desenvolvimento parapsíquico, podendo ocorrer num crescendo, da condição inicial ou primária para a condição avançada, ao modo destes:

1. **Crescendo EV-sinalética energética.** A conscin que se dedica mais ao EV faz escaneamentos constantes de seus veículos de manifestação, favorecendo a identificação e mapeamento da sinalética parapsíquica.

2. **Crescendo Multidimensiologia aquisitiva-executiva-distributiva.** A identificação da sinalética amplia a autoconsciência multidimensional (AM) aquisitiva, ou seja, de ordem acumulativa para a prática interassistencial. Na medida em que a conscin consegue mapear, classificar e qualificar o maior número de sinaléticas e de megassinais, ela tem condições para atuar enquanto *líder interassistencial* na fase distributiva ou doadora ao policarma.

3. **Crescendo evolutivo cascagrossismo energético-acervo de sinaléticas energéticas identificadas e aplicadas.** A conscin casca grossa ou jejuna *interessada* em identificar as próprias sinaléticas está mais predisposta à parapercepção do que a conscin casca-grossa desinteressada. Com dedicação contínua há a ampliação paulatina do acervo de sinaléticas identificadas e aplicadas.

4. **Crescendo autossensoriamento energético-esquadrinhamento autoparapsíquico.** O hábito de realizar o autossensoriamento ou a autochecagem energética de modo constante favorece a autoconsciência parapsíquica ou o esquadrinhamento do perfil parapsíquico.

5. **Crescendo sinal patognomônico-sinal parapatognomônico-autocura.** Existem doenças físicas assintomáticas. A identificação de sinal parapatognomônico pode favorecer e antecipar a cura de doenças instaladas, porém ainda não identificadas.

Homeostaticologia. Quanto maior o percentual de homeostasia manifestado pela conscin parapsíquica, maior é a capacidade de identificar de imediato qualquer tipo de sinalética de base patológica, devido ao contraste na própria parapsicosfera hígida.

6. **Crescendo *locus minoris* somático-neossinalética.** Existem certas cirurgias ou traumas somáticos que provocam um aumento de sensibilidade na região afetada. É possível que a partir desta hiperssensibilização somática apareçam sinaléticas energéticas específicas.

Paracicatrizes. É possível que algumas sinaléticas energéticas parapsíquicas tenham suas bases na paragenética e nas paracicatrizes do psicossoma, ou seja, tenham raízes a partir de micro ou macrotraumas somáticos em retrovidas.

7. **Crescendo *sinalética-parainterlocução direta-consciencIês.*** A sinalética parapsíquica, quando considerada meio de comunicação interdimensional, pode ser desenvolvida e caminhar para a condição da parainterlocução direta com o amparador, culminando na condição avançada do consciencIês, ou da comunicação paracérebro a paracérebro diretamente do mentalsoma.

Responsabilidade. O *trinômio sinal-resposta-responsabilidade* representa o valor da identificação da sinalética para a assunção da responsabilidade interassistencial. No mínimo para com a própria conscin e depois aos assistidos.

Quadro. O ideal é a conscin parapsíquica criar quadro sinóptico das próprias sinaléticas, compondo mapa detalhado e classificado de sinais, inclusive com a representação gráfica dos indícios no soma e energossoma (V. Apêndice 1).

O INTERESSE PELO *MAPEAMENTO DA SINALÉTICA* ***DEMONSTRA A VALORIZAÇÃO PELA*** *INTERASSISTÊNCIA EVOLUTIVA.*

Questionologia. Você, leitor ou leitora, já criou um mapa da sinalética energética parapsíquica pessoal? De que modo conseguiu aplicar este conhecimento a respeito de si mesmo?

10. COMUNICAÇÃO INTERDIMENSIONAL

Definição. A *comunicação interdimensional* é o ato ou o efeito de as consciências, conscins ou consciexes, se comunicarem, na dimensão física e em outras dimensões, ou seja, na dimensão energossomática, na dimensão extrafísica e na dimensão mentalsomática.

Sinonímia: 1. Comunicação parapsíquica; paracomunicação; parainterlocução. 3. Parapsiquismo. 4. Projetabilidade lúcida. 5. Paragenética. 6. Comunicação multidimensional.

Antonímia: 1. Comunicação intrafísica. 2. Interlocução. 3. Cascagrossismo. 4. Vida intrafísica trancada. 5. Fechadismo consciencial.

Processo. Dentro do sistema de comunicação existem os elementos funcionais: *emissor, receptor, meio (canal), mensagem (informação) e código (sinalética).* No estudo da comunicação interdimensional, estes elementos estarão sempre presentes no que diz respeito à análise do conteúdo e da interpretação dos fatos e parafatos.

Ruído. O ruído na comunicação ocorre quando fatores (internos ou externos) distorcem a qualidade de um sinal. No processo da comunicação multidimensional também pode ocorrer o ruído pela distorção do significado da mensagem.

Rapport. A comunicação consegue ser estreitada a partir do *rapport* ou conexão entre o emissor e o receptor.

Comunicação. Segundo Ana Seno (2013) a comunicação pró-evolutiva ocorre quando a conscin apresenta o domínio simultâneo de 6 habilidades básicas classificadas em 3 grupos distintos:

A. **Nível interlocutório:**

1. Saber ouvir.
2. Saber falar.

B. **Nível gráfico:**
3. Saber ler.
4. Saber escrever.

C. **Nível pensênico:**
5. Saber traduzir.
6. Saber pensenizar.

Convivialidade. A comunicação pró-evolutiva é um dos grandes responsáveis pela qualidade do convívio entre as consciências.

Multidimensionalidade. A comunicação interdimensional é mais complexa devido ao fato de envolver outras dimensões e no mínimo três estados de manifestação consciencial: estado de vigília física, estado projetado e estado extrafísico.

Parapsiquismo. O desenvolvimento parapsíquico favorece a consciência a se comunicar de modo mais lúcido para identificar a realidade dos fatos e parafatos.

Lucidez. Quanto maior a lucidez da consciência maior a sua condição de se comunicar com os componentes e paracomponentes das múltiplas dimensões em seus estados conscienciais e níveis evolutivos.

Paramodalidades. Existem modalidades e paramodalidades de comunicação interdimensional. Eis a lista e 8 principais tipos de paracomunicação:

1. **Telepatia.** A comunicação interdimensional e interconsciencial mais comum é a partir da transmissão telepática de pensenes (pensamentos + sentimentos + energias) entre as consciências. Esse tipo de comunicação é a mais comum e ocorre sem que as pessoas registrem o fato de modo consciente.

2. **Projeção.** A partir da projetabilidade lúcida, ou da experiência fora do corpo físico, é possível fazer um tipo de comunicação direta ao adentrar as dimensões extrafísicas e mentais e ao retornar, armazenar na memória física ou no cérebro físico o registro da experiência vivenciada em outra dimensão.

3. **Mediunidade.** A partir da mediunidade, ou do transe parapsíquico, ocorre a manifestação do chamado espírito comunicante, a consciência extrafísica (consciex) que passa mensagens a partir da *psicofonia* (fala), *psicografia* (escrita), *psicopictografia* (pintura).

Ectoplasmia. Pode haver o favorecimento da comunicação ou a troca energética entre as dimensões a partir de um tipo mais denso de energias provenientes do ectoplasma. Esse tipo de energia é responsável pelos fenômenos de efeito físico.

4. **Clarividência.** O parafenômeno da clarividência é também um tipo de paracomunicação direta, na qual a conscin pode visualizar cenas e pessoas próximas ou à distância.

5. **Clariaudiência.** A partir da clariaudiência é possível ouvir vozes ou frases e até manter diálogo com consciexes.

6. **PES.** Existe a chamada sensibilidade impressiva, também conhecida como percepção extrassensorial (PES), ou seja, além dos sentidos físicos. É possível perceber a presença de consciex mesmo sem ter a clarividência ou a paravisão do seu paravisual.

Sensibilidade do mato. Outra modalidade da sensibilidade impressiva é a manifestada pelas conscins que possuem maior conexão com as energias ligadas à natureza: *fito*energias, *zoo*energias, *hidro*energias, *aero*energias (V. Cap. 17).

Previsão. Neste caso, ela percebe de modo natural e espontâneo os *sinais* da natureza, as mudanças climáticas e em certos casos é possível até prever catástrofes naturais como tsunamis ou terremotos.

7. **Sinalética Parapsíquica.** A *sinalética parapsíquica* é um meio de comunicação interdimensional mais complexo, que utiliza a linguagem de sinais (internos e externos), onde mescla sensações físicas; percepções extrafísicas ou extrassensoriais (PES); sincronicidade; fatos e parafatos.

8. **Conscienciês.** A comunicação mais avançada é a que utiliza o conscienciês ou a telepatia em bloco realizada de modo direto de mentalsoma para mentalsoma.

Binômio lógica-paralógica. Para a comunicação na dimensão física ser clara e objetiva necessita se apoiar na lógica e nas palavras utilizadas de modo assertivo; na comunicação interdimensional é necessário ter apoio na paralógica, nos neologismos e também na pararrealidade. A realidade *complexa não significa ser inacessível.*

Binômio autocompreensão-automotivação. A pessoa que consegue compreender novas ideias pode ser automotivada a ponto de vivenciá-las ou experimentá-las na prática. A partir da autopesquisa em confronto com as novas ideias, a consciência é capaz de mudar e reciclar a si própria.

Binômio visão-cosmovisão. O *background* da cognição atual é a visão de tudo que a consciência conseguiu acumular de vivência e autocompreensão até o momento. A cosmovisão é a ampliação de todas as ideias a partir do paradigma consciencial, das parapercepções e da visão multidimensional. O mapeamento da autossinalética parapsíquica pode ser o primeiro passo para a ampliação da visão até conquistar a cosmovisão.

A JUNÇÃO DA *SINCRONICIDADE* ***E DA*** *SINALÉTICA PARAPSÍQUICA* ***REPRESENTA*** *COMUNICAÇÃO INTERDIMENSIONAL* ***AVANÇADA.***

11. SEMIÓTICA E PARASSEMIÓTICA

Definição. A *Semiótica* é a ciência que estuda os signos sob todas as formas de representações e manifestações.

Definição. A *Parassemiótica* é a ciência que estuda os sinais e parassinais, sintomas e parassintomas, signos e parassignos, capazes de facilitar a para-anamnese consciencial, a fim de ampliar a autocognição teática multidimensional.

Sinonímia: 1. Parassemiologia.

Antonímia: 1. Semiótica.

Parassemiótica. O estudo da *sinalética parapsíquica* está inserido no campo da Parassemiologia ou da Parassemiótica.

Parassemiologia. A *Parassemiologia* é a ciência que estuda os parassinais, signos e parassignos, intraconscienciais e extraconscienciais, intrafísicos e extrafísicos, capazes de orientar a consciência quanto à realidade multidimensional.

Extraconsciencialidade. O estudo da *sinalética parapsíquica* também engloba a extraconsciencialidade, ou aquilo que ocorre fora do microuniverso da consciência. Eis lista, em ordem alfabética, de 7 possíveis fatores externos e convergentes à sinalética parapsíquica:

1. **Informações a partir de:** jornais, revistas, *Internet,* TV, rádio, livros, dicionários, artigos, gibis.
2. **Locais:** doadores, absorvedores, retrocognitores, pré-cognitores.
3. **Manifestações de outras consciências:** pensenes, falas, gestos, olhares.
4. **Manifestações energéticas:** aeroenergia, hidroenergia, fitoenergia, zooenergia, geoenergia.
5. **Signos externos:** placas, números, símbolos, formas, cores.
6. **Sinais externos:** sons, fatos e parafatos.
7. **Sincronicidades:** convergências de fatores internos e externos.

Complexidade. A sinalética parapsíquica pode conter um conjunto de sinais internos e externos tornando-se algo cada vez mais complexo de se analisar e avaliar.

Autoconfiança. Para que o mapeamento da sinalética energética seja algo confiável, é necessário maior nível de detalhismo e exaustividade por parte da conscin parapsíquica.

***A** SINALÉTICA PARAPSÍQUICA*
AGREGA SINAIS HOLOSSOMÁTICOS (INTERNOS) E SINAIS AMBIENTAIS/ CONSCIENCIAIS (EXTERNOS).

12. AUTOCONSCIÊNCIA CORPORAL

Definição. A *autoconsciência corporal* é a condição de a conscin lúcida ter a autopercepção a respeito das peculiaridades dos próprios veículos de manifestação ou do holossoma: soma, energossoma, psicossoma e mentalsoma.

Sinonímia: 1. Autoconsciência holossomática. 2. Autoconhecimento holossomático.

Antonímia: 1. Inconsciência corporal.

Autocognição. O desenvolvimento da sinalética parapsíquica passa pelo autoconhecimento e autoconsciência holossomática.

Autochecagem. A técnica da autochecagem holossomática ajuda na autoconscientização corporal.

Definição. A *autochecagem holossomática* é a técnica de implantar o hábito profilático do autossensoriamento periódico das condições ou saúde dos veículos de manifestação da consciência.

Sinonímia: 1. *Check-up* holossomático. 2. Autodiagnóstico holossomático. 3. Estado vibracional.

Antonímia: 1. *Check-up* da saúde física. 2. Diagnóstico médico.

Autoconscientização. Além da autochecagem, podem ser utilizadas outras técnicas para a conscin conscientizar-se do próprio holossoma, a exemplo das 13 listadas em ordem alfabética:

A. **Soma ou Corpo Físico.**

01. ***Check-up.*** Os exames médicos periódicos, além de prevenirem a saúde, fazem com que a conscin passe a observar com mais cuidado os sinais e sintomas somáticos.

02. **Dança.** A dança exige domínio da coordenação motora, além de ritmo, flexibilidade e harmonia dos movimentos físicos do corpo.

03. **Espelho.** Ter espelho em casa é condição básica para a autoconsciência corporal. Por incrível que pareça, ainda tem gente que não tem espelho em casa ou, se tem, não usa. Sai de casa sem olhar para a própria aparência.

04. **Exercícios.** A atividade física, quando compõe exercícios aeróbicos, musculação e alongamento envolvendo todas as partes do corpo físico.

05. **Autoquestionamento.** É importante fazer a pergunta e escutar o que o próprio corpo está "falando". O que meu corpo físico está sentindo agora? Está bem? Possui algum desconforto ou mal-estar?

B. **Energossoma ou Corpo Energético.**

06. ***EV.*** O hábito profilático de instalar o EV, ou estado vibracional, ao menos 20 vezes por dia, estabelece a rotina da autochecagem energossomática.

Autodiagnóstico. O EV também atua qual escâner ou aparelho de ultrassom e faz o exame holossomático, apontando as áreas doentias do soma e/ou bloqueadas do energossoma.

Ativação. O EV ativa os chacras e/ou áreas dormentes do energossoma.

07. **M.B.E.** A mobilização básica de energias também funciona qual exercício com várias modalidades, só que do ponto de vista energético: circulação, exteriorização e absorção de energias.

C. **Psicossoma ou Corpo Emocional.**

08. **Convívio.** A convivência com a dupla evolutiva e ou com os amigos é um exercício que pode ser utilizado como termômetro para medir e ter autoconsciência quanto às próprias emoções.

Hermetismo. A vida solitária causa muito menos atrito e pode camuflar as emoções.

09. **Dicionário.** O inventário e mapeamento das próprias emoções, com a definição detalhada, compondo o *minidicionário pessoal das emoções,* a fim de melhor compreendê-las e dominá-las.

10. **Autoquestionamento.** Quais são as necessidades emocionais não atendidas? O que pode ser feito a respeito? Que emoção está sentindo agora?

D. **Mentalsoma:**

11. **Pensenes.** O inventário e mapeamento dos pensenes, a fim de identificar o próprio padrão autopensênico.

12. **Ideário.** A criação de um banco de dados – um ideário – para anotar as ideias e/ou pensatas.

13. **Autoquestionamento.** O que estou pensando agora? Qual é o meu padrão de pensenes?

Autovigilância. A partir do hábito da autovigilância, também é possível estar atento aos sinais externos e internos relativos à sinalética parapsíquica pessoal, a fim de ampliar a *autodefesa holossomática.*

Desperticidade. O ser desperto – desassediado permanente total – não sofre mais com o assédio, porém vive naturalmente autovigilante quanto ao seu holopensene pessoal, holossoma, ao ambiente externo e às próprias manifestações na multidimensionalidade.

Interassistência. A conscin com maior autodefesa pode ajudar e assistir o maior número de consciências, conscins e consciexes.

Lógica. A pessoa que não dá a devida atenção, nem valoriza os próprios sinais somáticos, principalmente aqueles considerados sintomas (dor ou mal-estar) ou avisos da manifestação de determinadas doenças instaladas, terá muito mais dificuldade de manter a autodefesa holossomática ou de valorizar e identificar as próprias sinaléticas energéticas ou parapsíquicas.

Sistema. A partir do exercício da atenção holossomática e da observação detalhista é possível estimular e perceber o sistema parassensorial ou o conjunto de sinais relativos à percepção dos sentidos e sensações ou parassentidos e parassensações.

Saúde. Caro, leitor ou leitora, você já identificou quais são os seus sinais ou a sinalética energética parapsíquica relativos à saúde holossomática ou à falta desta?

A AUTOPARAPERCEPÇÃO APLICADA À *AUTOCONSCIÊNCIA CORPORAL* ***REQUER*** *AUTOPRIORIZAÇÃO COSMOVISIOLÓGICA.*

13. *PADRÃO HOMEOSTÁTICO DE REFERÊNCIA*

Definição. O *padrão homeostático de referência* é o parâmetro cosmoético alcançado pela conscin autolúcida quanto à própria condição de *bem-estar* holossomático e consciencial (MARTINS, 2016; página 29).

Sinonímia: 1. Padrão de bem-estar. 2. Padrão cosmoético de referência. 3. Padrão de saúde consciencial. 4. Sinalética evolutiva.

Antonímia: 1. Padrão de mal-estar. 2. Padrão anticosmoético de referência. 3. Padrão de doença consciencial. 4. Ausência de parâmetros.

Sinalética. A primeira e mais importante classificação da sinalética, homeostática ou patológica, depende de um padrão de referência ou estado basal.

Homeostasia. Para identificar a patologia é necessário conhecer a homeostasia.

Parapsiquismo. A conscin parapsíquica em desenvolvimento passa por períodos de instabilidades de diversos tipos.

Técnica. O padrão homeostático de referência pode ser utilizado qual técnica para manter o equilíbrio, quando por algum momento a conscin perdeu o prumo holossomático.

Bem-estar. Mesmo a pessoa mais sofrida já sentiu algum tipo de bem-estar em sua vida.

Referência. A referência de bem-estar da maioria das pessoas ainda está muito relacionada com o atendimento das necessidades fisiológicas ou instintos do corpo físico ou do psicossoma, corpo das emoções.

Variáveis. A sensação de bem ou de mal-estar possui relação com diversos elementos ou variáveis da vida do indivíduo.

Experiências. As experiências de vida podem gerar maior ou menor tolerância a certas situações do cotidiano.

Chuva. Simples chuva torrencial pode trazer lembranças tanto positivas quanto negativas.

Retrofatos. Os retrofatos marcantes são fatos representativos de momentos agradáveis ou desagradáveis; tudo dependerá do modo pelo qual a pessoa interpreta e percebe a situação.

Percepção. O padrão de referência do indivíduo tem bases na *autopercepção* quanto aos fatos e parafatos, e estes dependem do seu nível de *autolucidez.*

Paradoxo. Pela lógica da evolução, quanto maior a lucidez da consciência, maior será o seu bem-estar intraconsciencial e paradoxalmente menor será o seu bem-estar extraconsciencial.

Maturidade. A percepção do sofrimento da humanidade e para-humanidade é ampliada na medida em que a consciência amadurece evolutivamente, pois torna-se capaz de compreender os traumas ou dramas conscienciais alheios.

Permanência. O ideal é a conscin buscar a permanência no estado de bem-estar consciencial, a fim de poder assistir ao maior número de consciências.

Desperticidade. A conduta cosmoética e interassistencial do ser desperto é condição *sine qua non* da manutenção de sua desperticidade e do padrão homeostático.

Extrapolação. O extrapolacionismo parapsíquico pode atuar ao modo de padrão homeostático de referência para a conscin que ainda não consegue habitualmente produzir tal estado consciencial.

Meta. A partir da experiência em nível evolutivo superior ao seu, torna-se possível galgar de modo mais prático e motivador o próximo passo.

O *PADRÃO HOMEOSTÁTICO DE REFERÊNCIA* ***É ESSENCIAL PARA DIFERENCIAR O*** *SINAL PARAPSÍQUICO* ***POSITIVO DO NEGATIVO.***

14. SINALÉTICA E SENSAÇÕES VISCERAIS PARAPSÍQUICAS

Definição. As *sensações viscerais parapsíquicas* são reações somáticas específicas sentidas pela conscin, homem ou mulher, em alguma parte do ventre, que possuem conotação parapsíquica ou intuitiva a respeito de um fato (passado, presente ou futuro), ou diagnóstico do perfil e/ou necessidade do assistido.

Sinonímia: 1. Sintoma subcerebral. 2. Intuições viscerais. 3. Empatia espontânea.

Antonímia: 1. Sensação de indigestão alimentar. 2. Sinalética mentalsomática. 3. Sinalética encefálica.

Subcérebro. Existem muitas pesquisas comprovando que o corpo humano possui espécie de "cérebro do estômago" ou "segundo cérebro", também cunhado por subcérebro abdominal pelo pesquisador Vieira.

Emoções. O subcérebro abdominal está ligado diretamente às reações emocionais das pessoas, principalmente quando estão diante de situações emocionantes, inesperadas, críticas ou perigosas.

Intuições. Um fato comum relatado por muitas mães é a experiência de desconforto visceral ou sensação de mal-estar na região do ventre, quando seu filho ou filha passava por situação de perigo, à distância, sem que soubesse.

Confirmação. Somente após a ocorrência de acidente ou quase acidente é que estes relatos eram confirmados.

Ligação. Principalmente no caso de mães ou de pessoas de convívio muito próximo, é possível afirmar que estes estão ligados de modo físico, emocional, mental e energético.

Afinidades. Ao que tudo indica, todas as pessoas de nosso círculo de relações estão ligadas energeticamente ao nosso holossoma, de modo mais forte ou mais fraco, dependendo das afinidades.

Vínculo. Quanto maior o vínculo com tais pessoas, maiores serão as sensações viscerais ou sinaléticas parapsíquicas intuitivas, em situação de perigo iminente envolvendo-as.

Conexão. Pela lógica, quanto maior for o interesse da conscin parapsíquica pelo Cosmos, maior também será sua ligação com tudo que acontece e com todos.

Premonições. Deste fato se pode concluir que muitas premonições ou precognições a respeito de locais ou pessoas distantes também ocorrem, tendo inclusive repercussões somáticas ou sinaléticas viscerais na conscin parapsíquica.

Ectoplasmia. O ectoplasma tem relação com as sensações viscerais. Por ser um tipo de energia mais densa, acaba saindo literalmente pelos orifícios do corpo físico.

Ventre. Quando existe grande volume de ectoplasma na região do umbilicochacra direcionando para a região da garganta e boca, pode causar um desconforto e até náusea na conscin parapsíquica.

Interassistência. Normalmente, este tipo de doação de ectoplasma tem relação com algum tipo de reposição ou necessidade de energias densas e de modo rápido, envolvendo a saúde, recuperação ou descarte (dessoma) do corpo físico, de um ou vários assistidos.

Presságio. Esta autora, quando era criança, apresentava sinalética que se repetia e se confirmava inúmeras vezes.

Sono. Experimentava a sensação de sono irresistível e sentia necessidade de deitar e descansar. Mais tarde ou no dia seguinte vinha a notícia de que um vizinho da rua havia morrido.

Irmãs. As irmãs também tinham esta sinalética e às vezes todas chegavam a se questionar: "Quem irá morrer desta vez?"

Explicação. Provavelmente estavam sendo utilizadas na doação de energias para o processo da dessoma destas pessoas, mesmo sem ter noção quanto ao fato ou parafato.

Dessoma. Numa determinada ocasião, já adulta, houve a oportunidade de acompanhar mais de perto, apesar de estar distante fisicamente, o processo da dessoma de pessoa amiga.

Vísceras. Houve enjoo e vômito no final do dia e, ao receber a notícia da dessoma, sabia intimamente que havia participado do processo com a doação de ectoplasma.

Doação. O processo de doação de energias para a dessoma ocorreu, porém a doação de ectoplasma foi percebida de modo diferente, provavelmente devido à necessidade de maior volume imediato de energias.

Quanto maior o *interesse* ***da conscin pela*** *para-humanidade,* ***maior será sua conexão com o*** *fluxo* ***do*** *Cosmos.*

15. INIBIDORES E FACILITADORES DA SINALÉTICA PARAPSÍQUICA

Inibidores. Existem certas situações e condições que podem dificultar ou inibir a percepção da sinalética parapsíquica. Eis lista, em ordem alfabética, de 6 itens inibidores da percepção da sinalética parapsíquica:

1. **Barulho.** O barulho intenso ou repetitivo pode camuflar as sinaléticas de base auricular, por exemplo, o som do cortador de grama ou uso de fone de ouvidos com música alta.

Headphones. O uso de fones de ouvido bloqueia o desenvolvimento da sinalética parapsíquica e, de modo geral, todo o parapsiquismo de milhões de conscins desavisadas. A pessoa que usa fones de ouvido com frequência estraga a própria audição e impede as possíveis sinaléticas parapsíquicas a partir dos ouvidos (VIEIRA, 2004).

2. **Dispersão.** A *dispersão mental* pode tirar a conscin do aqui e agora e também das possíveis associações de ideias sobre o que esteja sentindo e pensando a partir das sinaléticas.

3. **Expectativas.** O exagero nas expectativas, a empolgação positiva, ou mesmo a ansiedade de base fóbica, podem criar *sinais falsos* sobre algo que se espera acontecer. O ideal é buscar a eudemonia e a automotivação diante da autopesquisa contínua e pensar positivo, de modo equilibrado, mesmo diante de situações críticas vindouras.

4. **Excessos.** Os excessos de atividades tiram a possibilidade de utilizar a observação detalhista de tudo e principalmente da sinalética.

5. **Minidoenças.** As minidoenças, por exemplo, simples resfriado, podem camuflar as sinaléticas.

6. **Temperatura.** As altas temperaturas do verão ou provocadas pela condição de menopausa da mulher, também podem provocar mudança no metabolismo e alterar a percepção das sinaléticas.

Travões. Eis 5 travões, em ordem alfabética, da autoparapercepção ou do desenvolvimento da sinalética energética parapsíquica identificados por esta autora, a partir dos relatos de alunos e da própria jornada de autodesenvolvimento parapsíquico:

1. **Generalização.** A conscin não registra e nem acompanha os sinais energéticos, generaliza e atribui significado de modo indevido.
2. **Medo.** A conscin evita admitir ou perceber os sinais em sua energosfera com medo do que possa estar ocorrendo.
3. **Negativismo.** A conscin carrega nas tintas e tende a perceber somente os aspectos negativos dos sinais energéticos.
4. **Preguiça.** A conscin, mesmo sentindo e percebendo os sinais energéticos e parapsíquicos, não toma providência a respeito, por pura preguiça ou acomodação. Um comportamento de esquiva interassistencial, a começar por si mesma.
5. **Superstição.** A conscin analisa as causas ou efeitos das sinaléticas energéticas parapsíquicas com base em superstição ou misticismo, que no fundo reflete um padrão egoico, de medo ou religiosidade.

Racionalidade. Mesmo diante de sinalética energética parapsíquica já registrada e confirmada, ainda assim é necessário utilizar a racionalidade e analisar cada contexto antes de tomar atitude preciptada.

Facilitadores. Eis 7 itens, em ordem alfabética, facilitadores da identificação da sinalética parapsíquica:

1. **Atenção.** Manter-se conectado no aqui e agora do fluxo do Cosmos requer atenção e atilamento. A detecção da sinalética parapsíquica é o primeiro sinal de contato com outras dimensões.
2. **Auto-organização.** O registro e o arquivamento das anotações facilitam o mapeamento da sinalética ao longo da vida.

3. **Autovigilância.** O hábito de estar vigilante de modo ininterrupto contribui para a percepção da sinalética parapsíquica.

4. **Continuísmo.** O mapeamento e o registro da sinalética de modo contínuo favorece o acúmulo de informações para posterior análise e decodificação das mesmas.

5. **Silêncio.** Buscar ambiente silencioso para iniciar as autopercepções quanto às autossinaléticas. Os sons externos criam ruídos internos.

6. **Observação.** A *observação detalhista* de tudo e de todos e, principalmente, a auto-observação, ajuda a identificação e o mapeamento da sinalética parapsíquica, além de facilitar as conexões desta com os fatos, parafatos e sincronicidade advindas da comunicação interdimensional.

7. **Cosmoética.** A conduta cosmoética cria o *padrão homeostático de referência* para a identificação das sinaléticas parapsíquicas em si e nos outros (V. Capítulo 13).

Ambivalente. Existem situações ou condições ambivalentes, ou seja, que podem funcionar ao modo de inibidores ou facilitadores da identificação da sinalética parapsíquica.

TPM. Por exemplo, a tensão pré-menstrual é considerada ambivalente na mulher quando, por um lado, pode acarretar o aumento das percepções, devido à hipersensibilidade comum neste período, o que facilitaria e aumentaria as parapercepções, e por outro lado, pode prejudicar as interpretações da sinalética parapsíquica devido à exacerbação emocional e variação de humor (TRACTENBERG, *et al.*, 1990).

Autodefesa. Algumas mulheres podem manifestar baixa imunidade no período menstrual. Alguns alimentos podem ajudar a compensar, como por exemplo, os que possuem selênio, (encontrado em alta concentração na castanha-do-pará e nozes) retarda o envelhecimento, combate a tensão pré-mestrual e previne o câncer.

Agenda. Quando o soma enfraquece, o energossoma pode ficar vulnerável do ponto de vista das autodefesas energéticas. Neste caso, o ideal é a conscin aliviar a agenda de compromissos, investir mais no EV, ou estado vibracional, e ficar mais atenta à sinalética de *assim* e *desassim* a fim de manter a autodefesa e a saúde holossomática.

O *MAPEAMENTO* ***DA*** *SINALÉTICA PARAPSÍQUICA* ***FAZ A CONSCIN AMPLIAR A*** *LUCIDEZ* ***NO AQUI E AGORA MULTIDIMENSIONAL.***

16. AMPLIAÇÃO DA AUTOSSENSIBILIZAÇÃO PARAPSÍQUICA

Definição. A *autossensibilização parapsíquica* é a condição de ampliação da sensibilidade extrassensorial da conscin pela própria vontade, quando interessada em compreender os mecanismos, as causas e os efeitos da vida multidimensional.

Sinonímia: 1. Autoparapercepção parapsíquica. 2. Percepção extrassensorial (PES).

Antonímia: 1. Cascagrossismo.

Cascagrossismo. A ampliação da autossensibilização parapsíquica é viável, mesmo para a conscin considerada jejuna parapsíquica ou casca-grossa, desde que esteja interessada em desenvolver o próprio parapsiquismo e o domínio das próprias energias.

EV. O exercício do estado vibracional (EV) acelera a autossensibilização parapsíquica.

Holossoma. A primeira prova ou autoconstatação da autossensibilização parapsíquica é a conscientização dos veículos de manifestação da consciência, além do soma ou do corpo físico: energossoma, psicossoma e mentalsoma.

Mapeamento. O ideal é a conscin anotar, desde os primeiros exercícios com as bioenergias, quais são os sinais ou parapercepções específicas de cada veículo de manifestação.

Universo. Segundo o pesquisador Vieira (1986), existem dois tipos de elementos no universo: as consciências e as energias.

Bionergias. Pela *Energossomatologia,* as energias podem ser classificadas de modo geral em dois grandes grupos:

A. **Imanente.** As energias imanentes são aquelas que formam todos os outros tipos de energia. São fonte permanente de criação de neoenergias.

B. **Conscienciais.** As energias conscienciais são aquelas energias imanentes que foram absorvidas e transformadas pelas consciências, conscins ou consciexes, dando a elas um padrão de pensamentos, sentimentos ou emoções (pensenes).

Natureza. Do ponto de vista da dimensão física é importante saber identificar e classificar os 6 tipos de energias ou as energias da natureza:

1. ***Aero*energias:** energias do ar, vento, correntes de ar.
2. ***Cosmo*energia:** energia dissipada pelo espaço interestelar, cósmico.
3. ***Fito*energias:** energias das plantas, lignina.
4. ***Geo*energias:** energias da terra, os chacras da Terra.
5. ***Hidro*energias:** energias da água, cachoeiras, cataratas.
6. ***Zoo*energias:** energias dos animais.

Planta. A planta *Mimosa pudica,* conhecida popularmente como "Dorme-dorme", "Dormideira" ou "Sensitiva", foi especialmente escolhida para a capa do livro que você tem em mãos, por ser uma planta sensível ao toque ou aproximação humana.

Sincronicidade. Quando esta autora pesquisou sobre a características desta planta, para sua surpresa descobriu que o seu princípio ativo atende a uma série de necessidades, tando do ponto de vista físico, fisiológico, quanto emocional.

Infância. Esta capa também teve o objetivo de provocar a lembrança dos leitores com relação a sua infância, ou de quando tinham um contato maior com a natureza. Muitos se lembram de quando eram pequenos e seus pais ensinavam a procurar esta pequena planta rasteira, para fazer a experiência de ver suas folhas fecharem sozinhas ao toque dos dedos.

Crianças. Parece que esta conexão ficou perdida com as novas gerações que desde cedo aprenderam a tocar a tela do celular, ao invés de experimentar a tocar as plantas e quem sabe perceber suas energias, ou fitoenergias.

O CONTATO DIRETO COM A *NATUREZA* ***AJUDA NA*** *IDENTIFICAÇÃO* ***DA*** *SINALÉTICA* ***E*** *POTENCIALIZA* ***TODAS AS MODALIDADES DE*** *ENERGIAS.*

17. SENSIBILIDADE DO MATO E SINALÉTICA PARAPSÍQUICA

Definição. A *sensibilidade do mato* é a percepção espontânea da conscin, homem ou mulher, com relação aos fenômenos da *natureza* e às parapercepções quanto aos diversos tipos de energias, tais como: *andro*energias, *gino*energias, *geo*energias, *fito*energias, *zoo*energias, *aero*energias e *hidro*energias.

Sinonímia: 1. Sensibilidade indígena. 2. Sensibilidade xamânica. 3. Sensibilidade do vento. 4. Sensibilidade da Natureza.

Antonímia: 1. Insensibilidade da Natureza. 2. Bicho da cidade.

Indígenas. Os indígenas são muito conhecidos pela profunda ligação e sensibilidade quanto às variações da natureza.

Xamã. O xamã é espécie de feiticeiro ou pajé na aldeia indígena com poderes sobrenaturais e parapercepções ligadas à ectoplasmia da natureza (geoectoplasma, fitoectoplasma, zooectoplasma).

Criança. A criança, quando criada em ambiente próximo à natureza pode ter maior facilidade de reconhecer a linguagem da natureza em seu próprio corpo físico.

Sobrevivência. Desde a Idade da Pedra o homem descobriu o poder de observar a natureza, até pela condição de sobrevivência, tendo os registros deste fato a partir dos desenhos nas cavernas.

Clima. Na Antiguidade, por exemplo, o homem percebeu e também registrou que o vento determinava a condição climática, e o tipo de tempo ou mudança de clima dependiam da direção de onde o vento soprava.

Sensação. A base para a invenção da *bússola* surgiu a partir da *observação* da "sensação", ou percepção que o vento transmite ao soprar, pois indica uma direção.

Rosa dos Ventos. Aristóteles Timóstenes, egípcio que viveu por volta de 250 a.C., inventou a rosa dos ventos para representar os 12 tipos de ventos, atribuindo a cada direção do vento um nome grego masculino (Bóreas – Norte; Notus – Sul; Zéfiro – Oeste e Apeliotes – Leste).

Magneto. Outro elemento da natureza utilizado para identificar as direções era o magneto ou ímã.

Profecias. Curiosamente, séculos antes de a bússola ser conhecida no Ocidente, adivinhos chineses usavam a bússola magnética para ajudá-los a tomar decisões e fazer profecias.

Parapsiquismo. Ao que tudo indica, o magneto era utilizado para a leitura das mudanças da natureza e, em conjunto com as energias conscienciais, acabava estimulando e desenvolvendo o magnetismo e o parapsiquismo da própria pessoa, ampliando desse modo, a leitura dos parafatos e a previsão das mudanças em diversas áreas da vida.

Natureza. As pessoas mais afinizadas com a natureza, plantas e animais, provavelmente devem ter lidado com isso em outras vidas também. E, de modo geral, possuem maior ectoplasmia, ou seja, maior facilidade de doar este tipo de energia mais densa e ter até poderes de cura.

Culinária. Do mesmo modo, as pessoas afeitas à culinária hoje podem ter lidado com a *alquimia* ou a química na Antiguidade e apresentam a sensibilidade do mato desde aquela época. Sabem combinar sabores a partir de temperos e elementos comestíveis da natureza.

Lignina. A *lignina* é o polímero orgânico complexo, ou macromolécula, que une as fibras celulósicas. É base de constituição das plantas – fitoenergias ou do fitoectoplasma (LEIMIG, 2010).

Ectoplasmia. A *ectoplasmia* é a capacidade de a conscin absorver e exteriorizar um tipo mais denso de energias, utilizando-se da própria natureza para este fim.

Interassistência. O uso cosmoético do ectoplasma botânico ou do fitoectoplasma funciona de acordo com a demanda ou necessidade interassistencial.

Aconchego. O *aconchego botânico* reaviva a sensibilidade do mato na conscin casca-grossa.

***QUEM VIVE EM CONSTANTE** HARMONIA **COM A** NATUREZA **DESENVOLVE A** SENSIBILIDADE **DO** MATO **E AMPLIA A** SINALÉTICA.*

18. ANTISSINALÉTICA CIBERTECNOLÓGICA

Definição. A *antissinalética cibertecnológica* é a incapacidade de a conscin, homem ou mulher, perceber e avaliar a invasão da carga de ondas eletromagnéticas dos dispositivos eletrônicos e dos efeitos mediatos e prejudiciais da alta tecnologia em seu holossoma.

Sinonimologia: 1. Antissensibilidade eletromagnética. 2. Invisibilidade eletronótica.

Antonimologia: 1. Sensibilidade energética. 2. Sensibilidade do mato. 3. Hipersensibilidade cibernética. 4. Eletrossensibilidade.

Sobrevivência. Ao longo da evolução, e isto pode ter representado milhões de anos, o ser humano desenvolveu a *sensibilidade do mato* e os instintos naturais para sobreviver em ambiente selvagem e inóspito, próprio da Natureza.

Civilização. Com a dita civilização da humanidade e o sedentarismo dos grupos humanos, o homem se distanciou da Natureza e vem perdendo a sensibilidade do mato.

Eletromagnetismo. Devido ao rápido avanço tecnológico dos dois últimos séculos, a maioria dos seres vivos, ainda não desenvolveu novo sistema perceptivo e autodefensivo perante a *poluição eletromagnética* do ciberespaço tecnológico e, até certo ponto, mortífero.

Poluição. Eis uma lista, em ordem alfabética, de 11 objetos, aparelhos ou sistemas que funcionam no ciberespaço tecnológico com efeitos nocivos, tóxicos, invisíveis e imperceptíveis ao ser humano ou aos seres vivos:

01. **Agrotóxico.** A reprodução do alimento em massa não conseguiu se harmonizar com o ecossistema e o agrotóxico surge para matar os predadores de modo *imediato* e os consumidores de modo *mediato* (GONÇALVES, 2001).

02. **Alimentos transgênicos.** Ainda não foi medido o efeito mediato do "melhoramento" dos alimentos modificados pela tecnologia transgênica.

03. **Alimentos-veneno.** A população está cada vez mais informada dos efeitos nocivos de determinados alimentos, tradicionalmente consumidos há séculos: trigo, glúten, leite e determinados tipos de carboidratos.

04. **Alimentos-produto.** De acordo com o pesquisador Pitaguari (2014) "produto não é alimento. Todo alimento que tem código de barras não é alimento".

05. **Alumínio.** A utilização de utensílios domésticos de alumínio, a exemplo da panela e talheres acumulando ao longo do tempo o metal no corpo humano.

06. **Celular.** O aparelho cancerígeno colocado junto ao corpo do usuário que ignora esse fato.

07. **Lâmpada fria.** A lâmpada cancerígena colocada em cima da cabeça do consumidor que ignora ou não admite esse fato.

08. **Obturação.** As antigas obturações feitas de amálgama e mercúrio, acumulando por décadas um metal pesado no corpo.

09. **Plástico.** A simples colherinha de plástico para mexer o café expresso feita de refugo de petróleo que ao ser aquecido intoxica o corpo humano.

10. **Redes *Wi-Fi*.** As ondas eletromagnéticas das redes *Wi-Fi* podem causar doenças graves, inclusive câncer e Alzheimer (TROWER, 2013).

11. **Água.** É terminantemente proibido aos usuários de lentes de contato tomar banho, (de chuveiro, piscina ou mar) utilizando as lentes de contato, com perigo de causar cegueira pela contaminação da água em contato com a lente.

Kriptonita. A autora Málu Balona (1997) criou a expressão "efeito kriptonita" para denominar a hipersensibilidade energética das pessoas em desenvolvimento parapsíquico. Ao que tudo indica está aparecendo uma nova modalidade:

o "efeito kriptonita tecnológico", porém, agora, atingindo todo o holossoma.

Tecnoquímicos-alergênicos. Está surgindo uma geração de pessoas com *hipersensibilidade tecnológica química e eletromagnética,* que sofre de modo *imediato* os efeitos deletérios dos "avanços tecnológicos". Eis 3 manchetes listadas em ordem alfabética exemplificando o tema:

1. **Alimentos.** "Criança com alergia rara só pode comer 11 tipos de alimentos para não ficar cega ou mesmo morrer". Se alimentado com ácido cítrico, um aditivo alimentar comum encontrado em refrigerantes, doces e pães, a criança pode perder a visão de modo permanente ou até mesmo morrer (www.gadoo.com.br – Acessado em 15.10.2014).
2. **Eletrossensibilidade.** A inglesa Debbie Bird é *eletrossensível* ou alérgica à tecnologia moderna. Ela é tão sensível ao campo eletromagnético criado por computadores, micro-ondas e outros aparelhos, que tem erupções cutâneas fortes e inchaços nas pálpebras se ela chegar perto de algum desses aparelhos (As 10 alergias mais bizarras do mundo; hypescience.com).
3. **Química.** "Mulher fica com o rosto inchado após tingir cabelo com kit caseiro". Carmen Rowe teve reação alérgica à substância usada como corante (Jornal O Globo.com, 02/03/2012).

Raridade. Esses casos estão se tornando cada vez mais comuns. Basta ver as inúmeras manchetes com o mesmo tema, porém retratando casos diferentes.

Precaução. Eis uma lista de 10 precauções contra a contaminação pela irradiação de micro-ondas (Fonte: Salve o meio ambiente – Reader´s Digest):

01. Caso tenha que atender o celular use o modo viva voz.
02. Escolha um computador com tela de cristal líquido, que emite menos radiação e usa menos energia.

03. Não coloque sua cama junto a parede que tenha aparelhos do outro lado.

04. Não durma com a cabeça perto de uma fonte de energia elétrica ou de um aparelho.

05. Não sente perto de aparelhos eletrônicos por longos períodos.

06. Não use a rede *wi-fi* em sua casa (LOPES, 2014).

07. Não use aparelho de micro-ondas para esquentar ou preparar alimentos.

08. Não use aparelhos com tecnologia sem fio.

09. No quarto, remova os aparelhos desnecessários ou tire-os da tomada antes de dormir, principalmente os que têm transformador integrado.

10. Reduza o número de aparelhos ligados ao mesmo tempo.

Antissinalética ***cibertecnológica:*** *risco de dessoma.*
Antissinalética ***parapsíquica:*** *risco consciencial antievolutivo.*

19. SENSAÇÃO DE ESTAR SENDO OBSERVADO

Pesquisas. Segundo o pesquisador Dean Radin (2008), a "sensação de estar sendo observado" foi investigada em experiências durante quase um século.

Experimentos. Um casal era convidado a ficar sentado a alguns metros de distância um do outro. Um ficava de costas para o outro. Em determinado momento um recebia o comando para se virar e olhar fixamente na nuca da outra pessoa, durante 10 segundos.

Percepção. Na grande maioria dos experimentos um percebia que estava sendo observado.

Chacra. O curioso nesse experimento é que, mesmo sem saber, os cientistas focaram no local que mais acessa a pessoa de modo desprevenido, ou seja, no chacra nucal, sendo o alvo de consciências extrafísicas mal-intencionadas e energívoras.

Acertos. Experiência recente realizada pelo biólogo Rupert Sheldrake (2005) envolveu um total de 33.357 tentativas. O resultado foi o acerto de 54%, ou seja, em mais da metade dos experimentos, houve a real sensação de um estar sendo observado pelo outro (RADIN, 2008).

Ceticismo. A maioria dos cientistas atribui tal resultado ao acaso ou à sorte.

Comprovação. Os experimentos foram realizados de modo simples, mas comprovaram a capacidade do ser humano de perceber quando está sendo observado, mesmo estando de costas.

Parapercepções. De acordo com a *Parapercepciologia,* a sensação de estar sendo observado é um conjunto de sinais, perfazendo sinalética parapsíquica da leitura energética, que a pessoa é capaz de fazer quando sua holosfera é invadida pelo "olhar" ou pelas energias ou pensenes (pensamentos, sentimentos e energias) de outra pessoa.

Intenção. Dependendo das intenções de quem olha, esta pode estar doando ou "roubando" literalmente as energias do outro.

Olho. Daí o aparecimento das superstições e crenças místicas na questão da pessoa com o famoso "olho gordo" ou "olho de seca pimenteira".

Troca. Inevitavelmente toda vez que alguém olha para outra pessoa existe troca de energias.

Beleza. Por exemplo, a mulher bonita pode atrair olhares, porém se esta não possui o interesse espúrio de chamar a atenção para si, saberá utilizar roupas discretas, mantendo ortopensenidade e a autodefesa energética.

Sinalética. Você já teve a sensação de estar sendo observado? Quais foram estas sensações? De que modo isto repercutiu em você?

A *CONSCIN ATILADA* ***MANTÉM*** *AUTODEFESA HOLOSFÉRICA* ***FAZENDO DESASSIM E DESASSÉDIO DE OLHARES MAL-INTENCIONADOS.***

20. SENSAÇÃO DE ESTAR SENDO EVOCADO

Evocação. A maioria das pessoas é evocada várias vezes ao dia e não faz a menor ideia disso, da mesma forma que também evoca inúmeras pessoas do seu círculo de relações de modo inconsciente.

Pensene. Evocar é lembrar ou pensar no outro. O pensamento nunca vai sozinho, sempre está ligado a um sentimento e a energias. Esta é a base da teoria do Pensene (Pensamento + Sentimento + Energias).

Olhar. Quando a pessoa olha diretamente para o outro e este percebe, o mecanismo é muito parecido com o da evocação, porém é mais comum ser percebido, devido à proximidade e também à ênfase na conexão maior com as energias do outro pela presença física.

Distância. Na evocação é como se você estivesse "olhando" para o outro à distância, utilizando a imagem mental da pessoa em sua mente para lembrar ou pensar sobre algo a respeito dela.

Parapercepção. Ao que tudo indica é possível identificar os sinais característicos de quando alguém está evocando a sua pessoa.

Sinalética. Apesar de a sinalética ser de caráter pessoal é provável as pessoas terem sensações parecidas ao tratar de situações análogas. Nesse sentido, eis dois sinais já identificados por esta autora e mapeados como sinalética de estar sendo evocada:

1. **Energossoma.** Percepção de pulsação do frontochacra, sendo na maioria dos casos evocação positiva e a partir do nucalchacra, sendo evocação pensênica negativa ou de pessoa carente.

2. **Atenção.** Mudança do padrão pensênico seja para melhor ou para pior.

Orelha. Algumas pessoas já relataram sentir a orelha esquentar e ficar avermelhada. Outras, já percebem o famoso zumbido no ouvido. Estes sinais podem variar, mas cada um deve ver o seu caso pessoal.

Confirmação. Esses sinais podem ser confirmados a partir de eventos posteriores, por exemplo, você encontra com os amigos e eles dizem ter comentado sobre você na última reunião, sendo esta coincidente com suas percepções.

A *SINALÉTICA* ***APONTA O*** *SALDO* ***DAS*** *EVOCAÇÕES* ***E O NÍVEL EVOLUTIVO DA CONSCIN EVOCADA PERANTE SEU*** *GRUPO EVOLUTIVO*.

21. SENSAÇÃO DE ESTAR SENDO AVALIADO

Auditoria. A sensação de estar sendo avaliado por amparador é difícil de explicar, porém é parecida com a sensação de estar numa berlinda, ou situação da visita de um auditor que tem a incumbência de verificar se todas as contas e documentações da empresa estão corretas.

Coerência. Pelo que esta autora pôde perceber, no caso da visita de um *amparador auditor,* o objetivo é verificar se o intermissivista está coerente com sua proéxis e principalmente com seu momento evolutivo.

SAE. Para sintetizar será utilizado o nome "sinalética da auditoria extrafísica" e usar a sigla SAE.

Desconforto. A SAE pode trazer certo desconforto e vem acompanhada de mensagem muito clara: "onde estou errando?" ou "o que estou fazendo de errado?"

Paradoxo. Como pode a consciência evoluída causar mal-estar? Dependendo do grau de incoerência que o intermissivista estiver apresentando, o desconforto com a presença do amparador será maior.

Casuística. Pelo fato de ter registrado algumas vezes esta sensação foi possível criar um padrão de referência para a SAE.

Hermenêutica. A SAE pode ser confundida, de início, com a sensação de estar sendo evocado ou com a iscagem de consciex a ser assistida, porém o conteúdo da mensagem ou da presença da consciex é inconfundível.

Evolutividade. O passo seguinte à constatação da SAE é identificar e decodificar qual é o nível evolutivo do amparador extrafísico auditor.

Mérito. O fato de a conscin ser auditada por amparador mostra que de algum modo o trabalho interassistencial que ela está desempenhando tem algum valor, porém, ainda, precisa ser qualificado.

Autocrítica. O ideal é o intermissivista fazer de modo habitual a própria auditoria, ou "passar a régua" e o "pente fino" em tudo que faz, com o objetivo de ampliar o próprio nível de lucidez e evolução.

Cosmoética. O parâmetro interno ou indicador de autodesempenho evolutivo pode ser medido, ou ter como referência, a cosmoética ou o código pessoal de cosmoética (CPC) aplicado no cotidiano.

O** CPC **É O GRANDE NORTEADOR PARA O EMPREGO OU APLICAÇÃO EVOLUTIVA DA** SINALÉTICA **NA TOMADA DE DECISÕES E AÇÕES.

22. DESENVOLVIMENTO DA SINALÉTICA PARAPSÍQUICA NOS LABORATÓRIOS CONSCIENCIOLÓGICOS

Laboratórios. O CEAEC - *Centro de Altos Estudos da Conscienciologia* em Foz do Iguaçu, Paraná, possui 18 laboratórios de autopesquisa e desenvolvimento do parapsiquismo interassistencial. Sendo 16 individuais e 2 grupais, o *Acoplamentarium* e o Consciênciografologia.

Aproveitamento. Eis 10 orientações básicas, em ordem lógica, para quem deseja *desenvolver a sinalética energética* e obter melhor resultado da experiência parapsíquica a partir dos laboratórios conscienciológicos:

01. **Preparo.** O ideal é a pessoa se preparar para realizar os experimentos laboratoriais ou bioenergéticos. Certa vez esta autora não havia se preparado devidamente para fazer o experimento no laboratório e ao final do mesmo escutou claramente do amparador: "Sem preparo não há amparo".

02. **Sono.** A pessoa deve estar bem quanto à carga de sono, evitando dormir no laboratório.

03. **Necessidades.** Atender as necessidades fisiológicas antes de iniciar o experimento, pois os laboratórios não possuem banheiro.

04. **Autopesquisa.** Estar preparado para receber a tares e o impacto das informações a respeito de si mesmo.

05. **Recin.** As crises de crescimento podem fazer parte dos efeitos dos experimentos laboratoriais. Todo laboratório pode proporcionar recins, desde que a conscin esteja aberta para isto.

06. **Abertismo.** Estar aberto(a) para a ampliação e o desenvolvimento parapsíquico e evolutivo.

07. **Anotações.** Anotar o antes, o durante e o depois de cada fase do experimento.

08. **Planejamento.** Não realizar somente 1 experimento. Fazer um planejamento de caso pensado de quais serão os próximos laboratórios a serem realizados.

09. **Sequência.** A sequência *bem bolada* de laboratórios pode ampliar e potencializar seus resultados. Por exemplo: Laboratório da Tenepes – Laboratório do EV – Laboratório da Sinalética – Laboratório da Imobilidadade Física Vígil. Faça a experiência!

10. **Inventário.** Ao longo dos anos, fazer o inventário dos resultados obtidos nos laboratórios.

Inventário. Eis um inventário quantitativo de técnicas e experimentos que contribuíram para o desenvolvimento parapsíquico da sinalética desta autora:

1. **Laboratórios.** No período de 2001 a 2014 foram realizados, por esta autora, 132 experimentos laboratoriais no CEAEC, dentre estes, 109 individuais, 10 no Laboratório da Sinalética e 23 no *Acoplamentarium.*

2. **Mudar.** Em 1999, antes da mudança para Foz do Iguaçu, houve a leitura do livro *Mudar ou Mudar,* de autoria de Flávia Rogick. Houve tamanha motivação com os experimentos relatados pela autora que foram realizados também 11 experimentos de Imobilidade Física Vígil no apartamento em que morava no Rio de Janeiro.

3. **Técnica.** Esta autora também considera ótimo laboratório individual as 2 técnicas de autorreflexão de 5 horas realizadas em casa no ano de 2011.

4. **Tenepes.** A prática da tarefa energética pessoal teve início no ano 2000, quando ainda vivia no Rio de Janeiro. De lá para cá, foram 17 anos de experimentos diários com a interassistência multidimensional em conjunto com o amparador de função da tenepes.

5. **Dinâmicas.** Houve participação durante vários anos seguidos das Dinâmicas Parapsíquicas semanais, oferecidas pelo CEAEC. Sendo a de maior assiduidade a Dinâmica da Desperticidade, de 2003 a 2009.

Registro. Eis exemplo de anotação de experimento realizado no Laboratório da Sinalética em 18.03.2012 no CEAEC:

Autorreflexão. *Após o experimento anotei as vivências da semana. Havia passado mais uma vez por miniacidentes e cheguei à conclusão de que precisava aumentar a autodefesa energética, além de focar na escrita do livro e de verbetes.*

Interassistência. *A escrita faz com que a conscin fique mais conectada com a interassistência intelectual e com padrão pensênico mais hígido. É também técnica de autodefesa mentalsomática.*

Análise. *Os miniacidentes são sinais externos de que algo não está equilibrado ou está desorganizado.*

Síntese

Autodefensibilidade. *Esta palavra surgiu à mente para ser incluída na lista dos mega-atributos da conscin inteligente interassistencial.*

Resultados. Eis síntese dos resultados obtidos quanto ao mapeamento da sinalética desta autora, a partir dos experimentos realizados nos laboratórios de autopesquisa do CEAEC. Incluídos também, os experimentos com a prática da tenepes e Dinâmicas Parapsíquicas.

Efeitos. Cada laboratório, mesmo não sendo específico da sinalética, Dinâmica Parapsíquica e técnica com as bioenergias contribuíram para a identificação de sinaléticas, além de ampliar de modo significativo as autorreflexões, a soltura energética e a ampliação do autoparapsiquismo.

Ampliação. Outros efeitos parapsíquicos e evolutivos também foram percebidos por esta autora, tais como: autodesassédio; autodomínio energético; retrocognições; projeções lúcidas; sinaléticas; contato com o amparador de função; interassistência ao modo da Tenepes; inspiração para escrever artigos, verbetes e livros, dentre outros.

Oportunidade. Dentre os laboratórios, o destaque especial é ao *Laboratório da Sinalética,* a fim de apresentar a oportunidade de treinar a identificação e o mapeamento da sinalética em local preparado e especializado, do ponto de vista multidimensional e interassistencial.

Repetições. Como todo desenvolvimento ocorre a partir do acúmulo de experiências, a repetição do experimento laboratorial foi importante para o mapeamento das sinaléticas energéticas e parapsíquicas pessoais.

Autopesquisa. Depois de experimentar cada um dos laboratórios, esta autora iniciou a repetição naqueles que mais chamaram a atenção, de acordo com a autopesquisa do momento.

Os *LABORATÓRIOS CONSCIENCIOLÓGICOS* ***TRANSFORMAM VIVÊNCIA CONSCIENCIAL EM*** *EXPERIÊNCIA PARATÉCNICA* ***E*** *EVOLUTIVA.*

23. SINALÉTICA PARAPSÍQUICA E CÓDIGO PESSOAL DE COSMOÉTICA

Definição. De acordo com a Cosmoeticologia "o *Código Pessoal de Cosmoética* ou *CPC* é a compilação sistemática ou o conjunto de normas de retidão, ortopensenidade e autocomportamento policármico do mais alto grau moral, criado e seguido pela consciência mais lúcida, em qualquer dimensão existencial" (VIEIRA, 2013).

Bases. O *Código Pessoal de Cosmoética* (CPC) tem o alicerce no nível evolutivo da consciência e em seus princípios pessoais, que se modificam e se ampliam de modo contínuo a partir da inteligência evolutiva.

CPC. O CPC serve de parâmetro para o intermissivista criar para si mesmo o *modus operandi,* a fim de evitar erros e traçar um estilo de vida com base cosmoética.

Bumerangue. Quando o intermissivista lúcido age de modo contrário aos próprios valores e ao CPC, perceberá em sua holosfera energias de autointoxicação que irão sinalizar a falha cometida contra si mesmo, numa espécie de efeito bumerangue de ações e reações.

Taquirritmia. Quanto maior o nível evolutivo da conscin, menor é o tempo de resposta entre o ato anticosmoético, ou erro cometido, e o acerto posterior.

Peso. A sensação de "peso na consciência" é sinalética intraconsciencial relativa à falta ou à falha quanto à cosmoética, quando a conscin possui autocrítica ou avalia constantemente seus próprios atos.

Mal-estar. Outro sinal de alerta muito comum em relação às incoerências, ou atos anticosmoéticos, é a sensação de desconforto, inadequação ou sensação de mal-estar íntimo.

Autotoxidade. A sinalética de autointoxicação energética está relacionada de modo direto com alguma atitude anticosmoética.

Bússola. O CPC torna-se pouco a pouco a bússola consciencial perante as decisões evolutivas quanto à maxiproéxis grupal.

Jurisprudência. Os erros criam as jurisprudências e podem servir para salvaguarda futura, para não se errar mais.

Mega-assédio. O maior assediador às vezes é a própria consciência que teima em cometer os mesmos erros, mesmo sentindo-se mal e tendo inúmeros sinalizadores a respeito.

Pressão. Quando a conscin erra e insiste muito no mesmo erro, perde a oportunidade de sofrer a pressão natural do próprio CPC e acaba tornando-se amoral.

Heterocrítica. A sinalética parapsíquica também aprimora a capacidade de a conscin lúcida perceber a falta de cosmoética no outro.

Veredicto. Um exemplo disto é o caso do historiador de arte Bernard Berenson (1865–1959) que foi capaz de identificar obra de arte falsificada por sinal pessoal de tilintar no próprio ouvido, seguido de depressão momentânea. Ele relatou estes sinais durante o julgamento do caso em tribunal (RADIN, 2008).

***A** PRESSÃO EXTRAFÍSICA E ÍNTIMA*
MUITAS VEZES REPRESENTA A RECUPERAÇÃO DE CONS E PROVOCA
***A** CRISE EXISTENCIAL EVOLUTIVA.*

24. *SINALÉTICA PARAPSÍQUICA E DESPERTICIDADE*

Definição. A *desperticidade* é a qualidade da vivência exemplarista do ser desperto ou *des*assediado, *per*manente, *to*tal – homem ou mulher – plenamente autoconsciente, dentro das tarefas da megafraternidade às consciências capaz de servir de isca intra e extrafísica, assistencial, lúcida, na condição de epicon, mantendo oficina extrafísica (ofiex), através da prática diária da tenepes ou da tarefa energética pessoal de solidariedade (VIEIRA, 2013).

Sinonímia: 1. Manifestação do ser desperto.

Antonímia: 1. Pré-desperticidade.

Bioenergias. O autodomínio das energias, a partir do mapeamento da sinalética energética pessoal e a intelectualidade cosmoética são essenciais para a conscin intermissivista alcançar a condição de desperticidade.

Sinalética. A sinalética parapsíquica permite à conscin lúcida detectar a presença de consciências, sadias ou doentias, de imediato em sua psicosfera.

Autodiscernimento. O autodiscernimento multidimensional amplia a força presencial da conscin intermissivista e promove de modo natural o desassédio.

Cosmoética. O padrão homeostático de manifestação cosmoética permite à conscin intermissivista anular a atuação da autocorrupção ou anticosmoética dos outros – conscins e consciexes – sobre ela própria (VIEIRA, 2013).

Anticonflitividade. A conduta cosmoética elimina a anticonflitividade e o autoassédio.

Mentalsoma. A condição da desperticidade está intimamente ligada ao desenvolvimento bioenergético e mentalsomático.

Autonomia. O alcance da desperticidade representa maior autonomia e assertividade da conscin intermissivista.

Megafoco. A interassistência com base na tares, ou tarefa do esclarecimento, é o materpensene ou megafoco do ser desperto.

Autodesassédio. O autodesassédio é condição *sine qua non* para a conquista da desperticidade.

Sinais. Eis 13 sinais evolutivos de *autodesassédio,* em ordem alfabética, a ser rastreado pela consciência interessada em identificar seu percentual de desperticidade:

01. **Amparabilidade.** A presença *permanente* da companhia do amparador.

02. **Autoconfiança.** A *permanente* autoconfiança, inclusive em situações críticas.

03. **Auto-organização.** A organização, a disciplina e o detalhismo *permanentes* com os próprios objetos, energias e utilização do tempo.

04. **Autossegurança parapsíquica.** A autossegurança parapsíquica *permanente* com a atuação lúcida na multidimensionalidade.

05. **Bom humor.** A manutenção *permanente* do humor homeostático.

06. **Coerência cosmoética.** A manutenção *permanente* da automanifestação cosmoética e coerente. *Assuesce unus esse. Acostuma-te a ser um só* (TOSI, 2010).

07. **Discrição.** A evitação *permanente* em chamar a atenção para si mesmo.

08. **Equilíbrio holossomático.** A manutenção *permanente* da saúde holossomática.

09. **Fôlego energético.** A manutenção *permanente* do *quantum* energético.

10. **Imperturbabilidade.** A condição *permanente* de imperturbabilidade, mesmo com ataques assediadores de conscins ou consciexes.

11. **Ortopensenidade.** A manutenção *permanente* da retilinearidade ortopensênica, mesmo vivendo em holopensene patológico.

12. **Paciência.** A conduta *permanente* da paciência, mesmo perante as conscins e consciexes teimosas ou irredutíveis quanto à própria ignorância.

13. **Traf*o*rismo.** A manifestação *permanente* dos próprios traf*o*res, mesmo sabendo e reciclando os traf*a*is e traf*a*res pessoais.

Permanência. Quanto tempo você consegue permanecer manifestando tais indicadores de desperticidade?

A *DESPERTICIDADE* ***PODE SER IDENTIFICADA DE MODO INTRA E EXTRACONSCIENCIAL. OS*** *SINAIS EVOLUTIVOS* ***ATESTAM SEU NÍVEL.***

25. *SINALÉTICA PARAPSÍQUICA E SINCRONICIDADE COSMOÉTICA*

Definição. A *sincronicidade cosmoética* é o conjunto de coincidências significativas, de conteúdos simples ou complexos, intra ou extrafísicos, perfazendo a convergência dos fatos e parafatos. Tem relação direta com o fluxo do Cosmo.

Sinonímia: 1. Serendipitia; coincidência feliz. 2. Convergência cósmica.

Antonímia: 1. Acidente de percurso. 2. Desencontro antievolutivo.

Convergência. A sincronicidade é a demonstração da convergência de fatos e parafatos e da lei da atração, onde os afins se atraem, podendo ser tanto positiva quanto negativa.

Superstição. Pelo fato de não compreender os aspectos multidimensionais e parapsíquicos, a maioria das pessoas interpreta a sincronicidade como sendo algo místico ou supersticioso, envolvendo a sorte e o azar, além do pensamento mágico ou religioso (CAMBRAY, 2013).

Comunicação. A leitura dos fatos e parafatos a partir da sincronicidade é um meio de comunicação interdimensional e pode ser tida ao modo de confirmação, prospectiva futura ou precognição.

Parassincronicidade. A conscin lúcida, mais organizada e harmônica do ponto de vista holossomático e com intenção interassistencial, possui tendência natural de provocar a sincronicidade ou a parassincronicidade em favor dos assistidos.

Equipex. Por exemplo, a parassincronicidade pode ser promovida pelos amparadores, a fim de viabilizar reencontros evolutivos de destino.

Parapsiquismo. O acúmulo e a repetição da parassincronicidade interassistencial é indicador evolutivo de que a conscin possui parapsiquismo avançado.

Sincrossinalética. A junção da sincronicidade e da sinalética energética parapsíquica é o ápice confirmador das paraocorrências interassistenciais, principalmente para a conscin interassistente.

O *BINÔMIO ANTIBAGULHISMO--ORTOPENSENIDADE* ***PROVOCA A*** *SINCRONICIDADE COSMOÉTICA* ***PELA SALVAGUARDA INTERASSISTENCIAL.***

Seção III

Mapeamento da Sinalética Energética Parapsíquica Pessoal

26. *MAPEAMENTO DA SINALÉTICA ENERGÉTICA PARAPSÍQUICA*

Definição. O *mapeamento da sinalética* é o procedimento paratécnico de identificação, registro e decodificação da sinalética energética parapsíquica pessoal, a fim de criar o *código de autoparassegurança e comunicação* a serviço da interassistência multidimensional.

Sinonímia: 1. Cartografia parapsíquica pessoal. 2. Topologia dos sinais parapsíquicos. 3. Mapeamento sinalético. 4. Registro da sinalética. 5. Rastreamento da sinalética parapsíquica.

Antonímia: 1. Mapeamento dos parafenômenos. 2. Mapeamento dos chacras. 3. Mapeamento das sensações orgânicas simples.

Objetivo. A *técnica do mapeamento da sinalética parapsíquica* objetiva possibilitar ao experimentador ou experimentadora identificar as próprias sinaléticas, a fim de obter maior autossegurança, autoconfiança e interação com a multidimensionalidade, principalmente com o amparo de função.

Perfil. O mapeamento é muito útil também para identificar o perfil e o padrão holossomático do assistido, muitas vezes aguardando para ser atendido ou assistido por você.

Variáveis. A partir da *Hermeneuticologia,* eis, 15 variáveis, em ordem lógica, a serem registradas na identificação, mapeamento, interpretação e autopesquisa da sinalética percebida:

01. **Sinal.** *Registrar* exatamente as características da sinalética percebida.

02. **Contexto.** *Registrar* o contexto ou a atividade sendo realizada no momento da ocorrência da sinalética.

03. **Data.** *Registrar* a data da ocorrência da sinalética.

04. **Horário.** *Registrar* o horário exato da percepção.

05. **Soma.** *Registrar* a região física ou manifestação fisiológica relacionada à sinalética percebida.

06. **Companhias.** *Registrar* as companhias intrafísicas presentes no momento da identificação da sinalética.

07. **Local.** *Registrar* o local ou ambiente onde a sinalética foi manisfestada.

08. **Autopensenidade.** *Registrar* o padrão pensênico antes, durante e depois da identificação da sinalética.

09. **Confirmação.** *Registrar* possível confirmação relativa à sinalética identificada.

10. **Repetição.** *Registrar* o número de vezes da ocorrência da mesma sinalética percebida.

11. **Padrão.** *Registrar* se existe um padrão comum, na sinalética percebida.

12. **Parafisiologia.** *Registrar* os chacras de maior relação com a sinalética.

13. **Informação.** *Registrar* o conteúdo ou a mensagem identificada a partir da sinalética.

14. **Sincronicidades.** *Registrar* se ocorreu a interação da sinalética com algum tipo de sincronicidade.

15. **Autodiscernimento.** *Registrar* a classificação de acordo com a categoria da sinalética percebida, a partir de padrão homeostático ou patológico.

Atributologia. O atributo mentalsomático predominante no processo de mapeamento da sinalética é o das percepções extrassensoriais, notadamente do autodiscernimento quanto à autoparaperceptibilidade lúcida.

O *HOLOPENSENE PESSOAL DA PARAPERCEPTIBILIDADE* ***É COADJUTOR POSITIVO NO EXERCÍCIO DIÁRIO DO MAPEAMENTO DA SINALÉTICA.***

27. BENEFÍCIOS DO MAPEAMENTO DA SINALÉTICA PARAPSÍQUICA

Benefícios. Eis 11 benefícios, em ordem alfabética, alcançados pela conscin que conquistou o hábito saudável de mapear a sinalética energética e parapsíquica pessoal.

01. **Autocognição.** O *mapeamento da sinalética* e os sinais recorrentes auxiliam no autodiagnóstico da saúde consciencial.

02. **Autoconfiança.** O *mapeamento da sinalética* amplia a autoconfiança parapsíquica, principalmente diante de situações paradoxais.

03. **Assertividade.** O *mapeamento da sinalética* auxilia no processo da tomada de decisões (V. capítulo 39).

04. **Autonomia.** O *mapeamento da sinalética* promove a autonomia consciencial ao fornecer ferramentas para a ampliação da autodefesa e da *interassistência* (V. capítulo 31).

05. **Autoparafisiologia.** O *mapeamento da sinalética* auxilia a conscin a identificar o funcionamento do próprio holossoma.

06. **Autoparapsiquismo.** O *mapeamento da sinalética* auxilia no autodesenvolvimento parapsíquico interassistencial.

07. **Conectividade.** O *mapeamento da sinalética* facilita a conexão com o fluxo do Cosmos, se considerado o alfabeto parapsíquico ou a linguagem multidimensional (V. capítulo 38).

08. **Desperticidade.** O *mapeamento da sinalética* parapsíquica, desde que valorizada e levada a sério no trabalho interassistencial, pode acelerar o alcance da desperticidade (V. capítulo 24).

09. **Interdependência.** O *mapeamento da sinalética* desenvolve o senso de interdependência evolutiva, a partir da coadunação dos parassinais (sinais extrafísicos ou parapsíquicos),

sinais pessoais (intrapsíquicos e holossomáticos) e sinais externos (sincronicidades) utilizados e percebidos no transcorrer da interassistência e conexão com equipins e equipexes.

10. **Liderança.** O *mapeamento da sinalética* parapsíquica possibilita à conscin tornar-se protagonista e tomar decisões e iniciativas no atendimento às necessidades interassistenciais.

11. **Multiexistencialidade.** O *mapeamento das retrossinaléticas* ou dos megassinais reforça para a própria conscin sua condição multiexistencial.

Vantagem. A maior vantagem em se fazer o mapeamento da sinalética parapsíquica é o fato de este novo hábito propiciar à conscin maior lucidez para conectá-la no aqui e agora multidimensional e tirar maior proveito das oportunidades evolutivas.

O MAIOR *GANHO EVOLUTIVO* **AO** ***INVESTIR NO*** *MAPEAMENTO* **DA** *SINALÉTICA* ***É*** **O ALCANCE DA** *AUTOLUCIDEZ MULTIDIMENSIONAL*.

28. *MAPEAMENTO DA SINALÉTICA E OBSERVAÇÃO DETALHISTA*

Definição. A *observação detalhista* é a condição da atenção consciencial voltada para o aqui e agora multidimensional, visando à cosmovisão e à percepção do entrelinhamento dos fatos e parafatos.

Sinonímia: 1. Olhar minucioso. 2. Cosmovisão investigativa.

Antonímia: 1. Olhar desatento. 2. Monovisão.

Observação. A observação detalhista exige hiperacuidade e curiosidade sadia.

Pontas. Para compreender determinadas sinaléticas é preciso saber unir as pontas. A observação detalhista *full time* pode favorecer este processo.

Sinergismo. Muitas vezes ocorre o *sinergismo sinalética-sincronicidade* em que a ocorrência externa corrobora e confirma a sinalética parapsíquica.

Efeito. De acordo com a *Efeitologia*, o *efeito cumulativo das autoconfirmações de sinaléticas registradas* aumenta a autoconfiança da conscin parapsíquica.

Interaciologia. A *observação detalhista* amplia a percepção e a investigação das interações das sinaléticas parapsíquicas, tais como as 6 listadas em ordem alfabética:

1. *Interação sinais fisiológicos-sinais parafisiológicos.* Qual é a relação entre os sinais fisiológicos e os sinais parafisiológicos?

2. *Interação sinais-sinalética-sintomas.* Qual é a relação entre a sinalética e a Sintomatologia?

3. *Interação sinalética–chacras–glândulas endócrinas.* Qual a relação entre a sinalética, os chacras e as glândulas endócrinas?

4. *Interação sinalética-nadis.* Qual é a relação entre a sinalética e o *nadis?*

5. *Interação sinalética-pontos da acupuntura.* Qual é a relação da sinalética e os pontos da acupuntura?

6. *Interação sinaléticas-retrossinaléticas.* Qual é a relação entre a sinalética e as retrossinaléticas?

Investigação. A observação detalhista leva ao estado de *atenção plena* (GOLEMAN, 2013), facilitando o megafoco nas investigações sobre a sinalética parapsíquica.

A *OBSERVAÇÃO DETALHISTA*
FAVORECE O DESENVOLVIMENTO
DAS *AUTOPARAPERCEPÇÕES*
NAS AUTOPESQUISAS.

29. *MAPEAMENTO DA SINALÉTICA E ATENÇÃO DIVIDIDA*

Definição. A *atenção dividida* é o atributo consciencial da conscin lúcida capaz de prestar atenção em diversas coisas ao mesmo tempo e manter concentração mental no foco prioritário, tendo relação direta com o taquipsiquismo e a taquirritmia.

Sinonímia: 1. Atenção múltipla; atenção multifocal.

Antonímia: 1. Atenção dispersa. 2. Desatenção.

AM. A autoconscientização multidimensional (AM) exige o desenvolvimento do atributo consciencial da atenção dividida.

Sinalética. A sinalética é um meio de traduzir os fatos e parafatos das múltiplas dimensões.

Desatenção. A pessoa desatenta não consegue identificar nem interpretar as próprias sinaléticas.

Taquirritmia. A capacidade de dividir a atenção pode ser melhor desenvolvida pela pessoa taquipsíquica e/ou que possui a taquirritmia nas ações.

Ginossoma. As mulheres têm vantagem neste quesito, pois treinaram o atributo da atenção dividida desde a época das cavernas, quando precisavam cuidar dos filhos delas e das outras, da segurança e da preparação dos alimentos.

Treino. Eis lista, em ordem alfabética, de 13 situações para treinar a atenção dividida no cotidiano. A pergunta que pode ajudar neste exercício é: – *O que pode estar acontecendo nos "bastidores extrafísicos" da vida?*

01. **Academia.** Quem são as pessoas que escolheram os mesmos dias e horários de academia que você? Quais são as ocorrências do dia? Há algo fora do comum?

02. **Aula.** Como está o clima da aula? Os alunos estão atentos ou dispersos? O professor(a) tem força presencial?

Quais foram suas parapercepções durante a aula? O que conseguiu apreender nas entrelinhas da aula?

03. **Casa.** Como está o ambiente doméstico? Se você tem *pets,* como estão se comportando hoje?

04. **Computador.** Fez EV e checagens energéticas antes, durante e depois de usar o computador? Quais foram suas percepções diante das mensagens recebidas e ou encaminhadas por *E-mail ou WhatsApp?*

05. **Escrita.** Como está o fluxo mental de ideias para a escrita de sua gescon (artigo, verbete, livro) no dia de hoje?

06. **Família.** Alguém precisou mais de sua atenção hoje do que em outros dias? Qual foi a causa?

07. **Passeio.** Prestou atenção nos jardins das casas? O que percebeu das energias ao caminhar em determinada rua?

08. **Restaurante.** Como eram as pessoas que sentaram próximas a você? Como era o perfil do garçom que serviu sua mesa?

09. **Supermercado.** Quem encontra "por acaso" no supermercado? O que percebe quando adentra cada seção específica: carnes, *pets,* massas, dentre outras.

10. **Telefone.** Quantas e quais foram as pessoas que ligaram para você hoje? Como se comportou você em cada ligação?

11. **Trabalho.** Quais foram as ocorrências do dia? Foi o chamado "dia matemático" ou muito pelo contrário?

12. **TV.** Quais mensagens silenciosas você pode identificar ao fazer a conexão do programa que assistia com sua vida atual?

13. **Volante.** Você percebeu algo diferente enquanto dirigia? Como era o padrão das energias do carro que estava atrás de você em comparação com o carro que estava a sua frente?

Contextualização. O que está acontecendo e o que irá ocorrer nos próximos meses? Onde você estará daqui a dois meses? Fazendo o quê, com quem? Muitas sinaléticas estão relacionadas a eventos futuros, daí a importância de manter-se conectado com aqui-agora-multidimensional e também com o presente-futuro.

A *ATENÇÃO DIVIDIDA* **PERMITE**
À CONSCIN LÚCIDA UNIR AS PONTAS
PARA IDENTIFICAR O CONTEÚDO
DO FENÔMENO **DA** SINALÉTICA.

30. MAPEAMENTO DA SINALÉTICA E LEITURA ENERGÉTICA

Definição. A *leitura energética* é a parapercepção e a decodificação realizada pela conscin diante de pessoas, plantas, animais, ambientes, objetos e informações.

Sinonímia: 1. Energoleitura. 2. Paraleitura. 3. Leitura multidimensional. 4. Sensação energética.

Antonímia: 1. Leitura material. 2. Leitura tridimensional.

Parafenômeno. Tão importante quanto perceber os autoparafenômenos é saber fazer a *leitura energética* dos parafenômenos das outras consciências ou princípios conscienciais.

Mapeamento. Existe o mapeamento da sinalética parapsíquica pessoal relativa às ocorrências e paraocorrências de parafenômenos alheios ou externos.

Triscagem. Esta autora, ao ter a "intuição" de olhar, segundos antes, para determinada pessoa na plateia de uma Tertúlia Conscienciológica, teve a oportunidade de registrar o momento exato da *triscagem ocular parapsíquica,* própria da pessoa sensitiva ectoplasta.

Curiosidade. A pessoa não tinha noção que manifestava a *triscagem ocular parapsíquica* até aquele momento.

Lance. Sem ter consciência da inspiração mental, o virar a cabeça, proporcionou o olhar para o lado do auditório onde a pessoa que iria manifestar a triscagem se encontrava.

Telepatia. Depois do ocorrido houve a percepção de que havia sido inspirada telepaticamente por amparador técnico a fim de testemunhar o evento parapsíquico raro.

Etapas. A sequência da leitura, diagnóstico e discriminação energética passa também pelas confirmações a partir da *sinalética parapsíquica,* sendo esta coadjutora das parapercepções.

Leitura. Por exemplo, a leitura energética de pessoa envolve perceber sua holosfera ou seu holopensene pessoal.

Sensação. A *leitura energética* se dá a partir de uma *sensação energética* sendo esta compreendida pela percepção física ou fisiológica a partir da presença de determinada pessoa ou ambiente.

Carência. Por exemplo, a pessoa pode sentir-se cansada ou descompensada energeticamente, como se tivesse subido rapidamente uma escada de 20 andares, sem ter saído do lugar. Isto pode sinalizar que o outro está carente e ao entrar em contato com você sugou suas energias.

Doação. Outras vezes, a mesma pessoa pode sentir-se energizada e melhor do que estava antes de encontrar-se com determinada pessoa.

Informações. A leitura energética ocorre quando a conscin está atenta às informações que irá receber ou perceber ao se deparar com determinada pessoa ou ambiente.

Peso. Por exemplo: determinada pessoa pode ser um "peso" ou não para o ambiente onde se encontra. Mas o que na realidade significa ser um peso ou não pesar no ambiente?

Balança. Qual é a sinalética que funciona qual balança parapsíquica para medir ou pesar a presença de alguém no ambiente?

Expressão. A expressão "pessoa que não pesa no ambiente" foi criada pelo pesquisador parapsíquico Waldo Vieira para denominar as pessoas que trabalhavam no Holociclo e que tinham um padrão pensênico e energético saudável e interassistencial.

Descrição. Eis exercício para descrever provável pessoa que "pesa" e outra que "não pesa" no ambiente, do ponto de vista das energias e do padrão pensênico, percebido a partir de sensações, sinais, sinaléticas e ou comportamentos:

Personalidade Leve	Personalidade Pesada
Bom humor	Mau humor
Flexibilidade	Rigidez
Ponderação	Antagonismo
Liberdade	Controle
Não quer aparecer	Quer aparecer
Ortopensenes	Egopensenes
Holopensene interassistencial	Holopensene egocêntrico
Causa bem-estar	Causa mal-estar
Doação energética	Vampirização energética
Linearidade pensênica	Confusão pensênica

Consciex. Imagine duas consciexes cada qual com um destes mesmos 2 padrões de energias se aproximando de sua psicosfera. Como as perceberia? Quais seriam as sinaléticas para descrever cada uma delas?

Classificação. Sem cair no preconceito, é necessário saber classificar o padrão de manifestação das consciências, conscins e consciexes, com o propósito de ajudá-las.

Perfil. A sinalética parapsíquica funciona tal qual ferramenta para se estabelecer o perfil e o padrão energético e pensênico das consciências em geral.

Sensação. A *sensação energética* é a reação imediata ao se deparar com o objeto de análise ou leitura. Essa reação pode ser em primeiro lugar de *bem-estar* ou *mal-estar* e pode ter outras variáveis se melhor observadas.

Atenção. No treino da atenção dividida do capítulo 29, foram utilizadas as possibilidades e variáveis para observar determinada situação. No treino para discriminar as energias, o seu foco maior será o mapeamento das sensações energéticas.

Discriminações. Eis lista, em ordem alfabética, de 18 itens do cotidiano considerados relevantes do ponto de vista do trinômio *leitura-sensação energética-autossegurança consciencial:*

01. **Alimento.** Qual a *sensação energética* ao ver o alimento? Qual é o seu aspecto geral? Onde e quem preparou?

02. **Ambiente (interno e externo).** Qual a *sensação energética* ao adentrar no ambiente?

03. **Animais de estimação.** Qual o comportamento do "*pet*"? Qual a *sensação energética* ao encontrá-lo?

04. **Casa.** Qual a *sensação energética* ao entrar em sua própria casa?

05. **Aparelhos.** Qual a *sensação energética* ao entrar em contato com aparelhos eletro-eletrônicos indispensáveis na vida cotidiana?

06. **Carro.** Qual a *sensação energética* ao entrar em seu próprio carro? E no carro de um amigo(a) que lhe dará carona? Às vezes um novo arranhão no carro do outro pode ser sinal de necessidade de cautela e interassistência ao motorista.

07. **Companhias.** Qual a *sensação energética* ao encontrar a pessoa (duplista, amigo, parente)? Ela "pesa" ou não no ambiente?

08. **Computador.** Qual a *sensação energética* ao ligar seu próprio computador?

09. **Imóvel.** Qual a *sensação energética* ao adentrar em imóvel que está à venda?

10. ***Internet.*** Qual a *sensação energética* ao abrir seus *E-mails* ou redes sociais?

11. **Livros.** Qual a *sensação energética* ao receber e abrir determinado livro?

12. **Locais (bairro, cidade, país).** Qual a *sensação energética* ao adentrar em seu bairro, cidade ou país e nos diferentes do seu?

13. **Objetos (todo tipo).** Qual a *sensação energética* ao receber, tocar ou visualizar determinado objeto seu ou dos outros? Você sabe identificar quando um objeto tornou-se um bagulho energético?

14. **Prestadores de serviço.** Qual a *sensação energética* ao receber um prestador de serviço no trabalho ou em sua casa?

15. **Sala.** Qual a *sensação energética* ao entrar na sala em que você irá ministrar ou assistir aula? Qual é o local de poder da sala?

16. **Seleção.** Qual a *sensação energética* ao receber candidato(a) para vaga de emprego em sua empresa ou casa?

17. **Plantas.** Qual a *sensação energética* ao receber ou visualizar determinada planta?

18. **Telefone.** Qual a *sensação energética* ao escutar o som do telefone e atender a pessoa? O toque do telefone pode antecipar o conteúdo da conversa.

Bagulhos. Qualquer item da lista pode tornar-se um bagulho energético, quando perde sua funcionalidade e organização, por exemplo: um aparelho quebrado há anos sem ser levado para o conserto (ARAKAKI, 2015).

QUEM FAZ A LEITURA, DIAGNÓSTICO E DISCRIMINAÇÃO ENERGÉTICA DESENVOLVE A *INTELIGÊNCIA PARAPSÍQUICA INTERASSISTENCIAL*.

31. MAPEAMENTO DA SINALÉTICA E INTELIGÊNCIA INTERASSISTENCIAL

Definição. A *inteligência interassistencial* é a capacidade de a consciência, conscin ou consciex, na condição de minipeça interdimensional, utilizar os automega-atributos em prol da evolução consciencial.

Sinonimologia: 1. Competência interassistencial. 2. Antiegoísmo. 3. Megafraternismo. 4. Transafetividade.

Antonimologia: 1. Incompetência interassistencial. 2. Egoísmo.

Técnicas. O parapsiquismo é automega-atributo essencial para a prática da inteligência interassistencial.

Desenvolvimento. O desenvolvimento parapsíquico cosmoético se dá a partir do interesse interassistencial responsável.

PI. O parapsiquismo interassistencial surge a partir da inteligência evolutiva, esta por sua vez pode ser medida ou colocada em prática a partir das inteligências parapsíquica, comunicativa, intelectiva e interassistencial.

Esforço. A interassistência não se desenvolve apenas com a boa vontade e boa intenção e tampouco somente com o esforço da consciência. Faz-se necessário a utilização de técnicas apropriadas ou paratécnicas.

Truísmo. "Ninguém pode dar o que não tem". Deste modo é inevitável a autoassistência em primeiro lugar para depois interassistir.

Energias. Os amparadores podem até tentar ajudar o interassistente iniciante, como o fazem muitas vezes, porém é necessário o mínimo de prática diária com as energias, a fim de dominá-las em nível aceitável e moldável.

Instrumento. As energias do interassistente são o instrumento-base ou chave para a interassistência.

Inteligência. A prática da inteligência interassistencial se dá a partir da *atitude inteligente* de buscar dominar as energias em si, em primeiro lugar, para em seguida utilizá-la de modo técnico e evolutivo nas interassistências.

Sinalética. O mapeamento das sinaléticas pode auxiliar em, no mínimo, 3 atitudes da conscin parapsíquica interassistencial dentro do *polinômio interassistencial acolhimento-orientação-encaminhamento-follow-up:*

1. **Paradiagnóstico (Acolhimento).** Promover a *empatia terapêutica* e a *leitura energética* para identificar a necessidade interassistencial a ser realizada.

2. **Paraprescrição (Orientação e Encaminhamento).** A partir da conexão maior com o amparador de função e do próprio assistido, identificar quais técnicas ou *paratécnicas* indicadas para atender suas necessidades evolutivas.

3. **Manutenção *(Follow-up).*** Acompanhar o desenvolvimento da interassistência em curso.

Indicadores. Demonstra *sinal* de *inteligência interassistencial* a conscin que manifesta ao menos 51% das 13 atitudes a seguir, listadas em ordem alfabética:

01. **Acolhimento.** Aborda as consciências de modo acolhedor, a fim de fazer a *leitura energética* e o *diagnóstico interassistencial.*

02. **Altruísmo.** Pede menos para si e mais para os outros.

03. **Autodiscernimento.** Aplica o autodiscernimento em tudo que faz. "Não embarca em canoa furada". Daí a importância da sinalética parapsíquica.

04. **Auto-organização.** Mantém a vida organizada, a partir da aplicação da *técnica do detalhismo* em todas as áreas da vida.

05. **Desapego.** Sabe abrir mão. Despede-se de amigo ou familiar quando o mesmo ainda não permite ser assistido.

06. **Doação.** Doa mesmo algo que lhe fará falta.

07. **Gratidão.** Valoriza os aportes evolutivos.

08. **Harmonia.** Promove o equilíbrio por onde passa.

09. **Holoconvivialidade.** Convive bem com a maioria dos seres vivos e consciências (conscins e consciexes). Cumpre o que promete.

10. **Homeostase.** Cultiva a ortopensenidade.

11. **Interassistência.** Apresenta prontidão e solicitude lúcida.

12. **Perdão.** Perdoa de modo antecipado.

13. **Retribuição.** Retribui aquilo que recebeu da vida.

Confirmação. Cada atitude interassistencial, quando realizada com lucidez e autodiscernimento, pode apresentar sinalética específica de confirmação do ato ou decisão tomada na hora certa.

A** INTELIGÊNCIA INTERASSISTENCIAL* ***MOSTRA: A PRIMEIRA AJUDA OCORRE CONSIGO MESMO, PARA DEPOIS BENEFICIAR OS OUTROS.

32. EMPATIA TÉCNICA

Definição. A *empatia técnica* é a ferramenta de acolhimento interassistencial, utilizada pelo assistente, de modo deliberado, para compreender quais são as preferências, interesses e necessidades do assistido, a fim de criar maior *rapport* e qualificar a interassistência entre ambos.

Sinonímia: 1. Empatia provocada. 2. *Rapport* técnico.

Antonímia: 1. Empatia natural. 2. *Rapport* espontâneo.

Sinalética. A partir da empatia técnica é possível criar a *sinalética técnica*. Neste caso, o interassistente irá descobrir pontos de contato com o assistido a fim de se aproximar de sua intraconsciencialidade.

Questões. Eis lista, em ordem alfabética, de 8 possíveis questões a serem pesquisadas sobre o assistido:

1. A pessoa gosta de plantas, animais? De quais tipos?
2. A pessoa possui alguma habilidade natural, como tocar algum instrumento, cantar, dançar ou calcular?
3. Qual é a faixa etária ou geração em que se encontra?
4. Qual é a profissão e área de pesquisa?
5. Qual é o *hobby* preferido?
6. Qual é o local ou cidade preferida?
7. Qual é o prato predileto?
8. Qual é o sonho de consumo desta pessoa?

Família. Caso o assistido seja alguém da família a dica é a mesma. Se possível dê um mimo energético, ou lembrancinha de presente, com base na pesquisa do perfil do assistido.

Rapport. Quanto maior o *rapport* criado entre o assistente e o assistido, melhores serão os resultados da interassistência. A confiança gera intimidade e esta abre as portas do microuniverso consciencial.

Natural. A empatia natural, ou o *rapport* espontâneo, também precisa ser identificado pelo pesquisador parapsíquico.

Força. A *força presencial* positiva – trafor energossomático, é determinante para o desenvolvimento da empatia técnica e da *liderança interassistencial.*

Sintonia. O *rapport* espontâneo, ou a assimilação simpática prévia, pode ser facilmente comprovados pela situação corriqueira entre duas pessoas que participam do mesmo evento e decidem colocar o mesmo conjunto de cores e roupa, sem, no entanto, terem combinado nada antes.

Mapeamento. O ideal é, depois do contato pela empatia técnica, anotar todas as percepções, situações que demonstram ter você ficado mais próximo do assistido, fazendo assim o mapeamento da sinalética da empatia técnica.

A *EMPATIA TÉCNICA* ***COMEÇA DENTRO DA CONSCIN INTERASSISTENCIAL, QUANDO DEMONSTRA*** *INTERESSE SINCERO* ***PELO OUTRO.***

33. EMPATIA PARATERAPÊUTICA

Definição. A *empatia paraterapêutica* é técnica interassistencial de acolhimento, visando o acoplamento holossomático com o interassistido.

Sinonímia: 1. Acoplamento interassistencial. 2. Assimilação simpática interassistencial.

Antonímia: 1. Distanciamento consciencial. 2. Desassimilação simpática.

Acoplamento. O acoplamento holossomático ocorre na medida em que o interassistente entra em contato mais próximo com as energias do assistido.

Técnica. A empatia técnica pode ser utilizada para a aproximação com o assistido, a fim de facilitar a empatia paraterapêutica.

Holossoma. Com a empatia paraterapêutica é possível fazer o diagnóstico holossomático do assistido, verificando suas forças e fraquezas.

Sinais. O mapeamento da sinalética parapsíquica pessoal pode ser acionado neste momento, visando fazer o levantamento diagnóstico do assistido.

Polinômio. Tanto a empatia técnica quanto a empatia paraterapêutica fazem parte da técnica do *polinômio interassistencial acolhimento-orientação-encaminhamento-follow-up*, estando mais relacionadas à fase do acolhimento interassistencial.

Amparador. As duas técnicas possuem a proposta de simular a aproximação do amparador do assistido. O amparador pode ter maior facilidade de aproximação por ter acesso à *ficha evolutiva pessoal* (FEP) do assistido. Por outro lado, pode ter inúmeras dificuldades pelo fato da maioria dos assistidos não estarem acordados para, ou conectados com a multidimensionalidade.

Sinalética. Daí a importância de cada um de nós, tanto no papel de interassistente quanto de assistido, valorizar a sinalética parapsíquica enquanto meio de comunicação com a multidimensionalidade.

A AUTOLUCIDEZ ***DOS ASSISTENTES DIMINUI A NECESSIDADE DA SINALÉTICA PARAPSÍQUICA NA*** *COMUNICAÇÃO COM OS AMPARADORES.*

34. MAPEAMENTO DA SINALÉTICA DE ASSEDIALIDADE

Definição. O *assédio* é a condição ou estado consciencial em que a conscin ou consciex torna-se alvo de influência negativa, a partir de si própria (autoassédio), e/ou de outras consciências (heteroassédio).

Sinonímia: 1. Obsessão. 2. Encosto. 3. Possessão maligna.

Antonímia: 1. Autodesassédio. 2. Heterodesassédio. 3. Amparo. 4. Semipossessão benigna.

Equilíbrio. É de suma importância para a consciência interessada em seu autoequilíbrio identificar quais são os sinais percebidos mais comuns, ou a sinalética parapsíquica correspondente à assedialidade: auto e/ou heteroassédio.

Sinais. Eis lista, em ordem alfabética, de 13 sinais nosográficos ou patológicos mais comuns configurando o estado de assedialidade ou autovitimização:

01. **Agressividade:** utilização de palavras e expressões rudes, *mesmo* tendo em seu vocabulário mental outras palavras amenas.

02. **Antagonismo:** reatividade ou ser "do contra", *mesmo* percebendo a razão do outro.

03. **Desmotivação:** apresenta tristeza, *mesmo* sem ter motivo.

04. **Emoções exacerbadas:** descontrole emocional, *mesmo* sem lógica.

05. **Inércia:** paralisação consciencial, estagnação, *mesmo* com lista enorme de tarefas a serem realizadas.

06. **Irritabilidade:** impaciência com situações, pessoas, animais ou consigo próprio, *mesmo* compreendendo as limitações alheias e as próprias.

07. **Mal-estar:** enjoo, ânsia de vômito, *mesmo* sem motivo fisiológico.

08. **Medos:** insegurança ou medo repentino, *mesmo* sem sentido.

09. **Patopensenidade:** pensar mal dos outros ou de si *próprio*, pensamentos catastróficos, *mesmo* sabendo não ser saudável e cosmoético.

10. **Pressão ou dor na nuca:** típico de assimilação simpática com assédio extrafísico ou consciexes energívoras (canga), *mesmo* conhecendo técnicas energéticas autodefensivas.

11. **Sensação de exaustão:** cansaço frequente, repentino, *mesmo* estando com a saúde em dia.

12. **Sonolência:** sono incontrolável, *mesmo* estando com a carga de sono atendida.

13. **Traf*a*rismo:** ideação autodepreciativa, *mesmo* sabendo dos próprios traf*o*res.

Ambiguidade. Os itens 07, 11 e 12 merecem ressalva, pois também podem se apresentar em situações de assistência, decorrentes de doação de ectoplasma, de acordo com o capítulo 14. Nestes casos, outros sinais e percepções devem ser observados, antes da interpretação final.

Semipossessão. A semipossessão patológica é mais comum do que se possa imaginar. Qualquer pessoa mais sensível ou parapsíquica quando sai de seu eixo ou equilíbrio emocional pode se tornar alvo fácil de consciexes patológicas e assediadoras de mesmo padrão.

Afins. Vale a pena lembrar-se de que os afins se atraem, tanto do ponto de vista positivo, quanto do ponto de vista negativo.

Assédio. É preciso também estar atento para não fazer o papel de assediador e influenciar de modo negativo as pessoas do próprio convívio.

Comportamento. Eis, lista de 7 comportamentos comuns de assédio interconsciencial, ainda muito encontrados nos ambientes de trabalho e família:

1. Apego; possessividade; ciúmes.
2. Autoritarismo; dominação.
3. Emocionalismo.
4. Excessos.

5. Patopensenes: pensar mal dos outros.
6. Preconceito; apriorismos; machismo; racismo.
7. Preguiça; acídia.

Carências. As áreas que ainda influenciam a maioria das conscins e consciexes carentes ou anticosmoéticas são os excessos na linha do dinheiro, sexo e poder.

Materialismo. Estas são áreas centradas no paradigma materialista e puramente animalizadas da dimensão física.

Opção. De acordo com Lopes (2013), toda consciência possui a *opção pelo autodesassédio,* bastando para isto utilizar a *vontade* íntima de reverter a situação.

Vontade. A vontade continua sendo o maior poder da consciência. O primeiro *sinal* de vontade débil deve ser analisado de perto pela própria conscin lúcida.

CPC. As técnicas energéticas e, principalmente, as técnicas de mudança de bloco pensênico, irão contribuir para o autodesassédio, porém a maior autodefesa ainda vem da conduta cosmoética em agir, nesta e em outras dimensões.

Desassedialidade. Todo esforço é válido para ajudar as outras consciências a saírem da condição de autoassédio e heteroassédio.

Tares. Nem sempre é possível fazer a tares, ou a tarefa do esclarecimento, devido à consciência, conscin ou consciex, querer ficar na retranca, não aceitar ajuda e não querer mudar.

Sinalética. No diagnóstico do autoassédio, heteroassédio e/ou assédio alheio, é importante reconhecer que a sinalética parapsíquica não depende apenas de sensação física, mas de um conjunto de sinais holossomáticos, envolvendo também os pensenes e os comportamentos pessoais.

A BASE DE TODO** ASSÉDIO **É O EGOCENTRISMO.** VALORES UNIVERSALISTAS, **TRANSCENDENTES E FRATERNOS** CORTAM O ASSÉDIO **PELA RAIZ.

35. MAPEAMENTO DA SINALÉTICA DE AMPARABILIDADE

Definição. O *amparo* é a interassistência ou influência positiva de amparador extrafísico em favor de conscin ou consciex, a fim de ajudá-la em sua evolução.

Sinonímia: 1. Assistência extrafísica. 2. Benfeitoria evolutiva. 3. Desassédio. 4. Interassistência. 5. Influência positiva.

Antonímia: 1. Assédio. 2. Influência negativa. 3. Lavagem cerebral.

Padrão. A conexão com o amparador extrafísico pode apresentar um conjunto de sinais, independente da personalidade da consciex que esteja se manifestando.

Sinais. Eis, por exemplo, listadas em ordem holossomática, sinaléticas energéticas e parapsíquicas, ou sinais mais comuns da conexão ou presença do amparador extrafísico:

1. **Sensações Somáticas:** contração vigorosa, mas confortável em torno da cabeça; arrepio forte na coluna vertebral, área das costas; vibrações timpânicas agradáveis no ouvido; contração dos músculos do antebraço.
2. **Sensações Energossomáticas:** pulsação do corono e frontochacra.
3. **Sensações Psicossomáticas:** pacificação íntima.
4. **Percepções Mentaissomáticas:** expansão da lucidez, taquipsiquismo, melhoria do padrão pensênico, ampliação das ideias magnas, recuperação de cons.

Autossinalética. Os exemplos da conexão ou presença do amparador de função foram fundamentados na experiência pessoal da autossinalética desta autora, principalmente a partir da prática da Tenepes.

Sinais. Eis lista, em ordem alfabética, de 12 sinais homeostáticos ou saudáveis mais comuns que configuram o estado de amparabilidade:

01. **Assertividade:** utilização de palavras e expressões adequadas.

02. **Automotivação:** o domínio da própria vontade.

03. **Bem-estar:** sensação agradável.

04. **Concordância:** pessoa a favor de que aconteça o melhor para todos.

05. **Coronochacra:** percepção de desbloqueio. Rotina intelectual e bioenergética.

06. **Destemor:** autossegurança parapsíquica.

07. **Emoções equilibradas:** controle emocional.

08. **Lucidez:** atilamento intelectual e interassistencial.

09. **Paciência:** calma e compreensão para com as pessoas.

10. **Padrão pensênico saudável:** pensamentos cosmoéticos, ortopensenidade.

11. **Vigor holossomático:** prioridade da manutenção da saúde.

12. **Vontade:** autodomínio holossomático.

NA** INTERASSISTÊNCIA, **OS** ASSISTIDOS **SÃO SEMPRE O** CENTRO **DAS** ATENÇÕES, **MUITO ALÉM DE BOAS INTENÇÕES.

36. *MAPEAMENTO DA SINALÉTICA DA PRÁTICA DA TENEPES*

Definição. A *Tenepes* (*ta*refa *ene*rgética *pes*soal) é a transmissão de energia consciencial (EC), assistencial, individual, programada com horário diário, da consciência humana, auxiliada por amparador ou amparadores, no estado da vigília física ordinária; diretamente para consciexes carentes ou enfermas, intangíveis e invisíveis à visão humana comum, ou conscins projetadas, ou não, próximas ou a distância, também carentes ou enfermas (VIEIRA, 1995, p.11).

Sinonímia: 1. Passes para o escuro. 2. Semipossessão benigna assistencial.

Antonímia: 1. Dinâmica Parapsíquica. 2. Energização Grupal.

Estágios. No desenvolvimento da tenepes, ou tarefa energética pessoal, é possível perceber a evolução da sinalética energética pessoal a partir dos estágios de desenvolvimento.

Primeiro. No primeiro estágio, correspondente aos três primeiros anos, as sinaléticas podem ser mais adstritas aos chacras inferiores.

Avançado. Na medida em que o tenepessista avança no tempo e na experiência, pode ocorrer a mudança da sinalética para os chacras superiores, região do tórax e da cabeça.

Tenepes. A tarefa energética pessoal proporciona o desenvolvimento contínuo das sinaléticas parapsíquicas, pelo fato de atuar diretamente com a interface da multidimensionalidade, a partir da semipossessão benigna e comunicação do amparador extrafísico de função.

Registro. O melhor é o tenepessista anotar diariamente suas parapercepções, a fim de identificar e mapear suas sinaléticas parapsíquicas.

Inventário. No inventário da tenepes importa anotar as sinaléticas parapsíquicas referentes a estas 10 situações:

01. Instalação do campo interassistencial da tenepes.
02. Presença e conexão com o amparador de função da tenepes.
03. Semipossessão benigna com o amparador da tenepes.
04. Presença do assistido.
05. Assim, ou assimilação simpática, com o assistido.
06. Ectoplasmia.
07. Captação de ideias originais.
08. Padrão de referência do tenepessopensene pessoal.
09. Desassim, ou desassimilação simpática, com o assistido.
10. Finalização dos trabalhos interassistenciais da sessão diária e desconexão da semipossessão benigna com o amparador da tenepes.

Sinalética Tenepessológica: **Princípio da** *Interlocução Parapsíquica* **entre Amparador, Tenepessista e Assistidos.**

37. MAPEAMENTO DA SINALÉTICA RETROCOGNITIVA

Definição. A *sinalética retrocognitiva* é o conjunto de sinais energéticos e parapsíquicos, caracterizando forte afinidade e identificação quanto a determinados fatos e parafatos históricos ou personalidades que possivelmente fizeram parte de retrovidas pessoais.

Sinonímia: 1. Empatia retrocognitiva. 2. *Déjà-vu.*

Antonímia: 1. Retrocognição.

Sinais. O estudo de vidas passadas pode ter início com os sinais externos, ou a sincronicidade, levando a conscin a ter contato com determinadas pessoas, locais ou informações que tenham relação com o suas vidas pretéritas.

Empatia. O fato de a pessoa ter afinidade ou empatia com determinado local, etnia, informação histórica ou personalidade, pode ser sinal externo de alguma relação desta com o passado.

Pesquisas. Segundo a *Autopesquisologia,* os fatos e parafatos orientam a pesquisa e a autopesquisa (VIEIRA, 2013). Deste modo, seguir os fatos e parafatos, de maneira mais aprofundada e contínua, trará resultados esclarecedores ao longo do tempo.

Fontes. O ideal é buscar as fontes primárias, ou fidedignas, a respeito de cada pista levantada.

Hipóteses. Pelo caráter científico da pesquisa, os dados levantados devem ser considerados hipóteses, sem estabelecer conclusões precipitadas.

Acúmulo. O acúmulo de informações será a base de dados a respeito dos retrofatos ou retrovidas.

Retrovida. O fato de determinada personalidade ter chamado a atenção da conscin parapsíquica, tendo identificado várias sinaléticas confirmadoras e vivenciado sincronicidade a respeito, são indícios e paraindícios considerados favoráveis à formação de hipótese de *personalidade consecutiva.*

Revisitação. Após um período, é necessário revisitar, compilar, analisar e sintetizar os achados, a fim de formular novas hipóteses.

Sinalética. A sinalética parapsíquica é ferramenta a ser utilizada enquanto elemento confirmador de percepções e parapercepções, podendo ajudar a mapear e selecionar materiais válidos.

AS** RETROVIDAS **ESTÃO O TEMPO TODO SE INSINUANDO PARA A CONSCIN INTERESSADA EM UNIR AS** PONTAS HOLOMNEMÔNICAS**.

38. MAPEAMENTO DA SINALÉTICA PARAPSÍQUICA E O FLUXO CÓSMICO

Definição. De acordo com a *Cosmoconscienciologia*, "o *fluxo cósmico* é a cadência, ato ou desenvolvimento do fluir, escoar ou movimentar contínuo das coisas, realidades, pararrealidades, fatos, parafatos, fenômenos e parafenômenos compondo os cenários turbilhonantes e permeando as ocorrências oceânicas do Universo, envolvendo e atuando sobre os princípios conscienciais em todas as dimensões existenciais" (VIEIRA, 2013, p. 3.344).

Atilamento. A interação do atilamento interconsciencial à conexão maior com o fluxo do Cosmos favorece a identificação das sinaléticas e das *sincronicidades.*

Sincronologia. A convergência do melhor e do mais cosmoético gera a sincronicidade homeostática.

Flow. O estado de *flow,* ou a sensação de estar no fluxo, é relatada por inúmeros profissionais quando estão no ápice do foco e da concentração dentro de atividade que gostam muito de realizar.

Proéxis. O estado de *flow* pode ser um sinal de que a conscin está em perfeita harmonia e coerência com seus próprios valores ou aspirações, porém não significa necessariamente que esteja utilizando a inteligência evolutiva e priorizando a atitude ou tarefa mais importante para ser um completista em sua proéxis.

Esporte. Este estado foi muitas vezes relatado por esportistas nas situações em que estavam em plena atividade esportiva.

Contrafluxo. Paradoxalmente, no entanto, às vezes a melhor opção ou escolha é andar no contrafluxo da maioria, no caso de um grupo ou massa impensante da sociedade, ou, às vezes, de um *prazer* pessoal antievolutivo.

Inversão. A técnica da *inversão existencial* proposta pelo pesquisador Vieira (1994, p. 690), visa justamente alertar os jovens desde cedo a fazer escolhas que trarão resultados evolutivos para as próximas existências.

Mapeamento. O quanto antes o jovem *inversor* conseguir mapear as próprias sinaléticas parapsíquicas, terá criado para si vacina de conduta cosmoética e paraprofilática para o resto da vida.

***O** TRINÔMIO TAQUIRRITMIA-HIPERACUIDADE-PARAPERCEPTIBILIDADE*

É IDEAL PARA QUEM DESEJA ATUAR NO RITMO DO FLUXO DO COSMOS.

39. MAPEAMENTO DA SINALÉTICA PARAPSÍQUICA DA ASSERTIVIDADE DECISÓRIA

Definição. A *assertividade decisória* é a certeza íntima de estar tomando a decisão mais acertada ou cosmoética no contexto da maxiproéxis grupal e momento evolutivo.

Sinonímia: 1. Decisão acertada; decisão cosmoética.

Antonímia: 1. Decisão duvidosa.

Sincrossinaleticologia. Existem ocorrências, condições, sinais, sincronicidades, sinalizadores e confirmadores das decisões acertadas.

Sinalizadores. Eis lista, em ordem alfabética, de 11 possíveis sinalizadores da *assertividade decisória:*

01. **Amparo.** A conexão maior com o amparo de função.

02. **Automotivação.** A automotivação gerada pela euforin.

03. **Banhos.** O banho energético confirmatório desencadeado pelos amparadores.

04. **Criatividade.** O aumento significativo da criatividade e originalidade nas atividades a que se propõe a fazer.

05. **Extrapolação.** A recuperação de cons promotora da homeostase holossomática, facilitando o aparecimento de extrapolações parapsíquicas.

06. **Fluência.** As ideias tendem a fluir de modo mais rápido até atingir o taquipsiquismo.

07. **Foco.** A inspiração quanto à megameta na autorrealização avançada ou policármica.

08. **Pacificação.** A satisfação e pacificação íntima. Sensação de estar no lugar certo, na hora certa, fazendo a coisa certa.

09. **Produtividade.** As atividades com resultados produtivos acima da média.

10. **Sinalética.** Os sinais, ou sinalética parapsíquica, autoconfirmadores de recons (recuperação de cons) e decisões acertadas.

11. **Sincronicidades.** A confluência dos esforços a partir de sincronicidades, demonstrando que a conscin está participando do fluxo do Cosmos.

Voz. No conceito popular as pessoas deveriam escutar mais a voz interior ou a si mesmas.

Casuística. Esta autora teve a sinalética da assertividade decisória, quando escolheu o tema deste livro e decidiu escrevê-lo. Sinal de que estava no caminho certo.

Concretude. No processo decisório, o mais sério são os resultados ou a concretude das ações pós-decisão.

Avaliação. O ideal é levantar os efeitos da decisão tomada, no mínimo 6 meses, a fim de avaliar a assertividade decisória e as repercussões das sinaléticas energéticas registradas.

Teática. Não adianta decidir (teoria), o mais sério é ir para a prática (VIEIRA, 1994).

***A** SINALÉTICA DA ASSERTIVIDADE DECISÓRIA **PODE SER AUTOCOMPROVADA PELA CONCRETUDE E OS RESULTADOS DAS** AÇÕES.*

Seção IV

Técnicas de Mapeamento das Sinaléticas Energéticas Parapsíquicas

40. TÉCNICAS DE MAPEAMENTO DAS SINALÉTICAS ENERGÉTICAS PARAPSÍQUICAS

Técnicas. Nos próximos capítulos você, leitor ou leitora, encontrará 12 técnicas para treinar a identificação, classificação e mapeamento das sinaléticas energéticas parapsíquicas pessoais:

01. Mapeamento da sinalética da *recepção de energias.*
02. Mapeamento da sinalética de *acoplamento áurico.*
03. Mapeamento da sinalética da *assimilação simpática (assim).*
04. Mapeamento da sinalética da *desassimilação simpática (desassim).*
05. Mapeamento da sinalética da *instalação do estado vibracional (EV).*
06. Mapeamento da sinalética de *evocação pensênica.*
07. Mapeamento da sinalética de *padrão pensênico.*
08. Mapeamento da sinalética da *presença de amparador extrafísico de função.*
09. Mapeamento da sinalética da *iscagem lúcida.*
10. Mapeamento da sinalética da *projeção lúcida.*
11. Mapeamento da sinalética de *contato com as Centrais Extrafísicas.*
12. Mapeamento da sinalética da *conexão com a procedência extrafísica.*

Aceleração. As técnicas têm o objetivo de acelerar o desenvolvimento do mapeamento da sinalética, ao simular ocorrências que aconteceriam de modo natural ou espontâneo, com tempo mais espaçado.

Paciência. Por outro lado, importa muito à conscin lúcida desenvolver a *paciência* e a *perseverança,* pois a sinalética energética parapsíquica só poderá ser considerada de fato após inúmeros registros ao longo do tempo e, às vezes, a partir de anos, para se ter a devida identificação do significado desta.

Orientações. Cada técnica possui quatro partes: a *introdução* sobre o tipo de sinalética parapsíquica a ser mapeada, a *técnica* propriamente dita, o *formulário* específico a ser preenchido ao final e as *sensações holossomáticas* mais comuns registradas, para cada experimento.

Dupla. Algumas técnicas foram planejadas para serem realizadas em duplas, podendo ser o seu duplista ou parceiro de dupla evolutiva ou amigos de sua confiança, porém podem ser adaptadas para cursos nas ICs – *Instituições Conscienciocêntricas,* desde que tenham estrutura apropriada.

Harmonia. Visando à autodefesa e à segurança do casal, o ideal é que ambos os parceiros da dupla estejam em harmonia, evitando qualquer tipo de acidente de percurso ou assédio.

Local. Escolher ambiente adequado, organizado e limpo para os experimentos.

Registro. É indicada a utilização de *formulário de registro* a cada exercício ou rodada, a fim de mapear os padrões de parapercepções até ser caracterizada como sinalética.

Assim. A troca energética pode provocar a assimilação simpática de energias e o acoplamento áurico.

Desassim. O ideal é ao final de cada experimento utilizar alguma *técnica de desassim* para evitar intoxicações energéticas.

***A REPETIÇÃO DAS** TÉCNICAS*
CRIA CULTURA E A FÔRMA HOLOPENSÊNICA DO** HÁBITO **DE MAPEAR AS SINALÉTICAS PARAPSÍQUICAS.

41. MAPEAMENTO DA SINALÉTICA DA RECEPÇÃO DE ENERGIAS

Definição. A *recepção de energias* é o ato de a consciência em estado de passividade alerta receber as energias de conscins ou consciexes.

Sinonímia: 1. Recepção de bioenergias.

Antonímia: 1. Doação de energias.

Absorção. A absorção de energias é um estado ativo, em que a conscin utiliza a própria vontade para absorver energias da natureza ou de ambientes preparados energeticamente a exemplo das salas de aula de cursos de campo.

Externo. A recepção de energias pode ocorrer sem que a conscin esteja preparada ou consciente desta condição.

Amparo. O amparador ou pessoa amiga pode transmitir energias para o outro sem que o mesmo esteja consciente disto.

Técnica 1 – Mapeamento da Sinalética da Recepção de Energias

Objetivo. Mapear a sinalética parapsíquica da *Recepção de Energias* do parceiro ou parceira da dupla evolutiva, ou amigo, a fim de ter um padrão de referência de quando uma ou mais conscins estão exteriorizando energias para você.

Metodologia. Fazer o exercício em casa com o parceiro da dupla evolutiva ou pessoa amiga de confiança.

Técnica. Eis 10 etapas, em ordem lógica, para a realização da técnica com eficácia:

01. **Frequência.** Agendar o exercício uma vez por semana, em dias alternados e horários diferentes.

Tenepes. Esta salvaguarda evita o padrão da Tenepes, principalmente se o duplista ainda não a pratica. Toda exteriorização de energias realizada com a mesma regularidade (dia, hora) pode atrair consciexes carentes ou energívoras.

02. **Cadeiras.** Colocar uma cadeira de frente para a outra.

03. **Limpeza.** Exteriorizar energias para o ambiente a fim de harmonizá-lo.

04. **EV.** O ideal também é cada parceiro da dupla evolutiva fazer o EV *antes* e *depois* de cada rodada do exercício.

05. **Exteriorização.** Cada um exteriorizará energias para o outro de modo alternado.

06. **Tempo.** Exteriorizar energias durante 5 minutos, no mínimo, em cada rodada.

07. **Rodadas.** Repetir as exteriorizações no mínimo 3 vezes, a fim de perceber as diferenças das parapercepções.

08. **Registro.** Utilizar o formulário de registro a cada rodada (ver anexos).

09. **Duração.** Esta técnica terá a duração média de 40 minutos.

10. **Repetição.** A fim de treinar a identificação da sinalética, indica-se repetir a técnica no mínimo 1 mês, ou 4 semanas seguidas.

Sensações. Eis lista de 6 sensações holossomáticas mais comuns, em ordem alfabética, que podem sobrevir ao longo da técnica de mapeamento da *recepção de energias:*

1. **Aragem.** Sensação de aragem refrescante.
2. **Arrepio.** Arrepios em diversas partes do corpo (por exemplo, cabeça e costas).
3. **Compensação.** Sensação de força e compensação energética.
4. **Preenchimento.** Sensação de estar sendo inflado.
5. **Pulsação.** Pulsação em determinados chacras.
6. **Temperatura.** Mudança de temperatura corporal, tanto para frio quanto para quente.

Questionamento. Numa escala de 0 a 10, qual foi sua nota ao concluir as 4 semanas de exercícios para o mapeamento da sinalética da *recepção de energias?* Você conseguiu mapear sinais energéticos e parapsíquicos recorrentes?

42. *MAPEAMENTO DA SINALÉTICA DE ACOPLAMENTO ÁURICO*

Definição. O *acoplamento áurico* é a ligação ou junção de energias conscienciais (ECs) de duas ou mais conscins, a partir da exteriorização do energossoma ou da psicosfera (VIEIRA, 2009).

Sinonímia: 1. Acoplamento energético; interconexão holosférica; junção energética. 2. Interfusão energética.

Antonímia: 1. Aversia energética. 2. Separação áurica.

Inter-relações. O acoplamento áurico ocorre a partir da troca de energias entre consciências afins.

Leitura. O acoplamento áurico permite a aproximação e a interfusão do holossoma entre duas pessoas, facilitando a leitura holossomática.

Técnica 2 - Mapeamento da Sinalética de Acoplamento Áurico

Objetivo: Mapear a sinalética parapsíquica de acoplamento áurico a fim de identificar o momento e as reações relativas ao fenômeno.

Metodologia. Fazer o exercício em casa com pessoa de confiança.

Técnica. Eis 9 etapas, em ordem lógica, para a realização da técnica:

1. **Cadeiras.** Colocar uma cadeira de frente para a outra.
2. **Limpeza.** Exteriorizar energias para o ambiente, a fim de harmonizá-lo.
3. **EV.** O ideal também é cada participante fazer o EV *antes* e *depois* de cada rodada do exercício.
4. **Exteriorização.** Cada um exteriorizará energias para o outro de modo alternado até perceber que realizou o *acoplamento áurico.*

5. **Tempo.** Exteriorizar energias 5 minutos no mínimo em cada rodada.

6. **Rodadas.** Repetir as exteriorizações no mínimo 3 vezes, a fim de perceber as diferenças das parapercepções.

7. **Registro.** Utilizar o formulário de registro a cada rodada.

8. **Duração.** Esta técnica terá a duração média de 40 min.

9. **Repetição.** A fim de treinar a identificação da sinalética, indica-se repetir a técnica no mínimo 1 mês, ou 4 semanas seguidas.

Sensações. Eis 5 sensações, comumente relatadas por alunos de cursos de campo realizados nas *Instituições Conscienciocêntricas* ou ICs, principalmente no curso *Acoplamentarium*, realizado no CEAEC (MUSSKOPF, 2009):

1. **Soma.** Percepção das sensações físicas, incluindo dores físicas ou mal-estar.

2. **Energossoma.** Percepção dos chacras mais abertos ou bloqueados.

3. **Psicossoma.** Percepção do estado emocional.

4. **Mentalsoma.** Captação de ideias ou padrão pensênico.

5. **Companhias.** Percepção de companhias extrafísicas, tanto de amparadores quanto de consciências a serem assistidas.

Questionamento. Numa escala de 0 a 10, qual foi sua nota ao concluir as 4 semanas de exercícios para o mapeamento da sinalética do *acoplamento áurico?* Você conseguiu mapear sinais energéticos e parapsíquicos recorrentes?

43. MAPEAMENTO DA SINALÉTICA DA ASSIMILAÇÃO SIMPÁTICA

Definição. A *assim,* ou assimilação simpática, é o ato de assimilar as energias de uma ou mais pessoas a partir de contato presencial ou a distância, geralmente após o acoplamento áurico, ou conexão maior entre as auras (parapsicosferas) das consciências (VIEIRA, 2009).

Sinonímia: 1. Interconexão energética.

Antonímia: 1. Assimilação antipática. 2. Desassim.

Assim. A partir da técnica do acoplamento áurico é possível provocar a assim ou assimilação simpática das energias de outra conscin.

Paradiagnóstico. Pelo fato de a assimilação energética ocorrer a partir de trocas energéticas mais profundas, é possível fazer o diagnóstico da saúde holossomática um do outro.

Sinalética. O mapeamento da sinalética, neste caso, deverá focar na identificação e discriminação das sensações captadas do outro.

Técnica 3 – Mapeamento da Sinalética da ASSIM ou Assimilação Simpática de Energias

Objetivo. Mapear a sinalética parapsíquica da assim, a fim de saber identificar a assimilação simpática de energias, tanto do ponto de vista positivo quanto negativo.

Metodologia. Realizar a técnica do mapeamento da sinalética da assim com pessoa de confiança.

Perscrutação. Nesta técnica os experimentadores irão aprofundar o acoplamento áurico, com o objetivo de perscrutar a psicosfera do outro a fim de fazer o diagnóstico interassistencial quanto à saúde holossomática.

Técnica. Eis 10 etapas, em ordem lógica, para a realização da técnica:

01. **Cadeiras.** Colocar uma cadeira de frente para a outra.

02. **Limpeza.** Exteriorizar energias para o ambiente, a fim de harmonizá-lo.

03. **EV.** O ideal também é cada um fazer o EV *antes* e *depois* de cada rodada do exercício.

04. **Exteriorização.** Cada qual exteriorizará energias para o outro de modo alternado até perceber que realizou o acoplamento áurico.

05. **Intensificação.** Após perceber o acoplamento áurico, intensifique a exteriorização a fim de aprofundar o acoplamento áurico e permitir a *assimilação simpática.*

06. **Tempo.** Exteriorizar energias durente 5 minutos no mínimo em cada rodada.

07. **Rodadas.** Repetir as exteriorizações no mínimo 3 vezes, a fim de perceber as diferenças das parapercepções.

08. **Registro.** Utilizar o formulário de registro a cada rodada.

09. **Duração.** Esta técnica terá a duração média de 40 min.

10. **Repetição.** A fim de treinar a identificação da sinalética, indica-se repetir a técnica no mínimo 1 mês, ou 4 semanas seguidas.

Sensações. Eis lista, em ordem alfabética, de 5 sensações holossomáticas mais comuns, relatadas pelos alunos-pesquisadores, a partir do mapeamento da sinalética da assimilação simpática:

1. **Chacras.** Estimulação de chacras específicos.
2. **Dor.** Sensação de dor ou incômodo em diversas partes do corpo, normalmente associadas a alguma doença ou mal-estar do outro.
3. **Empatia.** Sensação de ser o outro.
4. **EV.** Instalação de EV espontâneo.
5. **Parabanho.** Sensação de arrepios agradáveis por todo o holossoma.

Questionamento. Numa escala de 0 a 10, qual foi sua nota ao concluir as 4 semanas de exercícios para o mapeamento da sinalética da *assimilação simpática?* Você conseguiu mapear sinais energéticos e parapsíquicos recorrentes?

44. MAPEAMENTO DA SINALÉTICA DA DESASSIMILAÇÃO SIMPÁTICA (DESASSIM)

Definição. A desassimilação simpática (desassim) é o ato de desassimilar as energias de uma ou mais pessoas a partir do EV, estado vibracional, e outras técnicas energéticas (VIEIRA, 2009).

Sinonímia: 1. Desconexão energética.

Antonímia: 1. Assimilação simpática.

Técnicas. Eis, lista em ordem alfabética, de 4 técnicas utilizadas para se realizar a desassim:

1. **Chuveirada.** A *técnica da chuveirada hidromagnética* (VIEIRA, 1999, p. 426), com o aproveitamento da água do chuveiro, exteriorizando energias a partir do coronochacra, no alto da cabeça, durante o banho diário.

2. **EV.** A técnica do EV, feito a partir do circuito energético constante, em alta velocidade e volume, da cabeça aos pés.

3. **Exteriorização.** A *técnica da exteriorização energética simultânea,* realizada a partir do umbilicochacra e nucalchacra. Estes chacras são comumente utilizados pelas consciexes energívoras como porta de entrada ou invasão do energossoma da conscin.

4. **Vertical.** A *técnica do fluxo vertical de energias,* a partir da absorção e acúmulo de energias nos plantochacras e a movimentação destas em direção ao coronochacra, tal qual um chafariz energético.

Técnica 4 – Mapeamento da Sinalética da Desassim

Objetivo: Mapear a sinalética parapsíquica da desassim, a fim de identificar a desassimilação simpática de energias, tanto positivas quanto as negativas.

Metodologia. Utilizar as técnicas de desassim a fim de identificar a sinalética específica quando ocorre a desassim.

Sensações. Eis, listadas em ordem alfabética, 3 sensações holossomáticas mais comuns, relatadas pelos alunos-pesquisadores, a partir do mapeamento da sinalética da desassimilação simpática:

1. **Alívio.** Sensação de alívio.
2. **Desconexão.** Sensação de desconexão de algo aparentemente físico.
3. **Leveza.** Sensação de leveza.

Questionamento. Numa escala de 0 a 10, qual foi sua nota ao concluir as 4 semanas de exercícios para o mapeamento da sinalética da *desassimilação simpática?* Você conseguiu mapear sinais energéticos e parapsíquicos recorrentes?

45. MAPEAMENTO DA SINALÉTICA DA INSTALAÇÃO DO ESTADO VIBRACIONAL (EV)

Definição. O EV, ou estado vibracional, é a técnica de paraprofilaxia e autodefesa energética, realizada a partir da vontade da conscin lúcida ao movimentar em circuito fechado, da cabeça aos pés, as próprias energias (VIEIRA, 2009).

Sinonímia: 1. Vibração energossomática.

Antonímia: 1. Bloqueio energossomático.

Sinalética. O EV é a técnica que mais auxilia no desenvolvimento da sinalética parapsíquica, pelo fato de aumentar gradativamente a sensibilidade energética e paraperceptiva da conscin.

Técnica 5 – Mapeamento da Sinalética da Instalação do EV ou Estado Vibracional

Objetivo. Mapear a sinalética parapsíquica de instalação do EV a fim de identificar o momento em que a própria conscin consegue entrar, manter e ampliar o estado vibracional.

Metodologia. Técnica a ser realizada de modo individual.

Técnica. Eis, a técnica com as 9 etapas detalhadas para se alcançar o EV:

1. **Posição.** Em pé ou sentado.
2. **Relaxamento.** Buscar posição adequada para poder ficar com o corpo físico relaxado.
3. **Acúmulo.** Acumular o máximo de energias no alto da cabeça, no coronochacra.
4. **Movimentação.** A partir da vontade, movimentar as energias do alto da cabeça lentamente, passando por dentro e por fora de cada parte do corpo até chegar nos pés.
5. **Retorno.** Ao chegar nos pés retornar as energias da mesma forma para o alto da cabeça.

6. **Circuito.** Iniciar deste modo um circuito fechado de energias: da cabeça aos pés e dos pés à cabeça.

7. **Volume.** Aumentar a quantidade e o volume das energias neste circuito fechado.

8. **Velocidade.** Gradativamente aumentar a velocidade do circuito energético até alcançar "velocidade cruzeiro".

9. **EV.** O EV deverá ocorrer com a máxima potência energética.

Chave. O EV é considerado a chave da vida humana pelo fato de permitir à conscin viver com maior lucidez e saúde consciencial.

Sensações. Eis, lista de 10 sensações holossomáticas mais comuns, em ordem alfabética, relatadas pelos alunos-pesquisadores (MUSSKOPF, 2009), a partir do mapeamento da sinalética da instalação do EV:

01. **Ativação.** Percepção da ativação dos chacras.

02. **Descoincidência.** Sensação de descoincidência dos veículos do holossoma.

03. **Dínamo.** Sensação de se ter um dínamo energético interno.

04. **Balonamento.** Sensação de ampliação da energosfera.

05. **Enxague.** Sensação de enxague energético interno pelos órgãos do corpo físico.

06. **Lucidez.** Ampliação da lucidez.

07. **Pulsação.** Pulsação dos chacras.

08. **Temperatura.** Aumento ou diminuição da temperatura corporal.

09. **Varredura.** Sensação de varredura energética por todo soma e o energossoma.

10. **Vibração.** Sensação de motor vibrando internamente de modo contínuo em todo corpo.

Questionamento. Numa escala de 0 a 10, qual foi sua nota ao exercitar 20 vezes por dia o EV, a fim de fazer o mapeamento da sinalética? Você conseguiu mapear sinais energéticos e parapsíquicos recorrentes?

46. MAPEAMENTO DA SINALÉTICA DE EVOCAÇÃO PENSÊNICA

Definição. A *evocação pensênica* é o ato de a conscin ou consciex pensar a respeito de outra, de modo consciente ou inconsciente, com carregamento dos pensenes na ideia (pen), no sentimento (sen), ou nas energias (ene), sendo positivo ou negativo.

Sinonímia: 1. Intrusão pensênica. 2. Exopensene. 3. Telepatia.

Antonímia: 1. Conversa. 2. Comunicação oral.

Comunicação. O objetivo de mapear a evocação pensênica é poder ampliar a capacidade de perceber a comunicação telepática.

Telepatia. A evocação pensênica funciona ao modo do mecanismo da telepatia, ou transmissão de pensamentos a distância.

Intrusão. A intrusão pensênica, ou exopensenes são pensenes (***pen****samentos* + ***sen****timentos* + ***ene****rgias*), adentrando a psicosfera da conscin ou consciex de modo espontâneo, sem permissão direta e influenciando a autopensenidade.

Autodefesa. Outro objetivo desta técnica é ampliar a autodefesa energética diante de intrusões pensênicas patológicas.

Sinaléticas. Pelo fato de o pensene ter componente das energias, a conscin poderá receber a influência energética de modo perceptível, quando a evocação telepática estiver em curso. Sendo possível, desta forma, identificar a sinalética energética da evocação pensênica.

Afinidade. O estudo, tarefa, ação ou padrão pensênico da consciência também atrai, de modo natural, exopensenes afins, da mesma categoria ou qualidade.

Qualidade. Deste modo o exopensene pode ser classificado, do ponto de vista da *qualidade,* em homeostático, neutro ou patológico; e do ponto de vista da *natureza*, em espontâneo, natural, consciente ou inconsciente.

Linearidade. A ortopensenidade, ou linearidade pensênica, por exemplo, atrai e tem afinidade com o padrão pensênico homeostático e interassistencial dos amparadores.

Inspirações. A captação de ideias extrafísicas pode ser considerada um processo de exopensene, porém a partir de inspirações de amparadores e do abertismo mentalsomático da conscin lúcida.

Técnica 6 – Mapeamento da Sinalética Parapsíquica de Evocação Pensênica

Objetivo. Mapear a sinalética parapsíquica da identificação da evocação pensênica ou do exopensene, a fim de identificar o padrão de referência de quando uma ou mais consciências estão evocando você.

Metodologia. Fazer convites informais para amigos confiáveis, a fim de testar o experimento de identificação da sinalética da evocação pensênica e de exopensenes.

Técnicas. Eis, 3 etapas, em ordem lógica, para o mapeamento da sinalética do exopensene:

1. **Seleção.** Escolha 4 pessoas do seu círculo de relações pessoais. O ideal é que elas também se conheçam.

2. **Convite.** Convide-as para participarem de um experimento para testar a sinalética de evocação pensênica e de exopensene.

3. **Explicação.** Peça para as 4 pessoas seguirem os 6 passos descritos em ordem funcional:

a) **Detalhes.** Combinar um dia e hora na semana para se comunicarem por *e-mail* ou pessoalmente para evocar ou falar sobre você de modo positivo.

b) **Período.** O experimento deve ser realizado no período de 1 mês, sendo 1 evocação por semana, podendo ser em dias e horários alternados.

c) **Duração.** O tempo da evocação pode ser rápido, apenas o tempo de enviar o *e-mail* e a resposta dos demais, se for conversa presencial, pode ser de apenas 5 ou 10 minutos.

d) **Moderador.** A cada semana pode pedir para ser uma das 4 pessoas que irá enviar *e-mails* ao grupo ou agendar a conversa.

e) **Sigilo.** Durante o experimento você não terá qualquer informação a respeito.

f) **Trafor.** Vale lembrar aos amigos para manter a positividade na evocação, do contrário poderá ser espécie de assédio grupal sobre você.

Anotação. Você deverá ficar atento(a) e anotar qualquer sinal de suspeita de intrusão pensênica em sua psicosfera, registrar o dia e horário.

Resultado. No mês seguinte, você apresenta seu relatório de anotações e compara com os dias e horas combinadas pelos seus amigos.

Repetição. O ideal é repetir o exercício com outros grupos de amigos, a fim de testar seus padrões de referência de sinalética relativa a exopensenes.

Número. É possível pedir para um único amigo fazer a evocação, porém, a possibilidade de você não perceber pode ser maior, visto que várias pessoas o evocam, de modo natural no cotidiano, sem que você tenha conhecimento.

Registro. Faça o registro de autoavaliação da capacidade de identificar a sinalética relativa a evocação pensênica a respeito de você, feita pelos seus amigos durante 4 semanas.

Padrão. A partir dos resultados, ou padrão de referência, da sinalética de evocação, cabe identificar se a evocação é de caráter sadio ou patológico.

Aniversário. Outra ótima oportunidade para *registrar* os sinais energéticos e parapsíquicos quanto às evocações pensênicas de seus amigos é no dia do seu aniversário.

Sensações. Eis, 3 sensações holossomáticas mais comuns, em ordem alfabética, relatadas pelas pessoas que mapearam a sinalética da *evocação pensênica:*

1. **Padrão.** Mudança repentina de padrão pensênico.
2. **Pressão.** Sensação de pressão atrás da cabeça.
3. **Temperatura.** Aumento de temperatura em algumas regiões do corpo, por exemplo, a ponta das orelhas.

Questionamento. Numa escala de 0 a 10, qual foi sua nota ao concluir as 4 semanas de exercícios para o mapeamento da sinalética da *evocação pensênica?* Você conseguiu mapear sinais energéticos e parapsíquicos recorrentes?

47. MAPEAMENTO DA SINALÉTICA DA MUDANÇA DE PADRÃO PENSÊNICO

Padrão. Do mesmo modo que existe um padrão homeostático de referência ou um padrão de bem-estar consciencial, existe um padrão pensênico inerente a este estado.

Mudança. A mudança de padrão pensênico *pessoal* pode ser realizada pela vontade da consciência.

Holopensene. A mudança de padrão pensênico *ambiental* é mais complexa por ser formada pelo conjunto de várias consciências e nem sempre saudáveis.

Ambientes. É possível criar ambientes saudáveis a partir de atividades que visam à interassistência avançada: estudos avançados, pesquisa, docência e escrita.

Atração. As atividades realizadas no ambiente e o clima de liberdade mental atraem pessoas afins e modificam para melhor o padrão do holopensene local.

Bloco. A mudança de padrão pensênico é similar à mudança de bloco mental. Uma interfere na outra. Todas as vezes que ocorre a mudança de bloco mental, o padrão pensênico muda.

Sutileza. A mudança de padrão pensênico pessoal pode ocorrer de modo sutil e a própria consciência não se dar conta disto.

Monoideísmo. Quando a pessoa percebe que seu padrão pensênico não está saudável ou que entrou em monoideísmo, é hora de utilizar alguma técnica para mudar o padrão.

Bloco. A técnica com resultado mais rápido pode ser a da *mudança de bloco pensênico,* a partir da mudança de ambiente ou de atividade, alterando o foco do pensamento e da atenção.

Leitura. A leitura de temas avançados e também a leitura de amenidades, pode trazer resultados imediatos para a mudança de padrão pensênico.

Técnica 7 – Mapeamento da sinalética parapsíquica da *Mudança de Padrão Pensênico*

Objetivo. Mapear a sinalética parapsíquica de *Mudança de Padrão Pensênico* a fim de saber diferenciar o padrão pensênico positivo, do padrão pensênico negativo e até o padrão pensênico neutro.

Metodologia. Realização de exercício em duplas.

Técnica. Eis, 8 etapas em ordem lógica, da técnica para o mapeamento da sinalética parapsíquica da mudança de padrão pensênico pessoal:

1. **Divisão.** Uma pessoa será a mapeadora da sinalética e outra será a formadora de padrão pensênico específico.
2. **Leitura.** Buscar matérias de jornais, revistas, ou artigos, contendo temas positivos e patológicos. Quem faz a *técnica do cosmograma* (BELLO; PESSOTO, 2009) está habituado a este tipo de recurso mentalsomático.
3. **Reflexão.** Cada pessoa terá 10 minutos para ler o artigo e refletir a respeito.
4. **Mapeador.** A pessoa mapeadora da sinalética deverá fazer a aproximação energética ou acoplamento com o formador do padrão pensênico durante 5 minutos.
5. **Rodada.** Realizar 3 rodadas trocando as posições mapeador-formador para que seja possível mapear a sinalética da mudança dos padrões pensênicos.
6. **Leitor.** O formador de padrão holopensênico também poderá fazer anotações quanto às sinaléticas percebidas durante a leitura dos materiais a fim de compará-las com as percebidas durante o exercício do mapeamento propriamente dito.
7. **Troca.** Entre uma rodada e outra, os materiais de leitura devem ser trocados para evitar repetições.
8. **Tempo.** Cada rodada terá o tempo máximo de 10 minutos, com duração total de 40 minutos.

Sensações. Eis, 2 sensações holossomáticas mais comuns, relatadas pelos alunos que mapearam a sinalética da *mudança do padrão pensênico:*

1. **Homeostático.** Sensação de leveza e bem-estar diante do grupo ou pessoa com padrão homeostático.
2. **Nosográfico.** Sensação de pressão e peso nas costas.

Questionamento. Numa escala de 0 a 10, qual foi sua nota ao concluir as 4 semanas de exercícios para o mapeamento da sinalética da *mudança de padrão pensênico?* Você conseguiu mapear sinais energéticos e parapsíquicos recorrentes?

48. MAPEAMENTO DA SINALÉTICA DA PRESENÇA DO AMPARADOR

Definição. O *amparador extrafísico de função* é consciex interassistencial especialista em área específica, atuando em conjunto com as equipes intrafísicas, a partir da conscin ocupando determinado posto de trabalho, função ou realizando determinada interassistência (VIEIRA, 2009).

Sinonímia: 1. Amparador especialista. 2. Amparador técnico.

Antonímia: 1. Amparador generalista. 2. Guia amaurótico.

Técnica 8 – Mapeamento da Sinalética Parapsíquica da Presença do Amparador

Objetivo. Mapear a sinalética parapsíquica da presença do amparador extrafísico de função, a fim de identificar o padrão de referência de consciências mais lúcidas.

Interassistência. O amparador de função se aproxima quando o assistente está em ação, ou seja, quando está realizando algum tipo de assistência interconsciencial, por exemplo, estas 5 listadas em ordem alfabética:

1. **Doação de energias.** Exteriorização de energias em casa, no trabalho, nos cursos de campo ou na Tenepes.
2. **Estudo.** Leitura e pesquisa de assuntos avançados.
3. **Gescon.** Escrita de artigos, verbetes ou livros com temáticas avançadas ou tarísticas.
4. **Tares.** Abordagem interassistencial da tarefa do esclarecimento a conscins e consciexes.
5. **Voluntariado.** Prestar algum tipo de voluntariado de modo assíduo e lúcido.

Testes. O ideal é testar cada uma das modalidades interassistenciais e registrá-las.

Metodologia. Realização de técnica de mapeamento da sinalética parapsíquica de identificação da presença de amparador extrafísico, a partir da ***doação de energias.***

Técnica. Eis 10 etapas, em ordem lógica, para a realização da técnica com eficácia:

01. **Cadeiras.** Colocar uma cadeira de frente para a outra.

02. **Limpeza.** Exteriorizar energias para o ambiente a fim de harmonizá-lo.

03. **EV.** O ideal também é cada um dos participantes fazer o EV *antes* e *depois* de cada rodada do exercício.

04. **Exteriorização.** Cada um exteriorizará as próprias energias para o outro de modo alternado, para criar um padrão de referência, antes da manifestação do amparador.

05. **Amparador.** Evocar de modo consciente o amparador da Tenepes ou consciência extrafísica lúcida benfaseja afeita ao assistido.

06. **Doação.** Exteriorizar as energias para o participante à frente, durante 5 minutos, no mínimo, em cada rodada.

07. **Rodadas.** Repetir as exteriorizações no mínimo 3 vezes, a fim de perceber as diferenças das parapercepções anímicas e parapsíquica.

08. **Registro.** Utilizar o formulário de registro a cada rodada (ver anexos).

09. **Duração.** Esta técnica terá a duração média de 40 minutos.

10. **Repetição.** A fim de treinar a identificação da sinalética, indica-se repetir a técnica no mínimo 1 mês, ou 4 semanas seguidas.

Sensações. Eis, lista de 6 sensações holossomáticas mais comuns, em ordem alfabética, relatadas pelos alunos que mapearam as sinaléticas da *presença do amparador de função:*

1. **Acalmia.** Sensação de acalmia.
2. **Chacras.** Pulsação dos chacras da cabeça.

3. **Limpidez.** Percepção de limpidez pensênica.
4. **Lucidez.** Percepção de aumento de lucidez.
5. **Potência.** Sensação de aumento da potência energética.
6. **Silêncio.** Sensação de silêncio ou quietude mental.

Questionamento. Numa escala de 0 a 10, qual foi sua nota ao concluir as 4 semanas de exercícios para o mapeamento da sinalética da *presença do amparador de função?* Você conseguiu mapear sinais energéticos e parapsíquicos recorrentes?

49. MAPEAMENTO DA SINALÉTICA DA ISCAGEM LÚCIDA

Definição. A *iscagem lúcida* é o ato de a conscin, em estado de vigília física ou projetada, atrair para a sua psicosfera consciências extrafísicas enfermas, a fim de encaminhá-las para condições melhores e homeostáticas (VIEIRA, 2009).

Sinonímia: 1. Tenepessismo. 2. Desperticidade.

Antonímia: 1. Iscagem inconsciente. 2. Assédio interconsciencial. 3. Conscin esponja.

Intenção. O foco interassistencial da conscin predispõe à iscagem lúcida.

Contato. O simples contato presencial ou a distância é suficiente para a ocorrência da iscagem lúcida.

Experiência. Esta autora vem registrando de modo sistemático, as próprias sinaléticas relativas à iscagem lúcida, a fim de compreender melhor o seu mecanismo.

Exemplo. Para o leitor ou leitora ter referencial ou parâmetro de como seria a sinalética parapsíquica de iscagem lúcida, esta autora irá descrever o que ocorre no caso pessoal.

Escápula. A sinalética parapsíquica de iscagem lúcida se apresenta no *soma.* Às vezes percebe-se na forma de um desconforto nas costas, na região da escápula. No energossoma, sente-se uma pressão, na maioria das vezes na região dos chacras da cabeça e, às vezes, ocorre a dificuldade em mobilizar as ECs em comparação ao modo habitual.

Patologia. Cada consciex enferma possui padrão específico de acordo com a condição ou patologia apresentada.

Zumbido. O zumbido no ouvido pode anunciar a chegada de consciex enferma, porém, no caso pessoal, esta autora percebe não ser ainda a iscagem propriamente dita.

Nucalchacra. Outro referencial da presença de consciex enferma na psicosfera é pela ativação do nucalchacra, porém, na maioria destes casos, indica ter relação com a *iscagem inconsciente*, quando a consciex se instalou e busca sugar as energias conscienciais ou poluir o padrão pensênico, sem que esta autora se desse conta disso.

Lucidez. Daí a manutenção da lucidez em qualquer estado consciencial (vigília física ou projetado) e dimensão ser condição essencial para estabelecer o processo da iscagem lúcida interassistencial.

Técnica 9 – Mapeamento da Sinalética Parapsíquica de Iscagem Lúcida

Objetivo. Mapear a sinalética parapsíquica da iscagem lúcida, a fim de saber identificar o momento da iscagem de consciências a serem assistidas de modo consciente.

Metodologia. A técnica será realizada durante a observação dos contatos presenciais e a distância com pessoas do círculo de relações, em casa ou qualquer outro ambiente.

Cientista. Adote a postura de cientista realizando experimento científico.

Lucidez. Para manter a lucidez, procure instalar o EV antes e depois de cada contato.

Intenção. Durante uma semana você irá fortalecer a intenção de fazer a interassistência para as pessoas do seu convívio.

Contatos. Durante a conversa com pessoa ou grupo, conhecido ou desconhecido, perceba sua psicosfera e verifique se houve alguma alteração para melhor ou pior.

Amparador. Busque fazer conexão com o amparador extrafísico de função a fim de decodificar as inspirações para fazer determinadas perguntas ou esclarecimentos à conscin ou ao grupo.

Preparo. Nem toda pessoa que você fizer contato terá alguma consciência enferma a ser atraída para a sua psicosfera.

Na maioria das vezes este tipo de intervenção precisa ser preparado com antecedência.

Rapport. Se você tiver maior *rapport,* afinidade ou empatia com a pessoa de contato é possível que os amparadores utilizem você para o processo da iscagem.

Afinidade. Às vezes o *rapport* não é com a conscin, mas com a consciex enferma, e pode ocorrer o contrário também, o *rapport* ser com a conscin e não com a consciex enferma.

Registro. Faça a anotação para cada contato durante a semana. Busque registrar aqueles que mais chamaram a atenção e quando possivelmente ocorreu a iscagem lúcida.

Sensações. Eis lista de 5 sensações holossomáticas mais comuns, em ordem alfabética, relatadas pelos alunos que mapearam a sinalética da *iscagem lúcida:*

1. **Incômodo.** Sensação de mal-estar.
2. **Pensenes.** Mudança de padrão pensênico.
3. **Peso.** Sensação de peso nos ombros ou costas.
4. **Pressão.** Sensação de pressão na cabeça.
5. **Zumbido.** Zumbido no ouvido.

Exteriorização. Ao perceber os sinais da possível iscagem lúcida, o ideal é exteriorizar as melhores energias para a consciex ser encaminhada.

Desassim. Após o encaminhamento é necessário fazer o EV, ou estado vibracional, a fim de promover a desassim e a limpeza da energosfera.

Questionamento. Numa escala de 0 a 10, qual foi sua nota ao concluir as 4 semanas de exercícios para o mapeamento da sinalética da *iscagem lúcida?* Você conseguiu mapear sinais energéticos e parapsíquicos recorrentes?

50. MAPEAMENTO DA SINALÉTICA ANTES DA PROJEÇÃO LÚCIDA

Definição. A *projeção lúcida* é a saída da consciência para fora do corpo físico, a partir do psicossoma, e/ou do mentalsoma, de modo lúcido (VIEIRA, 2009).

Sinonímia: 1. Experiência lúcida fora do corpo. 2. Lucidez extracorpórea.

Antonímia: 1. Projeção inconsciente. 2. Consciência trancada.

Técnica 10 – Mapeamento da Sinalética antes da Projeção Lúcida

Objetivo. Mapear a sinalética parapsíquica antes da projeção lúcida, a fim de identificar a *aura projetiva* ou sinais precursores da pretabilidade lúcida.

Metodologia. Realizar a técnica de modo individual.

Experimento. Esta autora sugere a *técnica da auto-hipnose projetiva,* pelo fato de ter utilizado com **êxito na maioria das vezes.** O ideal é cada leitor estudar as mais de 40 técnicas indicadas na obra Projeciologia (VIEIRA, 2009) e verificar qual delas é mais adequada ao seu estilo e personalidade.

Projeção. A *técnica da auto-hipnose projetiva* é "o estado hipótico induzido pela vontade do(a) praticante" (VIEIRA, 2009, p. 456).

Autodeterminação. Este mecanismo pode ser utilizado a partir de autoafirmações com o propósito de ampliar a lucidez e a rememoração da experiência extracorpórea.

Técnica. Eis, 8 procedimentos técnicos, em ordem lógica, para realizar a técnica da projeção lúcida sugerida e mapear os sinais admonitórios ou a *sinalética preambular projetiva:*

1. **Preparação.** Preparar-se do ponto de vista holossomático (soma, energossoma, psicossoma e mentalsoma).

2. **Banho.** Promover a higienização do soma.

3. **Fisiologia.** Atender as necessidades fisiológicas.

4. **Alimentação.** Procurar não se alimentar em demasia.

5. **Ambientação.** Organizar a base física ou quarto para favorecer a projeção lúcida.

6. **Relaxamento.** Procurar uma posição confortável e buscar o relaxamento corporal.

7. **Hipnopompia.** Ao perceber o início do adormecimento afirme para si mesmo, por exemplo: "vou sair do corpo com lucidez, ampliar a lucidez e rememorar a experiência fora do corpo, quando acordar no corpo físico".

8. **Registro.** Manter caderno ao lado da cama, a fim de registrar a experiência.

9. **Atenção.** Prestar a atenção nos possíveis sinais precursores da projeção lúcida.

Sensações. Eis 3 sinais precursores da projeção lúcida, em ordem alfabética, experimentados por esta autora e relatados pelos alunos que *mapearam a sinalética parapsíquica da projeção lúcida:*

1. **Desconcidência vígil.** Percepção da separação dos corpos ou veículos de manifestação da consciência ainda no estado acordado. A "sensação de gaveta mal-fechada" é uma das maneiras de interpretar esta descoincidência.

2. **Fenômenos parapsíquicos.** Clarividência, clariaudiência, dentre outros.

3. **Sono irresistível.** Estado de sonolência sem necessriamente estar no horário habitual de dormir.

Questionamento. Numa escala de 0 a 10, qual foi sua nota ao concluir as 4 semanas de exercícios para o *mapeamento da sinalética parapsíquica da projeção lúcida?* Você conseguiu mapear sinais energéticos e parapsíquicos recorrentes da aura projetiva?

51. MAPEAMENTO DA SINALÉTICA DE CONTATO COM AS CENTRAIS EXTRAFÍSICAS

Definição. A *central extrafísica* é o fluxo cósmico das comunexes evoluídas que possuem determinada especialidade, de acordo com as atuações interassistenciais, normalmente promovidas por consciexes evoluídas, ao modo de Serenões e Evoluciólogos.

Sinonímia: 1. Central interassistencial multidimensional.

Antonímia: 1. Central Física.

Hotline. A expressão "falar no telefone vermelho", também conhecida em inglês como Moscow-Washington *hotline* era a linha direta entre os governantes do EUA (Casa Branca) e da URSS (Kremlin), instalada na década de 1960.

Comunexes. Da mesma forma, o acesso às Centrais Extrafísicas pode ser considerado como "*hotline*", só que neste caso, uma conexão cosmoética direta com comunexes e amparadores avançados.

Taxologia. O *fluxo* cósmico pode ser racionalmente classificado, por exemplo, em 3 categorias básicas, nesta ordem lógica, relativa à *Cosmopensenologia:*

1. **Intelectivo:** o fluxo cósmico específico do predomínio da circulação das verdades relativas de ponta, verpons, ou a *Central Extrafísica da Verdade* (CEV).

2. **Afetivo:** o fluxo cósmico específico do predomínio dos sentimentos elevados ou da *Central Extrafísica da Fraternidade* (CEF).

3. **Energético:** o fluxo cósmico específico do predomínio dos afluxos das energias da *Central Extrafísica de Energia* (CEE), o mais próximo, objetivo e potencializador.

Técnica 11 – Mapeamento da Sinalética de Conexão com as Centrais Extrafísicas de Energias

Objetivo. Mapear a megassinalética parapsíquica de contato com as Centrais Extrafísicas de Energias, a fim de identificar o momento em que ocorre a conexão com comunidades extrafísicas avançadas e específicas de determinado holopensene: Energias, Verdade ou Fraternidade.

Metodologia. A técnica será realizada de modo individual.

Técnica. Eis 5 etapas, em ordem lógica, para realizar a técnica do mapeamento da sinalética de contato com alguma central extrafísica:

1. **Foco.** Escolha uma das Centrais Extrafísicas para focar durante o prazo de uma semana.
2. **Posição.** Sentado ou em pé.
3. **Bioenergias.** Busque movimentar as energias de modo a fazer a limpeza do local.
4. **Conexão.** Faça a conexão com o padrão holopensênico da Central Extrafísica escolhida.
5. **Tenepes.** Esta técnica pode ser utilizada durante a prática da tenepes.

Sensações. Eis lista de 11 sensações holossomáticas mais comuns, em ordem alfabética, relatadas pelos alunos que mapearam a sinalética da percepção de cada central extrafísica:

A. **Central Extrafísica das Energias:**

01. **Força.** Sensação de força.
02. **Potência.** Sensação de superpotência energética.
03. **Vontade.** Aumento da volição.

B. **Central Extrafísica da Fraternidade:**

04. **Afeto.** Sentimento de afeição pura pelo universo vivo.
05. **Doação.** Predisposição para a doação.
06. **Gratidão.** Sentimento de gratidão por tudo e por todos.

07. **Interassistência.** Predisposição para assistir ao maior número de consciências.

C. **Central Extrafísica da Verdade:**

08. **Cosmoética.** Clareza quanto aos princípios pessoais.

09. **Discernimento.** Predisposição para o autodiscernimento.

10. **Tares.** Predisposição ao auto e heteroesclarecimento.

11. **Verpons.** Predisposição para a captação de ideias originais.

Questionamento. Numa escala de 0 a 10, qual foi sua nota ao concluir as 4 semanas de exercícios para o mapeamento da sinalética parapsíquica da *conexão com as centrais extrafísicas?* Você conseguiu mapear sinais energéticos e parapsíquicos recorrentes?

52. MAPEAMENTO DA SINALÉTICA DA CONEXÃO COM A PROCEDÊNCIA EXTRAFÍSICA

Definição. A *procedência extrafísica* é a comunex, ou comunidade extrafísica, local onde a consciência encontrava-se antes de ressomar, podendo ter relação direta com o curso intermissivo (CI).

Sinonímia: 1. Paracasa. 2. Paraprocedência intermissiva.

Antonímia: 1. Procedência física. 2. Cidade natal.

Técnica 12 – Mapeamento da Sinalética da Conexão com a procedência extrafísica

Objetivo. Mapear a sinalética parapsíquica de paraprocedência, a fim de identificar o momento em que ocorre a conexão com a comunidade extrafísica paraprocedente da própria consciência.

Metodologia. Realizar a técnica de modo individual.

Técnica. Utilizar o mesmo procedimento da técnica para a conexão com as centrais extrafísicas de energias, porém focar no padrão do *Curso Intermissivo.*

Sensações. Eis, 4 sensações holossomáticas, em ordem alfabética, relatadas pelos alunos que mapearam a sinalética parapsíquica da conexão com a *paraprocedência intermissiva:*

1. **Amizades.** Sensação de ter amizades raríssimas a serem reencontradas.

2. **Familiaridade.** Sensação de reconhecimento de padrão energético extrafísico.

3. **Pertencimento.** Sensação de pertencimento a grupo evolutivo a ser reencontrado.

4. **Trabalho.** Sensação de trabalho extrafísico a ser continuado.

Questionamento. Numa escala de 0 a 10, qual foi sua nota ao concluir as 4 semanas de exercícios para o mapeamento da sinalética parapsíquica da *conexão com a paraprocedência intermissiva?* Você conseguiu mapear sinais energéticos e parapsíquicos recorrentes?

53. TESTE DA SUA SINALÉTICA PARAPSÍQUICA INTERASSISTENCIAL

Análise. Eis, listagem de 44 questões com o objetivo de testar o autodesempenho quanto à utilização da *sinalética parapsíquica interassistencial:*

01. **Acoplamentos.** Todo contato interconsciencial gera um acoplamento maior ou menor, positivo ou negativo. Você identificou qual o sinal característico de acoplamento com conscin ou consciex?

02. **Afinidades.** Conforme a conscin pesquisadora evolui, as companhias extrafísicas patológicas do passado, quando se aproximam da psicosfera daquela, causam incômodo, devido à falta de *afinidade evolutiva,* apesar da afinidade dos antigos laços afetivos. Você consegue distinguir sinais de afinidades positivas das negativas?

03. **Amparadores.** A presença do amparador é sinal de que existem consciências a serem assistidas. Os amparadores geralmente anunciam sua presença. Você identificou os sinais de paravisitas?

04. **Apriorismose.** Nem sempre o mesmo sinal irá ter o mesmo significado, é necessário observar o contexto e o momento evolutivo. Quantas vezes você registrou o mesmo sinal para considerá-lo sinalética energética pessoal?

05. **Assim e Desassim.** Existe a assimilação e a desassimilação das consciências e existe a assim e desassim das energias tóxicas que muitas vezes são deixadas pelas consciências doentias. Você sabe diferenciar uma situação da outra?

06. **Assistencialidade.** A percepção de conscener na psicosfera não necessariamente significa assédio direto à pessoa. A iscagem assistencial ocorre sem que o assistente esteja assediado ou enfraquecido. Como funciona sua abordagem consciencial interassistencial?

07. **Autoconfiança.** A identificação contínua e o registro das sinaléticas aumentam a autoconfiança do assistente. Você tem o hábito de anotar suas sinaléticas?

08. **Autodiscernimento.** A autoparapercepção exige autodiscernimento. O exercício de registrar as sinaléticas é também um exercício de autodiscernimento. Você consegue analisar e classificar suas anotações depois de um tempo?

09. **Calma.** O recolhimento íntimo e o estado de acalmia predispõem o aumento das parapercepções e das sinaléticas. Você consegue prestar atenção em seus próprios pensenes?

10. **Comunicabilidade.** A sinalética energética parapsíquica é o código extrafísico, ou multidimensional, ativando as informações a partir do holossoma. Você utiliza a linguagem extrafísica dos sinais?

11. **Convivialidade.** Só é possível assistir na medida em que se compreende a necessidade do assistido. A convivência interconsciencial oferece inúmeros sinais para a elaboração de diagnóstico preciso. Um simples acoplamento pode revelar muita coisa. Você sabe identificar a solicitação energética?

12. **Cosmoética.** Tirar a venda dos paraolhos do parapsiquismo requer conduta cosmoética. Mesmo podendo adentrar no microuniverso consciencial alheio, é necessário "pedir" a autorização ou permissão ao outro. Você sabe identificar os sinais da limitação do outro?

13. **Cosmovisão.** A sinalética amplia a percepção da pararrealidade. Qualquer componente passa a ser observado com cautela e acuidade. Antes que se chegue a qualquer conclusão quanto aos fatos e parafatos é necessário considerar a sinalética antes, durante e depois. Você conhece a técnica do cosmograma?

14. **Desassédio.** Todo desassédio começa pelo autodesassédio. Encarar a tarefa do desassédio como obrigação penosa, desagradável e sacrificial é sinal de necessidade de autodesassédio. Você sabe encarar a tarefa assistencial com abertismo consciencial e bom humor?

15. **Descoincidência vígil.** A descoincidência vígil predispõe ao aumento das parapercepções e da identificação mais detalhada da sinalética. Você sabe provocar a autodescoincidência vígil?

16. **Detalhismo.** O paraolhar meticuloso observa maiores detalhes de um contexto se comparado à simples varredura rápida de olhos. A sinalética representa os paraolhos na vigília física. Você sabe enxergar com seus paraolhos na dimensão física?

17. **Docência.** O amparo de função, próprio da atividade da docência conscienciológica, promove sinaléticas específicas inerentes à atividade, podendo ser desenvolvidas e utilizadas no dia a dia do assistente. Afinal, a sala de aula (paradiscentes) caminha junto com o professor e seu autoexemplo. Você já se considera escola ambulante?

18. **Encapsulamento.** O encapsulamento pode ser de origem positiva ou negativa, podendo inibir temporariamente as parapercepções quanto à sinalética energética pessoal. Você possui sinalética do autoencapsulamento energético?

19. **Energossoma.** A soltura energossomática predispõe ao aumento e à variação da sinalética energética pessoal. Você sabe provocar a autossoltura energossomática?

20. **EV.** O EV provoca a soltura energossomática, a desassim, a desintoxicação dos chacras e limpa os canais de paratransmissões e pararrecepções de energias. Você consegue instalar o EV em quaisquer condições? O seu EV é sempre interassistencial?

21. **Homeostase.** A melhor condição de abertura para a percepção da sinalética energética pessoal é o estado homeostático ou de saúde e equilíbrio do holossoma. Você mantém homeostase holossomática enquanto conduta padrão?

22. **Intelectualidade.** A intelectualidade funciona como se fosse vitamina para a hiperacuidade e é amplificadora das parapercepções. Qual é a sua carga horária de estudos e pesquisas em comparação a outras atividades? Você prioriza a hiperacuidade mentalsomática?

23. **Intrusão.** A capacidade de fazer a leitura energética do outro não deve ser utilizada de modo intrusivo, mesmo que acidental. Alguém já se sentiu constrangido ou aparentemente sem roupas com seu paraolhar? Qual é a sua intenção ao perscrutar o microuniverso alheio?

24. **Iscagem assistencial.** O próximo passo após decifrar a sinalética energética pessoal é identificar o detalhamento dos sinais de iscagem assistencial. Você já consegue provocar a iscagem de modo lúcido e assistencial?

25. **Lucidez.** A lucidez constante possibilita à conscin estar interconectada à multidimensionalidade. A sua lucidez é mais contínua ou intermitente?

26. **Misticismo.** O misticismo coloca venda nos olhos e nos paraolhos de quem ainda não assumiu a maturidade parapsíquica. Em qual idade paracronológica você está quanto ao autoparapsiquismo?

27. **Mnemossomática.** O arquivamento das sinaléticas não deve ficar somente a encargo da memória física, é necessário fazer registros em papel e em arquivos de computador. Você anotou as próprias sinaléticas, frequência e significados?

28. **Multidimensionalidade.** A autoconsciência multidimensional (AM) inclui a autoconsciência quanto às sinaléticas parapsíquicas. Você valoriza suas sinaléticas?

29. **Paradidática.** A sinalética é a linguagem paradidática da *Parapedagogia.* Você utiliza todas as suas possibilidades comunicativas?

30. **Parapedagogia.** Pela *Parapedagogia,* o primeiro sinal de reeducação parapsíquica é a conscin identificar e valorizar sinaléticas energéticas e parapsíquicas pessoais. Você se considera reeducado parapsiquicamente?

31. **Parapercepção.** A primeira sinalética pode ocorrer quando menos se espera. O ideal é tornar as parapercepções uma segunda natureza. Você sabe o que é olorização?

32. **Parapsiquismo.** O parapsiquismo só se desenvolve a partir da sinalética. A partir do mapeamento da sinalética

energética parapsíquica pessoal, como você avalia o seu parapsiquismo?

33. **Paratecnologia.** Pela *Paratecnologia,* a sinalética pode ser desenvolvida ao ponto de tornar-se ferramenta parapsíquica altamente sofisticada ou paratecnológica. Como avalia o desenvolvimento útil das suas sinaléticas?

34. **Paraterapêutica.** Pela *Paraterapêutica,* é a partir dos parassintomas que se descobre as causas das parapatologias. Você consegue identificar os próprios parassintomas?

35. **Precipitação.** Ao se tirar conclusões precipitadas quanto às sinaléticas pessoais, cria-se base errada para as próximas parapercepções. A sinalética não é identificada num único dia. Você sabe identificar suas sinaléticas gradualmente?

36. **Projetabilidade.** A sinalética energética pode ocorrer antes, durante e depois da projeção lúcida. Você já identificou sua aura projetiva?

37. ***Rapport.*** A sinalética parapsíquica pode aumentar o *rapport* com os amparadores e com as consciências a serem assistidas. Você já identificou a sinalética da presença de amparador?

38. **Registro.** O registro é fundamental para o desenvolvimento da sinalética. Você registra suas sinaléticas? Quantas sinaléticas já identificou até o momento?

39. **Retrocognições.** Existem sinaléticas multiexistenciais, identificadas em vidas anteriores. Você já identificou alguma sinalética parapsíquica multimilenar? O que tem feito de útil a este respeito?

40. **Sensitividade.** A maioria das pessoas são sensitivas, porém, não se autoidentificam como tais, muito provavelmente devido a não prestarem atenção em suas parapercepções e sinaléticas. Você se considera sensitivo ou sensitiva?

41. **Sincronicidade.** As sincronicidades podem ocorrer quando a conscin une as pontas de suas parapercepções. A sinalética parapsíquica pode unir as pontas dos parafatos. Você costuma identificar as sincronidades no seu cotidiano?

42. **Sutilezas.** As parapercepções mais sutis requisitam da conscin a hiperacuidade mentalsomática. Você consegue discriminar as energias mais sutis das mais densas?

43. **Universalismo.** Não importam as raças, crenças ou culturas, a presença de consciência pode ser identificada pela sinalética parapsíquica, que é universal. Qual sua reação ao identificar presença de consciex na psicosfera?

44. **Verpon.** É possível determinada sinalética parapsíquica milenar auxiliar na recuperação de cons e na criação de verdades relativas de ponta (verpons). Você admite a possibilidade de ter acessado as Centrais Extrafísicas em vidas anteriores?

Manutenção. O ideal é a conscin parapsíquica realizar a autoavaliação de modo sistemático para registrar os avanços no mapeamento da sinalética parapsíquica pessoal.

A *SINALÉTICA PARAPSÍQUICA INTERASSISTENCIAL* ***É AGENTE QUALIFICADOR DA CONEXÃO COM EQUIPINS E EQUIPEXES.***

54. TESTE DA SUA COMPREENSÃO DO MAPEAMENTO DA SINALÉTICA PARAPSÍQUICA

Aferição. Segue a técnica para aferir o autodiscernimento, quanto à questão em estudo, embasada nos testes do tratado científico *700 Experimentos da Conscienciologia,* (VIEIRA, 2013).

Questões. Eis, em ordem alfabética, 13 proposições didáticas, para *exame de excelência,* relativo à Sinalética Parapsíquica. Responda cada questão por você mesmo, utilizando a autocognição, isto é, sem recorrer aos *artefatos do saber* (livros, notas, objetos e outros recursos) da Conscienciologia:

01. **Comparação.** *Exige* a estruturação de semelhanças e diferenças, vantagens e desvantagens no trabalho de organização das ideias: – Estabeleça as vantagens e desvantagens de você *identificar e mapear as sinaléticas parapsíquicas.*

02. **Crítica.** *Exige* o esforço dos processos mentais pessoais mais complexos: – Critique o ato tão só de você perceber as sinaléticas em confronto com o ato de registrar, mapear, interpretar e classificar a sinalética.

03. **Definição.** *Exige* a capacidade pessoal de classificar e distinguir as diferentes categorias do fenômeno sob análise: – Defina sinalética parapsíquica.

04. **Descrição.** *Exige* a apresentação pessoal das características do fenômeno protagonizado por você: – Descreva 5 utilidades reais do mapeamento da sinalética parapsíquica.

05. **Discussão.** *Exige* mais, além de mera descrição: – Discuta a causa pela qual as pessoas percebem a sinalética e o seu conteúdo, e mesmo sendo um sinal de alerta, não tomam nenhuma atitude a respeito, sofrendo inclusive os efeitos dos acidentes de percurso ou assédios instalados a partir dos sinais conhecidos.

06. **Enumeração.** *Exige* o esforço pessoal de recordação: – Enumere 15 benefícios derivados do mapeamento da sinalética parapsíquica.

07. **Esboço.** *Exige* a organização pessoal do assunto em tópicos e subtópicos: - Esboce 3 princípios sustentadores do conceito racional do mapeamento da sinalética parapsíquica.

08. **Exemplificação.** *Exige* a demonstração da engenhosidade através de contribuição pessoal direta: - Dê 5 exemplos de sinaléticas parapsíquicas, se possível comprovadas por você, evidenciando a valorização quanto ao mapeamento da sinalética parapsíquica pessoal.

09. **Explicação.** *Exige* a ênfase do tema na relação de causa e efeito: - Qual a razão de estarmos, hoje, aptos a identificar, mapear e entender as sinaléticas parapsíquicas?

10. **Interpretação.** *Exige* a capacidade pessoal de perceber o significado da ideia principal: - Por qual razão, a maioria das pessoas perdeu até hoje a oportunidade de utilizar com lucidez os recursos fornecidos pelo mapeamento da sinalética parapsíquica?

11. **Organização.** *Exige* a lembrança do fato segundo o critério da importância crescente: - Organize a relação de providências em 3 áreas intrafísicas diferentes, capazes de otimizar e dinamizar o mapeamento da sinalética parapsíquica.

12. **Seleção.** *Exige* a autoavaliação crítica de natureza simples, segundo critério preestabelecido: - Indique 3 fatos diversos evidenciando as vantagens do mapeamento da sinalética parapsíquica para o jovem inversor, a gestante e a pessoa na terceira idade física, ou os veteranos da vida humana.

13. **Síntese.** *Exige* de você ser capaz de apresentar os pontos essenciais do fenômeno sob análise: - Sintetize 3 aspectos das consequências teáticas e cosmoéticas do mapeamento da sinalética parapsíquica com razoável período de tempo.

***O** AUTODISCERNIMENTO **QUANTO À SINALÉTICA PARAPSÍQUICA ATESTA O SEU NÍVEL EVOLUTIVO E O SEU** PÚBLICO INTERASSISTENCIAL.*

55. PENSATAS DA SINALETICOLOGIA

Pensatas. A *pensata* é a frase sintetizando o pensamento da consciência. Aqui serão apresentadas pensatas, algumas conhecidas dentro do coloquialismo e ditos populares, outras criadas por esta autora, a fim de favorecer a lembrança ou memorização da importância da sinalética parapsíquica no cotidiano.

Temas. Eis 55 pensatas, divididas em 10 temas ou epígrafes, em ordem alfabética, seguidas das especialidades relacionadas à Sinaleticologia.

Autoconfiança (Voliciologia)

* A repetição da sinalética energética aumenta a autoconfiança parapsíquica.

* A conscin parapsíquica autoconfiante tem maior força presencial e consegue identificar melhor a sinalética.

* A força presencial cosmoética é trafor parapsíquico ampliando as autodefesas da conscin interassistencial.

* Quem atua na reurbex recebe contrafluxos naturais ao trabalho. São "ossos do ofício". A autoconfiança nas próprias sinaléticas parapsíquicas é fundamental no *front* interassistencial.

* Não se pode sentir medo diante da sinalética parapsíquica sinalizadora de ataque extrafísico de consciex patológica.

* O ataque de mega-assediador só acontece quando a conscin interassistencial está preparada para oferecer o atendimento necessário.

Autoparassegurança (Paraprofilaxia)

* O desenvolvimento do "desconfiômetro" e do "semancol" aumentam a autoparassegurança parapsíquica.

* O mapeamento da sinalética parapsíquica representa o código de autoparassegurança da conscin lúcida.

* A manutenção da paraprofilaxia exige continuísmo no desenvolvimento do mapeamento da sinalética parapsíquica.

* O amparador faz o papel do amigo raríssimo quando sinaliza situações periclitantes na proéxis do interassistente. Quem avisa amigo é.

* Se "o homem seguro morreu de velho", a conscin parapsíquica ectoplasta e organizada pode tornar-se completista e centenária.

Cosmoética (Cosmoeticologia)

* A sensação de "peso na consciência" é sinal de cosmoética mínima. A conscin amoral consegue dormir sossegada, mesmo atuando de modo anticosmoético.

* O código pessoal de Cosmoética (CPC) é construído para servir tal qual bússola consciencial.

* A sinalética parapsíquica avançada aparece quando a conscin interassistencial cria condições mais autocoerentes e cosmoéticas de viver.

* A sinalética parapsíquica cosmoética cria crises de crescimento.

* A conscin autocorrupta é cega para as próprias sinaléticas parapsíquicas. O maior cego é aquele que não quer ver.

Desperticidade (Despertologia)

* O ser desperto caminha de modo habitual como se estivesse carregando ovos.

* O passar do tempo, o hábito e a rotina não podem ser motivos de relaxar com o detalhismo das salvaguardas e das autodefesas.

* Todo cuidado é pouco. Se você ficar "bobo na praça o jacaré te abraça!" Mesmo com toda experiência evolutiva, o ser desperto caminha "pisando em ovos".

* A pessoa ingênua torna-se vítima quando não admite a capacidade do mal alheio. A sinalética parapsíquica não é percebida pelos ingênuos.

* O ser desperto é aquele que avisa e também assiste ambos: o algoz e a vítima.

* As minudências da paraempatia técnica leva o ser desperto a levedar a massa dos egos do grupo evolutivo.

Hermenêutica (Autodiscernimentologia)

* A hermenêutica acertada da sinalética parapsíquica exige "mais do mesmo" do autodiscernimento.

* Decifra-me ou te devoro! (O enigma da Esfinge).

* Escutou o "galo cantar" e não sabe onde.

* Pelo dedo se conhece o gigante.

* Onde há fumaça, há fogo.

* Tem boi na linha.

Olhos (Lucidologia)

* *É preciso ficar de olhos e paraolhos bem abertos, para perceber a multidimensionalidade.*

* A pessoa atilada tem olhos de suricata (pequeno mamífero africano).

* A partir da vontade é possível criar olhos energéticos em qualquer parte do energossoma, ao modo de novos chacras.

* Os olhos expressam a intenção da consciência.

* A triscagem ocular expressa o desenvolvimento parapsíquico.

Sensações Viscerais (Sinaleticologia)

* A informação não "desceu bem".

* Ainda não "digeri" bem esta notícia.

* Dar um "nó nas tripas".

* Sentir um "frio" na barriga.

* Ter um "aperto" no estômago.

Sinalética Parapsíquica (Sinaleticologia)

* Sinalética: despertador parapsíquico.

* Sinalética: parabússola pessoal.

* Sinalética é autocerteza.

* Sinalética: megatécnica antivacilação.
* Sinalética: sensor decisório (DAOU, 2014).
* Sinalética: código de autoparassegurança.

Sincronicidade (Sincronologia)

* A sinalética parapsíquica quando sincrônica com fatos e parafatos tem mais força.
* A sincronicidade pode indicar o próximo passo evolutivo.
* A sinalética retrocognitiva pode indicar a personalidade consecutiva prévia.
* A sincrossinalética é o maxissinergismo ou conjunção da sincronicidade com a sinalética.
* A valorização do detalhismo e da observação favorece a percepção das sinaléticas e a identificação da parassincronicidade.
* Quem vive no fluxo do Cosmos registra maior número de sincronicidades.

Sinergismo (Sinergismologia)

* O sinergismo da sinalética parapsíquica sinaliza quando a conscin está no fluxo cósmico.
* O sinergismo multidimensional atesta a força do maximecanismo interassistencial. A sinalética parapsíquica atesta o sinergismo multidimensional.
* Pela *Sinergismologia*, duas pessoas podem perceber a mesma sinalética parapsíquica ao mesmo tempo e com o mesmo significado.
* O parabanho energético é sinalética avançada e pode significar conexão com Central Extrafísica.
* Não existem encontros evolutivos ao acaso. Existe a sinalética da paraempatia multiexistencial.

56. *MINIDICIONÁRIO DE TERMOS ANALÓGICOS DA SINALETICOLOGIA*

Autocognição. Enriquecer o dicionário cerebral, neuroléxico, poliglótico, vocabulário mental ou o glossário técnico sobre a *sinalética parapsíquica* e o seu mapeamento torna-se prioritário para a ampliação da autocognição parapsíquica detalhista neste campo de estudo.

Ideias. A fim de ampliar a compreensão sobre o tema, eis um minidicionário analógico, em ordem alfabética, de 135 termos ou *ideias afins,* contendo definição sintética, (adaptada do Dicionário Houaiss), acepções (selecionadas em obras da Conscienciologia) e correlações ao estudo da *sinalética parapsíquica.*

01. **Acidente.** O *acidente* é um acontecimento casual, fortuito, inesperado, desagradável ou infeliz, evolvendo dano, perda, sofrimento ou dessoma. Pela *Sinaleticologia,* o *miniacidente* representa megassinal patológico para a conscin parapsíquica detalhista e cuidadosa. O *miniacidente* pode sinalizar que a conscin teve sinal parapsíquico de alerta, porém não deu a devida atenção e importância, nem tomou qualquer atitude a respeito. A melhor providência a ser tomada em caso de identificação de miniacidentes é organizar-se ao máximo e ficar *low-profile,* fazer tudo de modo mais lento e cauteloso, até que a holopensenidade da conscin se harmonize.

Exemplo: *A conscin ectoplasta se descuidou e está momentaneamente desorganizada em sua vida pessoal, papéis, contas a pagar, agenda. A autodesorganização pode causar miniacidentes e na sequência até macro-PK destrutiva.*

02. **Acuidade.** A *acuidade* é a capacidade de percepção. A *sinalética parapsíquica* exige o aumento da capacidade e a valorização das percepções de modo geral, a fim de desenvolver as parapercepções.

Exemplo: *No âmbito das crendices populares "sentir arrepio" tem o significado de que a morte passou por perto. Não necessariamente a morte passou, mas pode ter passado por ali alguém que tenha morrido (dessomado), ou seja, uma consciex - consciência extrafísica.*

03. **Acumulação.** A *acumulação* é o ato de armazenar algo para uso posterior. No caso do mapeamento da *sinalética parapsíquica,* é necessário o acúmulo saudável de quantidade significativa de registros diários, a fim de se estabelecer *padrão confiável* de manifestação de determinada sinalética.

Exemplo: *Acumular de modo ordenado os registros e anotações das sinaléticas parapsíquicas é algo saudável, desde que se pretenda utilizá-los posteriormente para análise e mapeamento da sinalética. Por outro lado, acumular objetos quebrados ou sem utilização prática é algo patológico. A partir da leitura energética de ambientes é possível perceber acúmulos patológicos de objetos, mesmo em cômodos fechados ou sem acesso visual. Os acúmulos patológicos de objetos ou papéis são denunciados pelas energias gravitantes sinalizadoras (bagulhos energéticos), ao modo da sensação desagradável ou "pesada" em seu energossoma ou em chacra específico.*

04. **Acurácia.** A *acurácia* é a precisão, exatidão e cuidado na realização de algo. A acurácia é necessária na realização do mapeamento da sinalética, a fim de eliminar os achismos e atingir a autocientificidade pesquisística.

Exemplo: *Analisar com acuidade os registros de no mínimo 1 ano de determinada sinalética parapsíquica para poder considerá-la no mapeamento das autossinaléticas.*

05. **Admoestação.** A *admoestação* é a advertência, repreensão ou reprimenda que se faz a alguém sobre incorreção ou inconveniência de seu comportamento, sua maneira de ser.

A sinalética parapsíquica pode funcionar tal qual aviso admonitório.

Exemplo: *A aura projetiva ou a sinalética parapsíquica correspondente ao aviso admonitório da projeção lúcida interassistencial adverte o projetor a ficar mais atento, dormir mais cedo e se disponibilizar para a interassistência.*

06. **Afinação.** A *afinação* é o modo cuidadoso e estudado na apresentação de algo. É também um ajuste de instrumento musical ao tom de outro ou de voz, em específico à nota dada por um diapasão (instrumento afinador). No *mapeamento da sinalética* é necessário estar afinado com as minudências das ocorrências e paraocorrências, a fim de perceber os padrões e significados das mesmas.

Exemplo: *Determinada sinalética parapsíquica pode manifestar-se mais na presença de personalidade específica, devido à reverberação energossomática e/ou afinidade multiexistencial.*

07. **Alerta.** O *alerta* é um sinal, ordem ou aviso para estar vigilante. A *sinalética parapsíquica,* na maioria dos casos é um alerta consciencial para que a conscin fique vigilante. O ideal é conquistar a autovigilância ininterrupta.

Exemplo: *A conscin pode ter sinalética parapsíquica com o significado de aviso da visita positiva ou negativa de conscin ou consciex. O mais apropriado é preparar-se energeticamente para o acolhimento ou autodefesa energética.*

08. **Análise.** A *análise* é o método de pensamento utilizado na compreensão ou explicação de fenômeno complexo, o qual consiste em reduzir determinada realidade intrincada, de difícil apreensão global, em seus componentes básicos e simples. A análise da sinalética parapsíquica começa a partir da observação de padrões diferentes. A *sinalética parapsíquica* é fenômeno complexo e exige a análise constante das variáveis envolvidas no contexto, a fim de estabelecer padrões de referência e aplicações.

Exemplo: *A pressão encefálica de determinada pessoa pode ter significado de presença extrafísica de consciex e ter outro significado completamente diferente para outra pessoa, podendo ser inclusive sintoma de doença e não necessariamente sinalética parapsíquica.*

09. **Antecâmara.** A *antecâmara,* no sentido figurado, é situação prévia de outra. A *sinalética parapsíquica* é a antecâmara do parafato e da atuação parapsíquica interassistencial.

Exemplo: *O sinal característico da presença de conscin ou consciex energívora ou carente, acompanhado do sinal da presença do amparador de função da tenepes.*

10. **Antevisão.** A *antevisão* é o ato ou efeito de antever. A visão antecipada a partir da observação dos fatos ou a percepção de acontecimentos futuros por meio de conjecturas ou avisos transcendentes; presságio; pressentimento ou previsão. A *sinalética parapsíquica* promove a antevisão a partir das observações dos fatos e parafatos e das parapercepções.

Exemplo: *A sinalética parapsíquica antecipando e avisando a visita de determinada conscin ou consciex.*

11. **Atenção.** A *atenção* é a concentração da atividade mental sobre determinado foco específico. No estudo da *sinalética parapsíquica,* o foco pode ser físico, energético, psicossomático, extrafísico ou mental.

Exemplo: *As sinaléticas parapsíquicas são percebidas a partir de sinal específico atuando em 1 ou mais veículos de manifestação da consciência (soma, energossoma, psicossoma ou mentalsoma). Geralmente considera-se somente o veículo, chamando mais a atenção, na maioria dos casos o corpo físico, a partir de arrepio, por exemplo. Porém, se a conscin prestar a devida atenção poderá perceber que, ao mesmo tempo, pode ter havido sinal no energossoma, a partir da pulsação de determinado chacra; por* *exemplo, no psicossoma, a partir de sensação de acalmia; no mentalsoma a partir da inspiração positiva de pensar sobre determinado assunto ou ideia.*

12. **Atitude.** A *atitude* é a intenção imediata, a decisão, o posicionamento pessoal e a manifestação da conscin diante de determinado estímulo interno ou externo. A sinalética parapsíquica exige atitude, na maioria dos casos imediata, conforme a característica ou classificação da mesma.

Exemplo: *A sinalética da presença de consciex energívora na própria psicosfera exigindo a interassistência imediata.*

13. **Ausculta.** Segundo a Medicina, *auscultar* é o ato de escutar os ruídos internos do organismo para controlar o funcionamento de um órgão ou perceber anomalia. Analogamente, existe a para-ausculta energossomática, com o objetivo de sondar e mapear as *sinaléticas parapsíquicas.*

Exemplo: *Quando a conscin pratica o circuito fechado de energias e observa detidamente cada chacra e cada parte do energossoma, a fim de avaliar as condições de homeostase ou patologias presentes.*

14. **Auto-organização.** A *auto-organização* é o ato de a conscin, homem ou mulher, organizar as ações prioritárias na própria existência. Quanto maior for a auto-organização da conscin, melhor sua condição de organizar a autopesquisa a respeito das próprias sinaléticas parapsíquicas.

Exemplo: *O ato de auto-organização pró-mapeamento da sinalética parapsíquica pode ser a simples aquisição de pasta, do tipo polionda, para guardar os papéis relativos às anotações sobre as próprias sinaléticas.*

15. **Averiguação.** A *averiguação* é o ato de averiguar, investigar ou examinar algo. É importante saber averiguar ou examinar com acuidade todas as variáveis de determinada sinalética, a fim de mapeá-la.

Exemplo: *Você percebeu algumas vezes, quando se sentou para escrever sua gestação consciencial, arrepio agradável, do lado esquerdo no alto da cabeça, porém ainda não averiguou se foram todas as vezes ou algo eventual. De agora em diante, irá deixar um bloco de anotações para identificar se este determinado sinal ocorre em todas as vezes. Caso se configure um padrão homeostático de referência, pode estar ligado à sinalética parapsíquica interassistencial, correspondente à presença de amparador técnico de função.*

16. **Aviso.** O *aviso* é o ato de avisar, dar notícia, ou fazer advertência ou comunicação sobre algo. A *sinalética parapsíquica* pode ser considerada aviso multidimensional de determinada condição, que pode ter relação com o passado ou o futuro. Geralmente, o aviso pede cautela e precaução para determinada ação futura, assim também funciona a sinalética parapsíquica.

Exemplo: *A sinalética parapsíquica específica avisando a chegada de consciex de determinado padrão ou nível evolutivo.*

17. **Bias.** A *bias* é a distorção do julgamento de um observador por estar intimamente envolvido com o objeto de observação. Utiliza-se a expressão "bias parapsíquica" para descrever a tendenciosidade de um pesquisador diante da interpretação das próprias parapercepções ou sinaléticas parapsíquicas. (V. hipostasia – Capítulo 3).

Exemplo: *A interpretação errada de sinalética parapsíquica.*

18. **Bússola.** A *bússola* é o instrumento utilizado para determinar as quatro direções básicas horizontais: norte, sul, leste e oeste. Pela *Proexologia* existe o conceito da *bússola intraconsciencial,* mecanismo do autodiscernimento da consciência, utilizado para determinar as direções ou tomadas de decisões em relação à programação existencial (proéxis) e à evolução.

Tem relação direta com a inteligência evolutiva e o megafoco interassistencial. A *sinalética parapsíquica* pode funcionar como fixador do ponteiro da bússola consciencial multidimensional, a partir de fatos e parafatos na tomada de decisão evolutiva.

Exemplo: *O mapeamento da sinalética parapsíquica funcionando ao modo de bússola consciencial do agente interassistencial de destino evolutivo, no encaminhamento e orientação aos assistidos.*

19. **Caracterologia.** A *Caracterologia* é a ciência que estuda o perfil e as características das consciências e sua manifestação multidimensional. Pelo estudo dos traços conscienciais, a partir do livro Conscienciograma (Vieira, 1996), é possível identificar o temperamento e as tendências conscienciais, podendo ser homeostáticas, neutras ou patológicas. A sinalética parapsíquica pode ser elemento coadjutor na avaliação de determinado perfil consciencial.

Exemplo: *A falta de coerência, verbação ou inautenticidade da conscin-cobaia diante dos conscienciômetras faz disparar ou manifestar, nos próprios pesquisadores interessados, inúmeras campainhas ou sinaléticas parapsíquicas atestadoras de tal fato e parafato. Do mesmo modo, pode ocorrer da sinalética parapsíquica ser fator confirmatório da conduta cosmoética de determinada conscin-cobaia.*

20. **Cautela.** A *cautela* é a precaução para evitar dano, transtorno ou perigo. Para agir com cautela é preciso calma e cuidado nas situações. Determinadas *sinaléticas parapsíquicas* podem funcionar como sinalizador ou avisar a necessidade de cautela e calma para lidar com determinadas pessoas ou situações.

Exemplo: *Determinada sinalética parapsíquica pode sinalizar as energias gravitantes negativas em algum local ou alguma pessoa. Neste caso é necessário redobrar as autodefesas e atuar* *com mais cautela para evitar possíveis acidentes de percurso ou conflitos interconscienciais.*

21. **Circunstância.** A *circunstância* é a condição de tempo, lugar ou modo cercando ou acompanhando determinado fato ou situação e sendo essencial à sua natureza. A manifestação de *sinalética parapsíquica* específica em determinada circunstância ou contexto pode explicar e explicitar o parafato e a pararrealidade.

Exemplo: *A presença do amparador de função pode ser percebida dentro de circunstâncias interassistenciais: havendo assistidos e algum tipo de interassistência em curso ou a ser realizada.*

22. **Colimação.** A *colimação* é o ato de colimar, tornar paralelas, com a maior precisão possível, as trajetórias de determinados objetos ou ocorrências, ou o ato de fazer a convergência de fatos e parafatos. Pela *Sinaleticologia* é possível fazer a colimação dos parassinais ou retrossenhas de vidas passadas ou período intermissivo, a fim de recuperar cons ou obter retrocognições na vida atual.

Exemplo: *A colimação ou convergência do holopensene pessoal junto à mesologia, à família, à Genética e à Paragenética na recuperação da holomemória (retrocognições).*

23. **Compreensão.** A *compreensão* é a faculdade de entender, de perceber o significado de algo. Para compreender o significado de algo mais complexo, tal como os bastidores da multidimensionalidade, é necessário maior abertismo e flexibilidade mental por parte das conscins, a fim de colocar para funcionar as próprias sinaléticas parapsíquicas auscultadoras dos parafatos e parassituações.

Exemplo: *A pulsação de chacra específico do energossoma, percebido em determinada região do corpo físico em que não existe qualquer músculo, como, por exemplo, o frontochacra, no* *meio da testa, e o coronochacra, no alto da cabeça. A parapercepção de consciex na própria parapsicosfera.*

24. **Comunicação.** A *comunicação* é a ação de transmitir determinada mensagem e, eventualmente, receber outra mensagem como resposta. A *sinalética parapsíquica* é considerada forma de comunicação interdimensional.

Exemplo: *O amparador extrafísico, consciência benfazeja, pode se comunicar com a conscin a partir de determinada sinalética. A conscin, por sua vez, ao perceber a sinalética e tomar determinada providência específica ou anotar e registrar tal sinalética, está de certo modo sinalizando ter recebido a mensagem.*

25. **Concatenação.** A *concatenação* é o ato ou o efeito de concatenar, fazer o relacionamento, a ligação, o encadeamento, a harmonização e conciliação de ideias, fatos ou coisas entre si. Para ampliar a compreensão da *sinalética parapsíquica* é necessário saber concatenar fatos e parafatos.

Exemplo: *Uma única sinalética parapsíquica pode ser relativa a fatos e parafatos; objetiva e subjetiva; física (sensações fisiológicas) e extrafísica, relativas a evocações pensênicas, inspirações de ideias, e sua confirmação pode estar relacionada com sincronicidade de contextos, pessoas e situações do presente, passado e futuro.*

26. **Conexão.** A *conexão* é a ligação, união ou vínculo de determinado elemento a outro. É também a relação lógica ou causal, o nexo e a coerência entre determinados fenômenos. No exercício do *mapeamento da sinalética* é necessário saber estabelecer as interconexões e as relações paralógicas entre os fenômenos e parafenômenos.

Exemplo: *A técnica da análise e síntese aplicada à compreensão de determinada sinalética parapsíquica é o* acid test *da lógica e da paralógica. A pessoa percebe um sinal de formigamento* *no alto da cabeça. Registra esta parapercepção 100 vezes, em contextos diversos, durante no mínimo, 3 anos. Analisa: contextos, pessoas, situações e descobre existir um denominador comum. Faz a síntese e mapeia a sinalética.*

27. **Confiança.** A *confiança* é a segurança íntima quanto a determinado contexto ou pessoa. No universo da *Sinaleticologia,* o mapeamento da sinalética parapsíquica promove a certeza quanto à existência de sinais parapsíquicos confiáveis e equivale à ferramenta interassistencial evoluída avançada.

Exemplo: *A sinalética parapsíquica da conexão com determinada central extrafísica pode ser considerada megatrafor parapsíquico interassistencial, geradora da autoconfiança parapsíquica.*

28. **Correlação.** A *correlação* é a similitude, analogia entre pessoas, coisas, ideias, fatos e parafatos relacionados entre si.

Exemplo: *A correlação da marca de nascença da vida atual com indícios de* locus minoris *de retrovida.*

29. **Cotejo.** O *cotejo* é o ato, processo ou efeito de cotejar, comparar elementos, investigando as possíveis semelhanças e diferenças. A classificação da sinalética parapsíquica exige o exercício do cotejo.

Exemplo: *A necessidade da comparação do mesmo sinal parapsíquico ocorrido em locais e situações diferentes, a fim de considerá-la sinalética confiável.*

30. **Cronêmica.** A *cronêmica* é o estudo do tempo ou cronologia, tendo relação com as datas e acontecimentos históricos. No *mapeamento da sinalética,* pode haver certos sinais pontuais ou repetitivos em determinadas situações do dia ou em determinados dias do ano, que são *diacrônicos,* ou seja, que ultrapassaram o tempo, em milênios e vidas passadas. Somente o registro disciplinado da data e hora da ocorrência permitirá

análise posterior. Fazendo a comparação e identificação de possível padrão quanto à cronêmica, inclusive envolvendo a paracronêmica ou a retrocronêmica.

Exemplo: *O mapeamento de sinalética parapsíquica específica de comemoração de aniversários de vidas passadas.*

31. **Cuidado.** O *cuidado* é a atenção especial, o zelo dado a determinada consciência, ser ou situação. Determinada *sinalética parapsíquica* pode apontar a necessidade de maior cuidado ao lidar com pessoa ou situação específica. O ditado "todo cuidado é pouco" é propício em tais circunstâncias.

Exemplo: *A sinalética parapsíquica relativa a ataque extrafísico pode ser aviso para tomar mais cuidado. O ideal é mapear a sinalética parapsíquica para detectar a presença de consciex patológica, antes do ataque.*

Pela lógica, também é possível prever e prevenir certas situações: quando a conscin ataca ou fala com agressividade é quase certo que atrás desta conscin existe uma ou mais consciexes patalógicas ou assediadoras a serem assistidas, mas a primeira ação é aumentar a autodefesa.

32. **Curva.** Pela Somatologia, a *curva* é a forma bem-proporcionada do corpo físico. De acordo com a Energossomatologia, existe a energia da forma, podendo ser facilitadora da movimentação de ECs ou energias conscienciais. As curvas no corpo físico são consideradas formas harmônicas. Em relação ao parapsiquismo e à sinalética energética, a curva localizada na planta dos pés, por exemplo, diz respeito ao plantochacra e, quanto mais acentuada, torna-se elemento facilitador da irradiação das energias por este chacra.

Exemplo: *O pé chato ou sem curva pode representar sinal de dificuldade em expandir as energias dos plantochacras. Segundo Vieira "O pé chato é como se tivesse uma antidragona" (comunicação verbal do pesquisador Waldo Vieira – Minitertúlia Conscienciológica Novembro de 2013).*

33. **Diapasão.** O *diapasão* é o nível, estado comparativo, servindo, de modelo, de padrão. Na área da música é o padrão de referência da nota musical produzido por aparelho, utilizado para afinar instrumentos musicais. A partir do padrão (de equilíbrio) pessoal de referência é possível descobrir o padrão homeostático ou patológico. Existem sinaléticas indicadoras de homeostase e/ou patologia.

Exemplo: *A sinalética energética anímica indicadora do padrão de manifestação consciencial, em comparação com a sinalética energética parapsíquica indicadora do padrão de manifestação do amparador ou do assediador.*

34. **Discernimento.** O *discernimento* é o ato de discernir, a capacidade de compreender situações, de distinguir o certo do errado e perceber as nuanças dos contextos. O mais importante no mapeamento da *sinalética parapsíquica* é o *autodiscernimento,* ou seja, a autocompreensão das manifestações intrapsíquicas e parapsíquicas, dos fatos e parafatos.

Exemplo: *A conscin valorizando e sendo capaz de identificar a sinalética parapsíquica, ao modo de alfabetização e aprendizado multidimensional.*

35. **Disciplina.** A *disciplina* é a conduta ordenada assegurando o bem-estar dos indivíduos, ou o bom funcionamento de determinado empreendimento. O êxito no *mapeamento das sinaléticas parapsíquicas* depende da autodisciplina da conscin interessada, a partir das anotações em detalhes e "em cima do lance", das parapercepções acumuladas e analisadas ao longo do tempo.

Exemplo: *A extrapolação parapsíquica de determinada sinalética parapsíquica avançada, mostrando os próximos passos parapsíquicos e patamares evolutivos, acontece mais facilmente para a conscin autodisciplinada, capaz de juntar as pontas e perceber tal sutileza. A ocorrência de determinada sincronicidade, por exemplo, irá confirmar ou atestar a auto-organização da conscin ao estabelecer rotina útil e a conexão com o fluxo do Cosmos.*

36. **Dragona.** A *dragona* é a parte do uniforme militar usada sobre os ombros para indicar a patente. De acordo com a *Sinaleticologia*, a dragona parapsíquica é o sinal ou mancha de nascença no músculo deltoide do braço esquerdo. É marca ou estigma positivo demonstrando a "patente parapsíquica" ou maior nível de autodesenvolvimento parapsíquico, exigindo responsabilidade. Segundo Vieira, em comunicação verbal (tertúlia conscienciológica, 02.05.2013) a patente do militar foi inspirada na dragona parapsíquica de tempos remotos, da época das pítias e pitonisas gregas. Tem relação direta com todas as *sinaléticas parapsíquicas* adquiridas em outras vidas. A dragona parapsíquica também pode ser considerada *retrossenha.*

Exemplo: *A dragona parapsíquica significando a patente evolutiva do pré-serenão avançado.*

37. **Emblema.** O *emblema* é figura simbólica, podendo ser objeto ou ideia. Do ponto de vista da *sinalética parapsíquica,* o emblema ou símbolo pode ter significado ou ser coadjutor na leitura de determinado fato ou parafato.

Exemplo: *O brasão de bandeira ou símbolo de tradição de determinada família, pode ser elemento retrocognitivo, quando associado a determinada sinalética parapsíquica confirmando tal lembrança.*

38. **Empatia.** A *empatia* é o processo de identificação em que o indivíduo se coloca no lugar do outro e, com base nas próprias suposições ou impressões, tenta compreender o comportamento do outro. No universo da Parapercepciologia, existe a *empatia parapsíquica,* ou a capacidade de a conscin fazer o *rapport* e o *acoplamento áurico* e sentir o que a pessoa está sentindo, tanto do ponto de vista físico, energético, emocional quanto mental captando seus pensamentos. A partir do mapeamento da sinalética, é possível identificar os sinais característicos do acoplamento áurico.

Exemplo: *A pessoa ao fazer o rapport ou a assimilação simpática com a outra, a fim de sentir na própria pele o que o outro está sentindo, e ajudando na remissão de doenças ou reequilíbrio do estado emocional exacerbado. Neste processo pode ocorrer a iscagem lúcida de consciex a ser assistida e encaminhada. Tudo irá depender das habilidades e competências interassistenciais do assistente.*

39. **Enigma.** O *enigma* é algo de difícil explicação. Do ponto de vista da Parapercepciologia, a *sinalética parapsíquica* pode funcionar para detectar ou decifrar os pseudoenigmas provocados pelas situações aparentemente sem explicação do ponto de vista do paradigma intrafísico, porém explicável do ponto de vista do paradigma consciencial.

Exemplo: *O banho energético recebido diante de situação de decisão difícil, potencializando a condição mais apropriada para a tomada de decisão no momento evolutivo da conscin decisora e dos envolvidos.*

40. **Entrelinhas.** As *entrelinhas* são ideias ou intenções não explicitadas ou diretamente expressas numa mensagem. A atuação sincrônica da *sinalética parapsíquica*, quando lida do ponto de vista das entrelinhas dos fatos e parafatos, pode decifrar ou deslindar determinado enigma ou situação sem explicação.

Exemplo: *O encontro "por acaso" com pessoa a ser assistida e a sinalética parapsíquica específica de iscagem interassistencial lúcida. A comunicação do amparador da tenepes utilizando a afinidade e o conhecimento holomnemônico do assistido-assistente.*

41. **Estranho.** O *estranho* é algo caracterizado pelo caráter extraordinário ou excêntrico, saindo do padrão conhecido. De acordo com a *sinalética parapsíquica*, avaliar o fato, parafato ou comportamento estranho de determinada pessoa, pode

ser um sinalizador de existir algo a ser analisado com maior profundidade do ponto de vista multidimensional.

Exemplo: *A reação incomum ou exagerada de determinada pessoa que possui padrão de temperamento calmo e tranquilo ou a perda de bom humor repentina pode ser indicador da presença de consciexes patológicas.*

42. **Evidência.** A *evidência* é a qualidade ou caráter do que é evidente, não dando margem à dúvida, indicador da existência de algo, indício. A *sinalética parapsíquica* pode funcionar como comprovação ou paraevidência de um fato ou parafato, tendo relação com a multidimensionalidade e a Parafenomenologia. Ver sinonímia de comprovação e transparência.

Exemplo: *A constatação ou comprovação de determinado parafato a partir de sinalética parapsíquica mapeada.*

43. **Exceção.** A *exceção* é o desvio de determinado padrão ou regra. Determinada *sinalética parapsíquica* pode ocorrer uma única vez devido à situação específica e não ocorrer mais, sendo exceção dentro da técnica do mapeamento da sinalética parapsíquica, onde é necessário observar e registrar várias vezes a mesma parapercepção, antes de ser considerada sinalética.

Exemplo: *Percepção de sinalética parapsíquica específica e única, na presença de determinada consciência evoluída.*

44. **Exótico.** O *exótico* é algo esquisito, difícil de explicitar, estranho e inexplicável. Para quem pesquisa e quer mapear a *sinalética parapsíquica,* necessita-se criar novas sinapses para compreender certas ocorrências exóticas ou estranhas relativas às próprias sinaléticas.

Exemplo: *A sinalética energética de arrepio na região glútea enquanto sinalizador de necessidade de atuação interassistencial.*

45. **Faro.** O *faro* é a capacidade de identificar indício ou sinal que faz desconfiar de algo. A *sinalética parapsíquica* pode

ser considerada "parafaro", além dos sentidos físicos, podendo ampliar a capacidade de identificar situações atípicas, a fim de tomar determinada decisão em cima do lance.

Exemplo: *O vento pode trazer o odor da chuva que se aproxima. A sensação de brisa no rosto pode ser aviso da presença de determinada consciência benfazeja ou amparadora.*

46. **Farol.** O *farol* é a torre localizada nas costas das praias, com grande capacidade de iluminação e a função de mostrar a direção às navegações. Metaforicamente o frontochacra pode ser comparado a farol ampliador da lucidez da consciência nas tomadas de decisões. As *sinaléticas parapsíquicas* ligadas ao frontochacra, por sua vez, podem sinalizar a necessidade de ampliação da lucidez.

Exemplo: *A ativação e ampliação instantânea do frontochacra pela presença de consciência, conscin ou consciex, mais evoluída.*

47. **Fato.** O *fato* é algo cuja existência pode ser constatada de modo indiscutível ou verdadeiro. A máxima "contra fatos não há argumentos" corrobora esta definição. O fato em si não precisa de explicação, porém é passível de interpretação. Pela *Sinaleticologia* "os fatos e os parafatos orientam a pesquisa". Não se deve brigar com os fatos. A partir daí um fato pode ser interpretado como sinal ou prenúncio de outros fatos.

Exemplo: *Um miniacidente é um fato que pode estar conectado a outros fatos ou parafatos. Para a conscin ectoplasta desorganizada no tempo e no espaço, o miniacidente pode ser espécie de aviso ou alerta para que a mesma volte ao prumo e se auto-organize. Se a pessoa não cuidar, é provável que surjam outros miniacidentes e até acidentes mais graves envolvendo a pessoa.*

48. **Fisiognomonia.** A *fisiognomonia* é a habilidade de conhecer o caráter do indivíduo a partir de suas feições. Pela

Esteticologia e a Harmoniologia, as formas físicas mais harmoniosas do ponto de vista estético influenciam nas energias e demonstram maior complexidade do nível evolutivo das consciências. Por outro lado, existem faces demonstrando patologias físicas ou de caráter.

Exemplo: *A face angelical de determinada pessoa dedicada a trabalho interassistencial. Um ditado também pode esclarecer: "É pelo dedo que se conhece o gigante". Por outro lado é bom lembrar-se do outro ditado conhecido: "As aparências enganam".*

49. **Fisiologia.** A *fisiologia* é o estudo das funções e do funcionamento normal dos órgãos e dos sistemas dos seres vivos. Também se refere ao estudo ou investigação dos seres da natureza. A *Parafisiologia* estuda o funcionamento ou manifestação do holossoma.

Exemplo: *A sinalética parapsíquica quando mapeada, pode auxiliar na pesquisa da parafisiologia holossomática.*

50. **Gesticulação.** A *gesticulação* é movimento do corpo, especialmente das mãos, braços e cabeça, voluntário ou involuntário, revelando estado psicológico ou intenção de exprimir ou realizar algo.

Exemplo: *O tremor das mãos diante da autoexposição física demonstra instabilidade emocional da pessoa. Pode também revelar indícios de doenças neurológicas, como o mal de Parkinson. Por outro lado, a firmeza da mão estendida demonstra, na maioria dos casos, equilíbrio emocional.*

51. **Hábito.** O *hábito* é o costume, a prática e a maneira usual de comportar-se, modo de manifestar da consciência. O *mapeamento da sinalética parapsíquica,* quando tornado hábito sadio, pode ampliar as parapercepções e o desenvolvimento parapsíquico da consciência interessada.

Exemplo: *O hábito de ter sempre à mão um bloco de papel e caneta, ou um arquivo aberto no computador para anotar as sinaléticas parapsíquicas.*

52. **Hermenêutica.** A *Hermenêutica* é a ciência aplicada à interpretação dos signos e de seu valor simbólico. A *Hermenêutica,* quando aplicada no mapeamento da sinalética parapsíquica, amplia as possibilidades de interpretação a fim de se chegar à objetividade e aos fatos e parafatos mais próximos da realidade ou pararrealidade.

Exemplo: *A interpretação da mesma sinalética parapsíquica em situações diferentes. A interpretação da mesma sinalética parapsíquica entre duas pessoas ou sensitivos distintos.*

53. **Heurística.** A *Heurística* é o método de investigação aplicado na resolução de problemas. A *Heurística* quando aplicada ao *mapeamento da sinalética parapsíquica* pode auxiliar no levantamento comparativo e progressivo das várias hipóteses sobre o significado de determinada sinalética parapsíquica percebida e anotada inúmeras vezes em situações diversas.

Exemplo: *O estudo da sinalética parapsíquica de identificação da presença de amparador, utilizada para diferenciar o padrão do amparador da Tenepes e o padrão do amparador de função do voluntariado ou da escrita.*

54. **Hiperacuidade.** A *hiperacuidade* é a acuidade a maior, dos vários sentidos da pessoa. No caso do estudo da sinalética parapsíquica é comum a ampliação natural da acuidade na pessoa sensitiva ou parapsíquica. Pode ocorrer também de a hiperacuidade ser devido à extrapolação parapsíquica eventual.

Exemplo: *O efeito da ampliação da lucidez do parapsíquico quando retorna ao país de origem vindo da primeira viagem internacional. O fato de conhecer locais ou países diferentes pode aguçar a ampliação da acuidade.*

55. **Implícito.** O *implícito* é algo contido em determinado contexto, mas não expresso formalmente ou não manifestado declaradamente, sendo subententido ou tácito. Pela *Parapercepciologia,* existe a ocorrência de parafenômenos impressivos

sem conotação clara ou direta de sua existência para o próprio sensitivo.

Exemplo: *O parapsiquismo impressivo ou a sinalética parapsíquica da presença de determinada consciex, sem que a mesma tenha sido visualizada diretamente pela clarividência.*

56. **Inabitual.** O *inabitual* é sinalização ou ocorrência fugindo ao costumeiro, ao não habitual, infrequente, inusitado, raro, insólito. A *sinalética parapsíquica* pode ser identificada quando a conscin está atenta ao inabitual.

Exemplo: *Você recebe presente de determinada empresa da qual é cliente. O brinde tem relação direta com a autopesquisa, sem a empresa ter qualquer informação sobre o seu perfil e muito menos sobre seus estudos mais íntimos.*

57. **Incógnito.** O *incógnito* é algo ou alguém ainda não descoberto ou explorado, ignoto. A *sinalética parapsíquica* é incógnita para a pessoa que ainda não mapeou, classificou e identificou a real utilidade dos próprios sinais.

Exemplo: *A descoberta de sinalética parapsíquica diferenciando a presença de determinado guia amaurótico do amparador da Tenepes.*

58. **Indagação.** A *indagação* é o ato ou efeito de indagar(-se), perguntar(-se), de procurar saber, tentar descobrir ou investigar a respeito de algo ou alguém. Quem pesquisa a *sinalética parapsíquica* passa a fazer indagações sistemáticas a fim de decifrar os próprios sinais. Indagar-se é a base da autopesquisa.

Exemplo: *Qual a diferença entre a sinalética parapsíquica da energia gravitante positiva e da negativa?*

59. **Indicador.** O *indicador* é fator indicando algo. O *mapeamento da sinalética parapsíquica* é indicador da valorização do autoparapsiquismo e da multidimensionalidade. Existem sinais indicadores de desenvolvimento parapsíquico.

Exemplo: *A dragona parapsíquica, o sanpaku e a triscagem ocular são indicadores ou sinais somáticos de desenvolvimento do parapsiquismo da conscin.*

60. **Indício.** O *indício* é fator indicando probabilidade, sinal da existência de algo. A *sinalética parapsíquica* é paraindício da existência ou manifestação de parafato ou parafenômeno. Onde há fumaça há fogo? Nem sempre.

Exemplo: *Ao conhecer determinada pessoa você faz a leitura energética da existência de algo estranho em suas energias. Depois de algum tempo esta pessoa aparentemente calma, apresenta surto emocional seguida de possessão patológica extrafísica.*

61. **Instantaneidade.** A *instantaneidade* é a qualidade do que é instantâneo. De acordo com a *Pensenologia,* o pensene é instantâneo e evoca conjuntamente os pensamentos, sentimentos e energias, conforme a natureza da pensenidade da consciência. Cada pensene pode provocar conexões energéticas com holopensene específico, conscins e consciexes. A sinalética parapsíquica acusa, de modo imediato, a qualidade pensênica para a própria conscin.

Exemplo: *A capacidade de a conscin identificar, de modo imediato, o padrão da autopensenidade a partir da autossinalética parapsíquica.*

62. **Integração.** A *integração* é o ato de incorporar determinado elemento num conjunto. No universo do *mapeamento da sinalética parapsíquica,* é necessário fazer a integração de dados, fatos, parafatos, parapercepções e consciências, a fim de identificar a sinalética parapsíquica no contexto e momento evolutivo.

Exemplo: *A existência de sinaléticas parapsíquicas compostas ou provenientes de dois ou mais veículos de manifestação ao mesmo tempo.*

63. **Inteligência.** A *inteligência* é o conjunto de funções psíquicas e psicofisiológicas contribuindo para o conhecimento, a compreensão da natureza das coisas e do significado dos fatos. É também o modo de julgar e interpretar tais fatos. A *inteligência parapsíquica* engloba as funções parapsíquicas e parapsicofisiológicas, possibilitando compreensão da natureza e significado dos parafatos.

Exemplo: *A capacidade de a conscin concatenar fatos, parafatos, percepções, parapercepções, sinaléticas e sincronicidade, a fim de identificar o conteúdo das ocorrências e dos fenômenos.*

64. **Interação.** A *interação* é a influência mútua ou compartilhada entre dois ou mais veículos de manifestação, consciências ou situações. Pela *Interaciologia,* o mapeamento da sinalética considera inúmeros elementos podendo ser intercruzados ou inter-relacionados a fim de se chegar a determinado padrão parapsíquico ou energético, observado e registrado à conta de sinalética parapsíquica pessoal.

Exemplo: *A olorização peculiar de determinada personalidade familiar do passado, acompanhada de sinalética parapsíquica da presença da consciex, funcionando enquanto fator confirmatório.*

65. **Interligação.** A *interligação* é o ato de ligar entre si duas ou mais coisas. Pelo mapeamento de sinalética parapsíquica é possível identificar a captação de ideias ou exopensenes de consciexes afins.

Exemplo: *Mentes interligadas pelo fenômeno da telepatia ou paratelepatia.*

66. **Interpretação.** A *interpretação* é o ato de interpretar o conteúdo de determinado fato. No contexto da sinalética parapsíquica, a interpretação dos sinais ocorridos em determinados contextos, e na companhia de determinadas pessoas, é fundamental para o registro e mapeamento das sinaléticas.

Exemplo: *A interpretação da sinalética energética parapsíquica pessoal referente ao padrão pensênico ou holopensene de determinada residência habitada, visitada pela primeira vez.*

67. **Investigação.** A *investigação* é o exame minucioso e rigoroso de algo, pessoa ou ocorrência. Pela *Sinaleticologia,* a investigação da *sinalética parapsíquica* valorizada e levada a sério, acelera o desenvolvimento parapsíquico da conscin sensitiva, na vida crítica atual, quando comparada a todas as vidas anteriores.

Exemplo: *A investigação minuciosa de determinado sinal energético parapsíquico, em inúmeros episódios e registros, antes de denominá-lo ou classificá-lo à conta de sinalética parapsíquica pessoal.*

68. **Leitura.** A *leitura* é a maneira de compreender, de interpretar um texto, mensagem ou acontecimento. De acordo com a *Energossomatologia,* a leitura energética é fundamental para a interpretação e decodificação das sinaléticas parapsíquicas, significando o retorno ou a assimilação da mensagem implícita em determinado contexto multidimensional.

Exemplo: *A leitura energética a distância, antes de proferir palestra ou curso, a fim de perscrutar, prever, limpar e preparar o ambiente para o trabalho da tares.*

69. ***Locus minoris resistentiae.*** O *locus minoris resistentiae* é o local mais frágil ou de menor defesa física ou extrafísica do holossoma da conscin. O *locus minoris resistentiae* pode tornar-se sinalética parapsíquica, tendo em vista ser o ponto atingido em primeiro lugar quando ocorre alguma defasagem física ou energética.

Exemplo: *O* locus minoris resistentiae *na região da garganta tendo relação direta com o laringochacra. Na maioria dos casos possui raiz paragenética e pode revelar correlação com o descuido do corpo físico em retrovida.*

70. **Lógica**. A *lógica* é o encadeamento coerente de algo obedecendo a certas leis, convenções, regras ou paradigma. A *Paralógica* é o ramo científico da Conscienciologia estudando o encadeamento coerente dos fatos e parafatos, dentro da cosmovisão do paradigma consciencial: holossomático, multiexistencial, multidimensional, bioenergético, universalista e cosmoético. O mapeamento da sinalética parapsíquica está apoiado na Paralógica e exige do pesquisador(a) maior abertismo e neofilia quanto à abrangência das abordagens autopesquisísticas.

Exemplo: *A identificação de determinada sinalética parapsíquica multimilenar.*

71. **Lucidez.** A *lucidez* é a capacidade de a consciência, conscin ou consciex, estar atilada, consciente, ter o autodiscernimento, compreender, ter clareza de ideias e de expressão, acuidade para o relevante e prioritário quanto à evolução, denotando inteligência evolutiva.

Exemplo: *A recuperação de cons e acesso à holomemória (retrocognições) desde os 8 anos de idade na vida humana. A evidência da lucidez pelo mapeamento da sinalética parapsíquica desde a infância.*

72. **Mapeamento.** O *mapeamento* é o ato de mapear, fazer o diagrama, quadro ou gráfico para representar o objeto a ser mapeado. O mapeamento da sinalética parapsíquica é o esquadrinhamento holossomático dos sinais energéticos, parapsíquicos pessoais. O ideal é a conscin interessada elaborar esquema gráfico para representar os pontos identificados no holossoma relativos ao mapeamento da sinalética parapsíquica energética pessoal.

Exemplo: *A partir de figura ou desenho da representação do holossoma, marcar com caneta e apontar o significado das sinaléticas parapsíquicas identificadas e classificadas. (V. Apêndice 1 – Gráfico do Mapeamento da Sinalética Somática).*

73. **Medo.** O *medo* é a sensação de insegurança ou aflição diante de perigo, fato ou parafato ameaçador, podendo ser real ou imaginário. O medo da morte ou a tanatofobia é a mãe de todos os medos. Quem enfrenta a si mesmo, a partir da autopesquisa e, principalmente, quando experimenta a projeção lúcida, elimina em definitivo o medo da morte. O mapeamento da sinalética é enfrentamento autoparapsíquico e consciencial.

Exemplo: *A sinalética parapsíquica correspondente a mau presságio, ao invés de causar medo e insegurança, promove o estado de alerta racional e equilibrado, na conscin lúcida.*

74. **Mensagem.** A *mensagem* é a informação transmitida no processo de comunicação. A comunicação pode ser interconsciencial e interdimensional. Pela *Sinaleticologia,* toda sinalética parapsíquica possui determinada mensagem a ser interpretada pelo parapsiquista ou sensitivo.

Exemplo: *A percepção de sinalética parapsíquica de arrepio agradável no alto da cabeça, fora de contexto específico, pode não ser de fácil identificação da mensagem. No contexto de orientação de escrita a autoranda, por exemplo, pode representar a conexão com o amparador de função do assistente.*

75. **Minudência.** A *minudência* é o rigor, cuidado, atenção, observação dos mínimos detalhes na manifestação consciencial. Pela *Despertologia,* a *sinalética parapsíquica* é fator fundamental na parasseguranca multidimensional.

Exemplo: *A percepção energética ou sinalética confirmadora na melhor escolha da poltrona no ônibus de viagem, tanto do ponto de vista da segurança, quanto do ponto de vista do passageiro de companhia.*

76. **Momento.** O *momento* é a ocasião específica no aqui e agora multiexistencial. Pela *Evoluciologia,* existe o *momento evolutivo:* fase, situação ou contexto evolutivo da conscin, em seu entorno grupocármico, levando em conta limitações, possibilidades e nível de maturidade consciencial.

Exemplo: *A identificação de sinalética parapsíquica de extrapolação parapsíquica ou acima da média para o atual momento evolutivo.*

77. **Monitoramento.** O *monitoramento* é o ato de acompanhar ou fazer o *follow-up* do decurso de algo, tarefa ou operação. No processo de *mapeamento da sinalética,* é necessário haver o monitoramento dos sinais somáticos, energéticos, parapsíquicos e mentaissomáticos até serem considerados sinaléticas propriamente ditas.

Exemplo: *O sinal energético identificado pela primeira vez deve ser registrado e monitorado, visando mapear a recorrência e possível confirmação de significado.*

78. **Morfologia.** A *Morfologia* é o estudo da forma, da configuração e da aparência externa da matéria de determinado órgão ou ser vivo. Pela *Harmoniologia,* a estética e a beleza representam a forma ideal dos locais, objetos ou pessoas do ponto de vista somático ou intrafísico.

Exemplo: *O soma feminino com estética harmoniosa e beleza física, sendo fator de ampliação da força presencial.*

79. **Nuança.** A *nuança* é a diferença sutil entre elementos, mais ou menos similares, postos em contraste. No estudo do mapeamento da sinalética energética parapsíquica, a nuança pode ajudar na classificação ou diferenciação das sinaléticas com características similares.

Exemplo: *A diferença sutil entre a sinalética parapsíquica de percepção da presença da consciex e o rastro energético positivo deixado por ela.*

80. **Obscuro.** O *obscuro* é algo, situação, fato, parafato, fenômeno ou parafenômeno de difícil compreensão ou explicação. No universo do mapeamento da sinalética parapsíquica, o ideal é eliminar todo sinal ou parapercepção ainda obscuro

do ponto de vista do conteúdo ou mensagem. Os registros e posteriores análises podem ajudar no clareamento e autodiscernimento a respeito da sinalética em estudo.

Exemplo: *O sinal ao modo de pressentimento ou sentimento de que algo está para ocorrer.*

81. **Observação.** A *observação* é o procedimento científico de investigação, consistindo no exame atento de fato, parafato, fenômeno ou parafenômeno, envolvendo instrumentos de mensuração e registro, para posterior análise (V. verbete da Enciclopédia da Conscienciologia, Senso de Observação).

Exemplo: *Observar e registrar continuamente a autossinalética parapsíquica, a fim de deslindar o conteúdo e principalmente a utilidade prática da mesma.*

82. **Padrão.** O *padrão* é a base de comparação validada enquanto modelo em consenso geral por determinado órgão ou instituição oficial. O padrão de homeostase holossomática é referencial para a identificação de sinalética parapsíquica sinalizadora de interferência.

Exemplo: *Mal-estar sem causa física aparente, pode ter o significado de assim antipática.*

83. **Para-anamnese.** A para-anamnese é o exame extrafísico do holossoma. Da mesma forma que os médicos fazem a *anamnese* dos pacientes, a partir do histórico dos *sintomas relembrados* pelos mesmos, existe a para-anamnese, a partir do registro do histórico dos sinais e sinaléticas identificados e lembrados pela conscin de modo particular.

Exemplo: *A recorrência registrada de arrepio no alto da cabeça, configurando a sinalética de presença de amparador de função.*

84. **Para-autodiagnóstico.** O *diagnóstico* é a ação ou faculdade de discernir sobre algo. A partir da sinalética é possível

fazer o *para-autodiagnóstico* e discernir sobre os aspectos saudáveis e patológicos do holossoma.

Exemplo: *A identificação de sinalética parapsíquica relativa à assimilação de energias gravitantes no energossoma, formando bloqueio encefálico.*

85. **Particularidade.** A *particularidade* é a qualidade ou característica do que é particular, peculiar, singular, sendo pequeno elemento ou circunstância, detalhe ou pormenor. Geralmente algo peculiar chama a atenção de quem tem o hábito de observar os detalhes. Pela *Sincronologia,* um inseto exótico pode tornar-se elemento de alerta ou mensagem silenciosa.

Exemplo: *O aparecimento de inseto em forma de folha envelhecida utilizando a própria forma física para se camuflar na natureza e se proteger dos predadores.*

86. **Pegada.** A *pegada* é a marca deixada pelo pé ao pisar no chão. Existem *sinaléticas parapsíquicas retrocognitivas* criadas em vidas passadas, úteis no presente-futuro.

Exemplo: *O ato reflexo de unir o dedo polegar e o indicador a fim de entrar em equilíbrio ou acalmar-se, diante de situação tensa. Por hipótese, pode ser retrossinalética de autoproteção, prática parecida com a utilizada pelos orientais na religião budista.*

87. **Percepção.** A *percepção* é o ato de perceber, a faculdade de apreender por meio dos sentidos ou da mente, a impressão ou intuição. O uso da percepção pessoal ou autopercepção, é o primeiro passo para o mapeamento da sinalética parapsíquica. A parapercepção é o refinamento da percepção e envolve a apreensão do holossoma, das múltiplas dimensões (física, energética, extrafísica e mentalsomática) e das consciências em seus diversos estados conscienciais ou existenciais (conscin, consciex, projetado).

Exemplo: *Prestar atenção e perceber quando alguém está dirigindo o olhar na sua direção.*

88. **Parapsiquismo.** O *parapsiquismo* é a capacidade de a consciência humana apreender ou perceber fenômenos além do próprio psiquismo, dos sentidos humanos e da dimensão física.

Exemplo: *A parapercepção da presença de consciência extrafísica ou consciex.*

89. **Perscrutação.** A *perscrutação* é o ato de examinar, indagar, perquirir, investigar rigorosamente determinado fato, parafato (objetivo), percepção ou parapercepção (subjetivo).

Exemplo: *O ato de aprofundar a análise a fim de identificar o conteúdo de determinado fenômeno.*

90. **Pista.** A *pista* é a indicação e orientação quanto a algum caminho ou descoberta. A sincronicidade aliada à parapercepção da sinalética, quando *seguida* de perto pode ser pista mais concreta de determinado fato ou parafato.

Exemplo: *A identificação de adesivo na porta, contendo nome de empresa e slogan, fazendo sentido e apontando sinergismo e sincronicidade com a hipótese de personalidade consecutiva estudada.*

91. **Predição.** A *predição* é o ato ou efeito de predizer ou anunciar algo que irá acontecer no futuro. É também o prognóstico do desenvolvimento ou resultado de determinada situação. A partir da *sinalética parapsíquica* é possível fazer a leitura antecipada de ambientes e prever fatos ou parafatos.

Exemplo: *A predição ou anúncio de acidente em auditório, envolvendo aparelhos físicos, a partir da sinalética de pressão negativa de energias gravitantes no ambiente.*

92. **Precaução.** A *precaução* é a medida antecipada visando prevenir um mal. A sinalética parapsíquica podc ajudar na precaução de erros e miniacidentes de percurso.

Exemplo: *A conscin percebe sinalética parapsíquica ou sinal de que não deve ir a determinado local. Mais tarde fica sabendo ter ocorrido acidente no mesmo local.*

93. **Precognição.** A *precognição* é o ato de prever algo que irá ocorrer. Certas sinaléticas parapsíquicas podem funcionar tal qual premonição, devido ao padrão de repetição da mesma e classificação.

Exemplo: *A sinalética parapsíquica correspondente à visita de determinada conscin ou consciex.*

94. **Prenúncio.** O prenúncio é o que precede e anuncia, por indícios, determinado acontecimento. A sinalética parapsíquica, quando identificada e interpretada, pode ser utilizada ao modo de precognição fatual ou parafatual.

Exemplo: *A sinalética parapsíquica correspondente à determinada ocorrência da natureza, por exemplo, tempestade.*

95. **Presságio.** O *presságio* é a sensação, sentimento ou sinal pelo qual determinadas pessoas dizem conseguir prever ou antever o futuro. É também o indício de algo que está para acontecer. A sinalética é o conjunto de sinais favorecendo a antevisão de fatos e parafatos a fim de se prevenir ocorrências indesejáveis.

Exemplo: *A sinalética parapsíquica correspondente às tomadas de decisão, de cunho mais ou menos cosmoético. A conscin testa a si mesma ao imaginar determinada tomada de decisão quanto à alternativa "A" e depois com a alternativa "B".*

96. **Pressentimento.** O *pressentimento* é o conhecimento prévio do que vai acontecer, obtido por intuição, previsão, palpite ou presságio. A sinalética parapsíquica quando valorizada torna-se alerta confiável, substituindo a intuição pela certeza da parapercepção.

Exemplo: *A sinalética parapsíquica psicossomática ou a partir de determinado sentimento a respeito de fatos vindouros.*

97. **Prospecção.** A *prospecção* é a sondagem dos sentimentos e pensamentos alheios, bem como das energias do holopensene local. A sinalética parapsíquica pode funcionar enquanto sondagem cosmoética de conscins, consciexes e ambientes.

Exemplo: *A sinalética parapsíquica correspondente à detecção da verdade ou da mentira quando determinada pessoa está se expressando.*

98. **Prudência.** A *prudência* é a calma, ponderação, sensatez ou paciência ao tratar de assunto delicado ou difícil. A sinalética parapsíquica interassistencial pode indicar o momento certo de falar e de calar.

Exemplo: *Ao iniciar determinada abordagem interassistencial tarística, o assistente pode perceber sinalética parapsíquica indicadora para amenizar ou escancarar a questão para a consciência assistida. Tal sinalética pode ser acompanhada de inspiração telepática do amparador de função.*

99. **Psiquismo.** O *psiquismo* é o conjunto de conteúdos da consciência humana ou dos estados e processos que estão na base da experiência subjetiva e do comportamento, possuindo ligação mais ou menos consciente com a percepção, o pensamento, a lembrança, a sensibilidade, a motivação e a ação.

Exemplo: *A percepção de estar sendo observado, mesmo indiretamente ou pelas costas (V. Capítulo 18).*

100. **Raciocínio.** O *raciocínio* é o exercício da razão pelo qual se procura alcançar o entendimento de atos, fatos e parafatos e, a partir de determinadas premissas, é possível formular ideias e tirar conclusões. Para compreender o conteúdo da

sinalética parapsíquica ou sincronicidade é necessário utilizar o raciocínio lógico.

Exemplo: *Ao receber determinado telefonema relativo à proposta de trabalho a conscin sente mal-estar. Diante dos fatos e parafatos o ideal é utilizar o raciocínio lógico antes de aceitar tal proposta.*

101. **Rasto.** O *rasto* ou *rastro* é a trilha deixada por animal ou pessoa. As consciências deixam seus rastros pensênicos por onde passam. Quem possui a sinalética da leitura energética, poderá constatar e diferenciar rastros positivos dos negativos. Dificilmente a conscin não deixa qualquer tipo de rastro.

Exemplo: *A visita de determinada pessoa no ambiente da Instituição Conscienciocêntrica, deixando rasto positivo e harmônico, perceptível aos presentes.*

102. **Recorrência.** A *recorrência* é a repetição continuada ou o reaparecimento de determinados sintomas ou sinais. A recorrência de determinados sinais reaviva a memória demarcando o mapeamento de determinada sinalética parapsíquica.

Exemplo: *O arrepio (sensação de banho energético) provocado pela terceira vez ao contar o mesmo parafato ou ocorrência extrafísica para pessoas diferentes. Neste caso pode ser considerada sinalética de confirmação do parafato.*

103. **Referência.** A *referência* é a relação de elementos entre si. Toda sinalética parapsíquica possui referência no mínimo com algum veículo de manifestação da consciência.

Exemplo: *A sinalética de cunho mentalsomático e inspiracional.*

104. **Reflexo.** O *reflexo* é o que não atua ou não se produz diretamente. A *sinalética parapsíquica* pode representar reflexo da dimensão extrafísica na dimensão física da vida humana.

Exemplo: *A sinalética parapsíquica da presença de consciex inspiradora mentalsomática no ambiente da escrita na própria casa.*

105. **Registro.** O *registro* é a ação de registrar. Este ato simples, quando feito de modo sistemático, traz maior seriedade e valorização ao estudo e mapeamento da sinalética parapsíquica.

Exemplo: *Ter sempre à mão caneta e papel a fim de anotar toda e qualquer sinalética ou sincronicidade percebida.*

106. **Relação.** A *relação* é a vinculação, ligação ou conexão de alguma ordem entre pessoas, fatos, parafatos ou coisas. Diante do estudo e mapeamento da sinalética parapsíquica, é necessário estar sempre atento quanto às relações e o sinergismo entre fatos e parafatos, e, principalmente, entre as consciências em questão, conscins e consciexes. A sincronicidade só é percebida pela pessoa atenta às relações. Sem apelar para o misticismo, o que para a maioria das pessoas pode parecer algo banal, para a conscin parapsíquica lúcida pode ter grande significado.

Exemplo: *O encontro "casual" com 3 alunos: uma aluna acabara de se formar em noite anterior e casal, também de alunos, estiveram presentes na mesma colação de grau para prestigiar outros colegas. Antes da ocorrência não havia contato com os alunos há mais de 2 anos. Por hipótese, pode ter ocorrido a sincronicidade em virtude de algum tipo de interassistência em curso. Os três alunos tinham muita afinidade com esta autora-professora.*

107. **Repercussão.** A *repercussão* é reflexo, efeito, impacto ou influência provocado por determinada ação. Quanto mais atenta estiver a conscin, mais irá perceber que, para cada ação, existe sinalética parapsíquica correspondente. É a resposta do *Universo* pela manifestação do seu micro*universo* consciencial.

Exemplo: *O pensene ou evocação de determinada consciência atrai as energias e repercussões (sinaléticas parapsíquicas) positivas ou negativas relativas à condição atual da relação com tal conscin ou consciex evocada.*

ð ***V. Reflexo; Reverberação.***

108. **Repetição.** A *repetição* é o ato de acontecer de novo a mesma ocorrência, situação, fato, ou parafato. No âmbito da *Sincronologia* as repetições ou os eventos recorrentes podem antecipar ou sinalizar determinado fato ou parafato e ao mesmo tempo servem tal qual sinalética parapsíquica externa.

Exemplo: *Você escuta a expressão "preciso capitalizar" 3 vezes no mesmo dia, em situações com pessoas diferentes. Fica evidente ser este tema importante e relevante no atual momento evolutivo e deve-se tomar alguma providência a este respeito. No mínimo a mensagem é: gastar menos e poupar mais até capitalizar-se.*

ð ***V. Recorrência***

109. **Resposta.** A *resposta* é a reação a estímulo, dependendo deste para realizar-se. A sinalética parapsíquica é estímulo, interno ou externo, à espera de resposta ou atitude por parte da conscin lúcida.

Exemplo: *A sinalética energética parapsíquica característica de assimilação simpática (assim), indicando a necessidade de desassimilação energética (desassim).*

110. **Resquício.** O *resquício* é o sinal indicativo de que alguém ou algo esteve presente em determinado lugar ou manifestou-se de algum modo, deixando vestígio de sua passagem.

Exemplo: *O perfume pode denunciar alguém que esteve presente. As energias gravitantes ou as energias saudáveis de outrem também.*

ð ***V. Rastro***

111. **Ressonância.** A *ressonância* é a repercussão de pensenes, ocorrências, fatos ou parafatos de igual padrão.

Exemplo: *Os pensenes de padrão avançado de determinada consciex evoluída provocam ressonância nas conscins mais lúcidas ou afeitas às ideias transmitidas no ambiente, por exemplo, das Minitertúlias Conscienciológicas apresentadas no Tertuliarium. Tal ressonância pode ser percebida também a partir de sinalética parapsíquica específica.*

112. **Reverberação.** A *reverberação* é o ato de provocar algum tipo de repercussão, eco ou reflexo sobre consciências, ambientes ou objetos. No âmbito da Sinaleticologia e da Sincronologia, a ação na dimensão intrafísica pode reverberar na dimensão energética (dimener), na dimensão extrafísica e até na dimensão mental. O inverso também é verdadeiro: determinado parafato pode reverberar ou repercutir na dimensão física.

Exemplo: *O relato de determinado parafato pode provocar a sinalética energética de confirmação do mesmo parafato.*

ð ***V. Reflexo; Repercussão.***

113. **Sampaco.** O *sampaco* ou *sanpaku* parapsíquico é a posição da íris um pouco acima, deixando a mostra o branco dos olhos acima da pálpebra, fazendo com que a pessoa tenha um aspecto de sonolência permanente. É sinal físico, e até certo ponto, estigma parapsíquico positivo e avançado, característico da pessoa sensitiva, hipnotizável e que possui facilidade em descoincidir os veículos de manifestação da consciência: soma, energossoma, psicossoma e mentalsoma. É capaz de provocar de modo natural inúmeros fenômenos parapsíquicos, sem, no entanto estar necessariamente lúcida para tal fato.

Exemplo: *De modo coloquial é a pessoa permanentemente com olhar sonolento ou de "peixe morto".*

114. **Senha.** A *senha* é a marca ou indicação para entender algo ou se chegar ao conhecimento dela, podendo ser sinal ou indício de algo. A *retrossenha* é sinal criado pela própria consciência para a recuperação de cons e acesso à autocognição holomnemônica.

Exemplo: *A dragona parapsíquica, sendo um sinal físico funcionando enquanto retrossenha de passagem de bastão para si mesmo quanto ao desenvolvimento parapsíquico; o* apelido ou *nome de plume* de vida passada usado para acesso mnemônico da vida atual; a palavra-senha; a situação-senha; a pessoa-senha; a retrossenha.

115. **Sensação.** A *sensação* é o processo pelo qual determinado estímulo externo ou interno provoca reação específica, produzindo percepção. Pela sensação somática, energética ou psicossomática é possível identificar as parapercepções, registrar as repetições e mapear a sinalética.

Exemplo: *A sensação de estar sendo observado, mesmo estando de costas ou de olhos fechados.*

116. **Sensibilidade.** A *sensibilidade* é a faculdade de receber informações sobre as mudanças no meio (externo ou interno) gerando determinada reação. Envolve também a capacidade de estar atento e ter receptividade. A sinalética é percebida a partir da ampliação da sensibilidade ou da percepção extrassensorial (PES) da conscin.

Exemplo: *Existem muitos relatos de sobreviventes de acidentes graves, ao passarem por experiência da quase-morte (EQM), percebem a ampliação da sensibilidade perante os sentimentos pessoais e dos outros, podendo, a partir daí, serem considerados sensitivos. Na realidade, houve a ampliação da capacidade de fazer acoplamento áurico e assimilação simpática. O próximo passo é fazer a identificação das próprias sinaléticas.*

117. **Sensitivo.** O *sensitivo* é a pessoa predisposta ou mais receptiva a impressões sensoriais internas e externas, tendo relação com os sentidos e sensações percebidas.

Exemplo: *A leitura holosférica de pessoa sentada ao seu lado numa plateia de palestra.*

118. **Sentido.** Pela Fisiologia, *sentido* é a faculdade de perceber modalidade específica de sensações, que correspondem a determinados órgãos – os sentidos somáticos classificados: tato, visão, audição, paladar, olfato, dor, sensação de temperatura, dentre outros. Popularmente foi denominada de *sexto sentido* a capacidade de a pessoa sensitiva perceber além dos sentidos físicos.

Exemplo: *A percepção da presença de consciex no próprio campo energético ou no mesmo cômodo em que esteja.*

119. **Significado.** O *significado* ou a *significação* é a acepção, sentido ou representação mental relacionada a determinada forma linguística, sinal, conjunto de sinais, fato, *parafato,* gesto, ou signo. Toda *sinalética identificada* possui significado a ser interpretado pela conscin sensitiva ou parapsíquica lúcida.

Exemplo: *A sinalética mentalsomática do silêncio e acalmia mental significando a presença de um amparador ou consciex evoluída.*

120. **Signo.** O *signo* é o tudo que significa algo para alguém, podendo ser sinal indicativo ou símbolo. Existem muitas maneiras de perceber a sinalética em seu sentido mais amplo, uma delas é a partir de determinados símbolos ou signos. Às vezes determinado desenho ou signo pode ter significado específico para a ocasião.

Exemplo: *Numa formação de nuvens no céu, forma-se determinado animal, um gato, por exemplo, fazendo lembrar determinado gato específico, sendo evocado e assistido de modo instantâneo.*

121. **Sinal.** O *sinal* é qualquer manifestação permitindo conhecer, reconhecer ou prever determinado fato. No universo da *Sinaleticologia* o sinal interno (holossoma) ou externo (sincronicidade, mensagens silenciosas) é a unidade de medida da sinalética. Um conjunto de sinais pode perfazer determinada sinalética parapsíquica, energética, psicossomática e mentalsomática da conscin lúcida. É preciso saber identificar a sinalética energética no contexto de cada situação.

Exemplo: *A pessoa percebe a queda de sua resistência física e indisposição ou quadro gripal quando se aproxima algum evento que irá lhe exigir maior estofo energético. Isto demonstra trafar, o* locus minoris resistentiae *ou fato de a conscin ainda precisar se fortalecer para enfrentar, de modo saudável, qualquer empreitada energética.*

122. **Sinalética.** A *sinalética* é o conjunto de sinais internos (holossoma) e / ou externos (múltiplas dimensões, conscins, consciexes, contexto, situação, sincronicidade, sinergismos, mensagens silenciosas) identificados pela conscin sensitiva ou parapsíquica lúcida, capaz de abstrair o conteúdo ou mensagem, estabelecendo sentido e auxiliando na tomada de decisões, na atitude profilática a respeito do próprio destino ou do seu grupo evolutivo.

Exemplo: *A sinalética energética de sensação de esquentamento no plantochacra podendo significar um sinal de alerta para a conscin ficar mais atenta.*

123. **Sinalização.** A *sinalização* é o conjunto dos sinais luminosos, visuais ou acústicos utilizados enquanto meio de comunicação. Segundo a *Sinaleticologia,* a sinalização é metáfora da sinalética do ponto de vista multidimensional. Por outro lado, na dimensão física pode haver sinalizações visuais, luminosas e acústicas para alertar a conscin a tomar determinada atitude interassistencial ou cuidar da própria segurança pessoal.

Exemplo: *O pisca-alerta luminoso do carro parado no meio da pista movimentada, avisando os motoristas da necessidade de reduzirem a velocidade e desviarem.*

124. **Sincronia.** A *sincronia* é o estado ou condição de dois ou mais fenômenos, fatos ou parafatos ocorrerem simultaneamente, relacionados entre si ou não. Pela *Sincronologia,* a sincronia em si relaciona fatos e parafatos pela lógica ou paralógica das ocorrências simultâneas, devendo haver conteúdo a ser extraído de tal ocorrência *sui generis.*

Exemplo: *Encontro casual de pessoas em férias em local distante da cidade de origem ou onde residem.*

125. **Sincronicidade.** A *sincronicidade* é o conjunto de coincidências significativas. Pela *Sincronologia,* a sincronicidade pode conter conteúdos simples ou complexos, intra ou extrafísicos. Podendo ter relação com o fluxo do Cosmos, ou o maximecanismo evolutivo, e com a interassistência. Nestes casos pode ocorrer a parassincronicidade.

Exemplo: *Ao olhar o relógio e verificar a hora marcada 11:11:11. Qual o conteúdo deste fenômeno? No mínimo a pessoa ficará curiosa e mudará o bloco de pensamentos para algo mais positivo. A parassincronicidade estaria ligada a um conjunto de sinais sincrônicos favorecendo de algum modo a interassistência em curso.*

126. **Sinergismo.** O *sinergismo* é interação do movimento, do esforço simultâneo ou da coesão de ação em determinada direção. O sinergismo cosmoético une as consciências numa mesma direção evolutiva.

Exemplo: *O voluntariado conscienciológico em Instituição Conscienciocêntrica (IC), sem fins de lucro, representando o sinergismo entre equipes intrafísicas e equipes extrafísicas.*

127. **Síntese.** A *síntese* é o método, processo ou operação consistindo em reunir elementos diferentes, concretos ou abstratos, e fundi-los num todo coerente. A unidade de medida ou síntese do *mapeamento da sinalética energética parapsíquica pessoal* é a valorização da comunicação interassistencial e multidimensional pela conscin parapsíquica lúcida.

Exemplo: *O megassinal interassistencial da conscin parapsíquica pode ser a megassíntese do seu atual nível evolutivo. A dragona parapsíquica é exemplo disso.*

128. **Sintoma.** O *sintoma* é o fenômeno subjetivo, relativo ao mal-estar, percebido pela conscin, ao tentar chegar ao diagnóstico de quadro doentio. Existem sintomas sem explicação e sem conotação direta com algum tipo de doença, podendo ser considerados um tipo de sinalética parapsíquica.

Exemplo: *A sensação recorrente de mal-estar e enjoo quando alguém não está dizendo a verdade.*

129. **Sintonia.** A *sintonia* é a simpatia aproximando duas ou mais pessoas provocando a sintonização. Determinado pensene pode colocar a conscin instantaneamente em sintonia com as consciências afinizadas com os mesmos tipos de pensenes, podendo ser positivos ou negativos.

Exemplo: *Ao se interessar pelo assistido, há a conexão com o amparador da consciência e união de esforços interassistenciais.*

130. **Sondagem.** A *sondagem* é a investigação metódica de determinado fenômeno ou parafenômeno. O *mapeamento da sinalética energética parapsíquica* exige sondagem ou investigação constante a fim de classificar e qualificar as sinaléticas.

Exemplo: *A sondagem da mesma sinalética parapsíquica de mesmo significado ocorrida em situações díspares.*

131. **Sutileza.** A *sutileza* é o detalhe quase imperceptível, particularidade, minúcia ou finura. A qualidade do realizado sem alarde, discretamente. No universo da sinalética parapsíquica interassistencial, qualquer mudança de padrão pode representar em si chamariz ou sinal de algo a ser feito.

Exemplo: *Ao verificar a etiqueta da roupa recém-adquirida, deparar com a marca de nome "Chacra", denotando ligação com as autopesquisas em andamento.*

132. **Teste.** O *teste* é o exame crítico ou prova de qualidade de determinada consciência, objeto ou local.

Exemplo: *O teste de perceber a sinalética parapsíquica relacionada à iscagem de consciex a ser assistida e posterior confirmação.*

133. **Triscagem.** A *triscagem* é o movimento dos globos oculares de modo rápido ou ligeiro. A *Parafenomenologia* estuda a triscagem oftalmológica parapsíquica, ou a triscagem ocular, da conscin parapsíquica. A *triscagem ocular parapsíquica* é *sinal* de desenvolvimento parapsíquico avançado da conscin ectoplasta. Quando o caso é positivo, o ideal é fornecer o máximo de instrumentos cognitivos do ponto de vista da inteligência evolutiva, a fim de a conscin parapsíquica poder desenvolver, ampliar e utilizar o próprio parapsiquismo de modo interassistencial e cosmoético.

Exemplo: *A triscagem parapsíquica é sinal do corpo físico considerado sinalética parapsíquica somática avançada.*

134. **Vestígio.** O *vestígio* é a marca, sinal de alguém que passou ou algo que sucedeu. Pela *Paraelencologia,* existem vestígios ou sinais extrafísicos de consciexes deixando rastro energético positivo após terem visitado ambiente físico; tais sinais podem ser percebidos ao modo de repercussão energética ou sinalética parapsíquica nas conscins sensitivas.

***Exemplo:** A visita de consciex com nível de evoluciólogo ao tertuliarium, fomentando a criatividade e a criação de neoverpons em holopensene mais arejado e inovador.*

ð ***V. Resquício.***

135. **Zonas erógenas.** As *zonas erógenas* são as regiões mais sensíveis do corpo humano do ponto de vista dos estímulos sexuais, tanto na mulher quanto no homem. De acordo com a Sinaleticologia, o mapeamento da zona erógena pode ser considerado mapeamento da *sinalética somática sexual.*

***Exemplo:** O estímulo realizado pelo parceiro ou parceira da dupla evolutiva em determinada região ou zona erógena desconhecida até para a própria pessoa.*

Aprofundamento. Alguns destes vocábulos e expressões compostas foram explanados em capítulos específicos a fim de aprofundar o tema em questão.

Revisão. O *dicionário sinalético* precisa ser constantemente revisado, ampliado e atualizado.

O CRESCENDO DICIONÁRIO** SINALÉTICO—**DICIONÁRIO** PARAPSÍQUICO—NEUROLÉXICO **AMPLIA A** VERBAÇÃO **PARAPSÍQUICA INTERASSISTENCIAL.

CONCLUSÃO: CONTÍNUO ANÁLISE-SÍNTESE

Análise. Pela *Verponologia,* ou a ciência que estuda as verdades relativas de ponta, quanto mais se pesquisa sobre determinado assunto, maiores serão as chances em se chegar a *novas* conclusões. A pesquisa, quando em andamento, transforma-se num contínuo de análises e sínteses.

Síntese. Eis, então, a síntese e as hipóteses que foram possíveis levantar, até o momento evolutivo, a respeito do estudo teático sobre o tema do *Mapeamento da Sinalética Energética Parapsíquica.*

Autodesenvolvimento. O interesse em desenvolver e mapear a sinalética energética parapsíquica amplia e acelera o desenvolvimento do autoparapsiquismo de modo geral, devido principalmente à utilização lúcida dos atributos emocionais, mentais e extrassensoriais neste processo, tais como, atenção dividida, detalhismo, exaustividade, criticidade e paciência.

Interassistência. A intencionalidade cosmoética e o megafoco interassistencial permanentes qualificam a sinalética energética parapsíquica em prol da exatidão na identificação das demandas dos assistidos.

Parapercepção. Quando um padrão energético externo, sendo de locais ou consciências é semelhante ao padrão energético de manifestação da consciência, torna-se mais complexo percebê-lo, tanto do ponto de vista positivo, quanto do ponto de vista negativo. As consciências afins se atraem, porém nem sempre se percebem, principalmente quando se trata de companhias extrafísicas.

Autocorrupção. Ao que tudo indica a percepção de sinais energéticos patológicos ou a sinalética energética parapsíquica negativa, na própria energosfera pode indicar a mudança de padrão pensênico para melhor e ao mesmo tempo pode sinalizar a existência de algum tipo, mesmo que mínimo, de afinidade com o padrão negativo reverberado do assistido.

Autopesquisa. A sinalética parapsíquica pode ser considerada grande ferramenta de autoconscienciometria. A partir da sinalética energética parapsíquica, principalmente de base nosográfica, é possível identificar qual padrão de autocorrupção, trafar ou trafal está relacionado.

Eliminação. Á medida em que a conscin percebe que as sinaléticas parapsíquicas incomodativas e desagradáveis, têm relação com incoerências e autocorrupções, terá maior motivação para agir de modo cosmoético.

Maturidade. Quando o interassistente conquistar a autossegurança cosmoética conseguirá perceber os sintomas e sinais de desequilíbrio do outro em si, sem se desequilibrar.

Desperticidade. O ser desperto não sofre mais com os sinais patológicos ou padrões negativos de seus assistidos, pois estes não encontram ressonância em sua pensenidade ou energias.

Ortopensenidade. Paradoxalmente, pela lógica quanto maior a ortopensenidade e a homeostase energossomática, maior será a percepcepção de energias contrárias ou nosográficas.

Prevenção. Em tais condições, a sinalética energética parapsíquica irá anunciar, ou melhor, denunciar com maior rapidez a presença de energias gravitantes negativas e a presença de consciências mal intencionadas, bem antes de as mesmas terem qualquer chance de adentrarem na psicosfera do assistente.

Aprofundamento. Quanto maior for a dedicação da conscin lúcida em compreender melhor o universo da manifestação da sinalética energética parapsíquica, maior será o aprofundamento nas sutilezas, interações e sinergismo dos fatos e parafatos.

Desafio. Ao identificar um amparador, como saber qual é o nível deste na escala da hierarquia evolutiva? No âmbito do aprofundamento do estudo da sinalética energética parapsíquica é importante saber identificar qual o nível evolutivo da consciência extrafísica percebida.

Paraencologia. Temos disponível o perfil da equipex de amparadores descritos pela pesquisador Waldo Vieira na obra "Zéfiro – a Paraidentidade Intermissiva. Mesmo assim, é tarefa de cada conscin intermissivista mapear quais sensações e sinais são identificados na presença de tais amparadores.

Extrapolacionismo. A sinalética energética parapsíquica de reconhecimento de padrão de consciências de nível evolutivo superior ao seu, funciona tal qual um extrapolacionismo, pois indica, de certo modo, quais são os próximos passos na caminhada da sua evolução.

Pesquisa. Aos leitores interessados em aprofundar a pesquisa teática da sinalética energética parapsíquica pessoal sugerimos os seguintes passos:

1. **Natureza.** Tenha mais contato com a natureza, pois a convivência, a troca energética com plantas e animais estimula e expande o energossoma e este fator facilita o desenvolvimento da sinalética energética parapsíquica.

2. **Proatividade.** No primeiro sinal de acomodação perante as autoparapercepções, tome alguma atitude proativa. Faça a autoinvestigação e autopesquisa até conseguir decifrar e compreender o que está ocorrendo em sua energosfera.

3. **EV.** O estado vibracional continua sendo a chave para o desenvolvimento do autoparapsiquismo e também do domínio energético. Quanto maior o esforço e de modo contínuo na técnica do EV, maiores e mais profundos serão os resultados do ponto de vista do desenvolvimento da autossinalética energética e do autoparapsiquismo.

4. **Interassistência.** Registre, escreva, publique e compartilhe seus achados a respeito da sinalética energética parapsíquica. Ainda existem muitas lacunas a serem preenchidas no âmbito da *Sinaleticologia.*

A AUTODESCOBERTA DA *SINALÉTICA ENERGÉTICA* ***CONTRARIA O MUNDO PURAMENTE MATERIAL. UM SINAL CLARO DA*** *MULTIDIMENSIONALIDADE.*

Anexo
e
Apêndices

ANEXO
TAXOLOGIA DOS SINAIS ENERGÉTICOS

Esta listagem objetiva fornecer a taxologia dos 151 sinais energéticos mais comuns percebidos no Holossoma (ZOLET e BUONONATO, 2012, p. 55-58).

Assinale os sinais já identificados por você.

01. Absorção de ECs.
02. Aceleração da digestão.
03. Acumulação de EC.
04. Afluxo de corrente de ar no ambiente.
05. Alterações da respiração.
06. Alterações de temperatura.
07. Alucinações olfativas.
08. Angústia.
09. Ansiedade.
10. Ar frio.
11. Aragem refrescante.
12. Ardência.
13. Arrepio.
14. Assimilações simpáticas.
15. Assincronização com agentes externos.
16. Audição de sibilo, silvo ou assobio em torno de si.
17. Aumento da diurese.
18. Aumento da sudorese.
19. Autoconfiança.
20. Balonamento.
21. Banho energético.
22. Bem-estar.
23. Bloqueio de fluxos energéticos externos.
24. Bocejos desintoxicantes.
25. Calafrio.
26. Calor.

27. Chuveiro de forças indefinidas.
28. Circulação de ECs.
29. Clarividência viajora.
30. Coceiras.
31. Compensações energéticas.
32. Contrações musculares.
33. Crepitação.
34. Decolagem.
35. Desacoplamentos áuricos.
36. Descoincidência vígil.
37. Desintoxicação energética.
38. Devaneio negativo.
39. Disposição positiva.
40. Dormências.
41. Ectoplasmia.
42. Efeitos físicos.
43. Eletricidade interna.
44. Eletrização aliviadora.
45. Eliminação da repleção gástrica.
46. Elongação.
47. Emoção forte.
48. Emotividade estranha a si mesmo.
49. Energização.
50. Entorpecimento.
51. Eriçamento de pelos.
52. Espraiamento dos fluxos energéticos (dispersão).
53. Estado de contemplação.
54. Estado de graça.
55. Estado vibracional.
56. Esticamento.
57. Estímulo.
58. Estremecimentos irresistíveis.
59. Esvaimento.
60. Euforia.
61. Exaustão física.

62. Expansão.
63. Êxtase.
64. Exteriorização de ECs.
65. Exteriorizações energéticas intrafísicas.
66. Ferroadas.
67. Fluidos que trazem a saída de algum peso das costas.
68. Fluidos que trazem imenso desafogo.
69. Fluxos magnéticos intermitentes.
70. Fluxos magnéticos pacificadores.
71. Fogo íntimo potencializador com ardores fugazes.
72. Força de impulsão do fluxo energético (velocidade).
73. Forças nervosas invasoras de agente externo e desconhecido.
74. Formigamentos.
75. Frequência ou pulsação cadenciada do fluxo de ECs (ritmo).
76. Frio.
77. Ideias de tristeza, melancolia, pessimismo.
78. Impressão de presença próxima.
79. Impulsos exteriores.
80. Intensificação do volume do fluxo de ECs.
81. Interferências externas intrusivas.
82. Irritação.
83. Jatos de descarga de ECs (intermitência).
84. Lacrimejamento.
85. Langor agradável.
86. Latejamento.
87. Mal-estar repentino.
88. Miniprojeção.
89. Mioclonias.
90. Monoideísmo.
91. Movimentos involuntários.
92. Névoas na visão.
93. Normalização da assimilação de EIs e dos níveis de ECs.

94. Obnubilação consciencial.
95. Odores.
96. Ondas contínuas.
97. Ondas geladas suaves.
98. Ondas intermitentes.
99. Ondas quentes reconfortantes.
100. Opressão.
101. Palpitação.
102. Percepção de aumento do brilho da luz do ambiente.
103. Percepção de iluminação difusa e brilhante.
104. Percepção de presenças extrafísicas.
105. Percepção distorcida do ambiente.
106. Percepção do sentido, percurso e destino dos fluxos energéticos (direcionamento de ECs).
107. Perda da sensação táctil de solidez nos objetos físicos.
108. Peso.
109. Plenitude.
110. Predisposição à instalação do EV.
111. Pressão.
112. Prurido.
113. Pulsação.
114. Puxamento pelo abdômen.
115. Recordações fantasmas, de coisas não vivenciadas nesta existência.
116. Redução do volume do fluxo de ECs.
117. Reflexão sobre ideias avançadas.
118. Reverberação.
119. Rubor.
120. Sensação de "caminhar no vazio".
121. Sensação de "quatro mãos".
122. Sensação de acoplamento com aparelhos.
123. Sensação de aumento do soma.
124. Sensação de ausência de peso corporal.
125. Sensação de desmaterialização.
126. Sensação de diminuição do soma.

127. Sensação de espaço expandido.
128. Sensação de estar outra pessoa dentro de si mesmo.
129. Sensação de flutuação geral.
130. Sensação de força vigorosa.
131. Sensação de leveza.
132. Sensação de possuir 2 corpos.
133. Sensação do corpo ser uma grande chama.
134. Sensação prazerosa de relaxe.
135. Sensações de abordagem mental.
136. Serenidade alerta.
137. Sincronização com agentes externos.
138. Sincronização dos fluxos energéticos com a respiração.
139. Sincronização dos fluxos energéticos com os batimentos cardíacos.
140. Sonolência.
141. Sons externos ao holossoma e não físicos.
142. Sons intracranianos.
143. Taquicardia.
144. Toque.
145. Transmissões ectoplásmicas extrafísicas.
146. Tremor.
147. Tremores involuntários.
148. Uniformidade do fluxo de ECs de ação contínua (homogeneização).
149. Vacilações efêmeras nas atividades.
150. Varreduras de algo consistente.
151. Ventos frios.

APÊNDICE 1
GRÁFICOS PARA MAPEAR A SINALÉTICA PARAPSÍQUICA NO HOLOSSOMA

1.1. Mapeamento da Sinalética Somática (Androssoma)

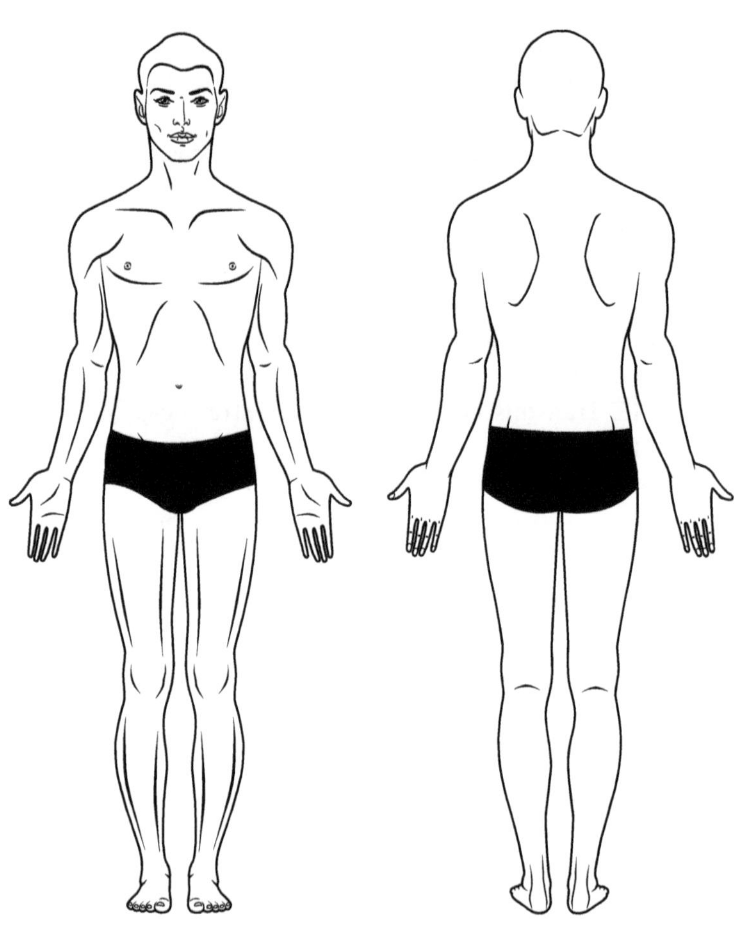

1.2. Mapeamento da Sinalética Somática (Ginossoma)

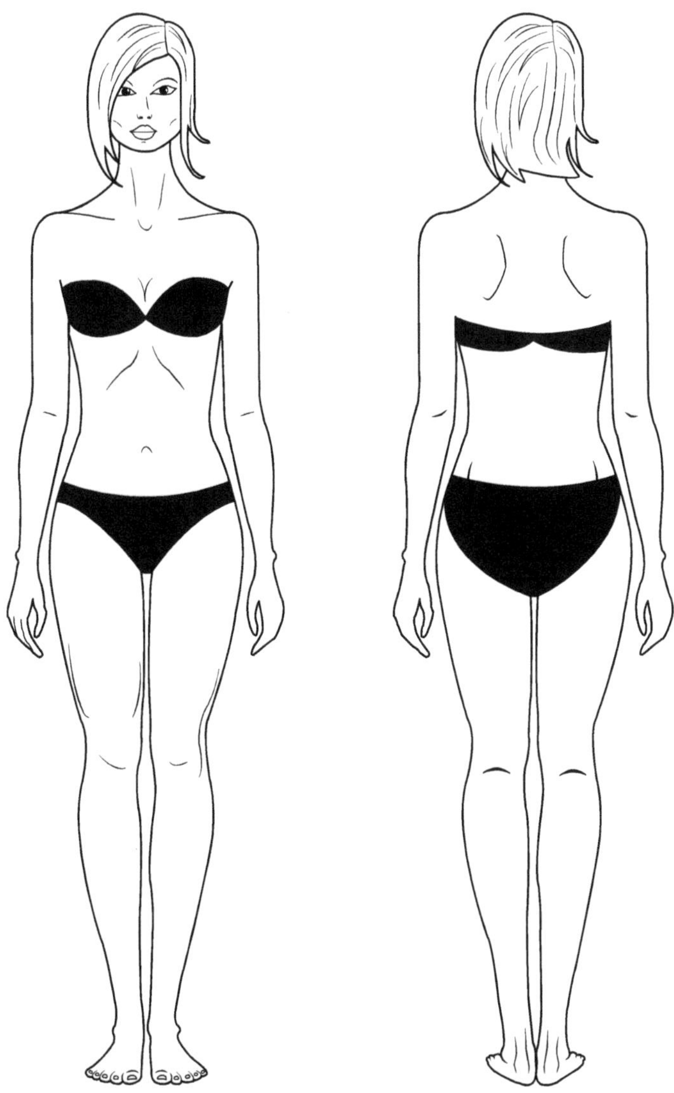

2. Mapeamento da Sinalética Somática Encefálica – 12 Pares Cranianos

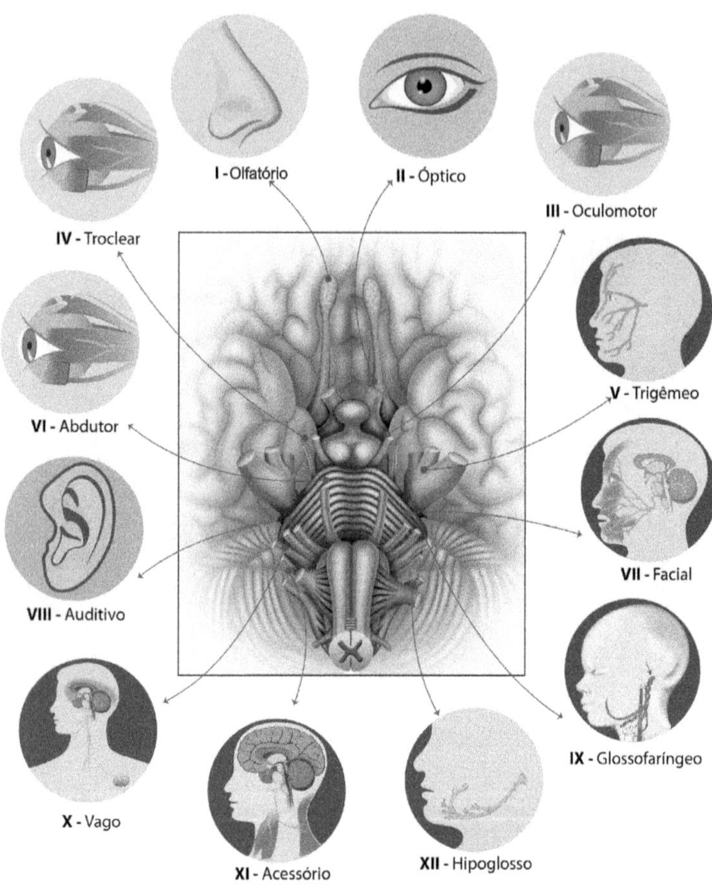

3. Mapeamento da Sinalética Energossomática

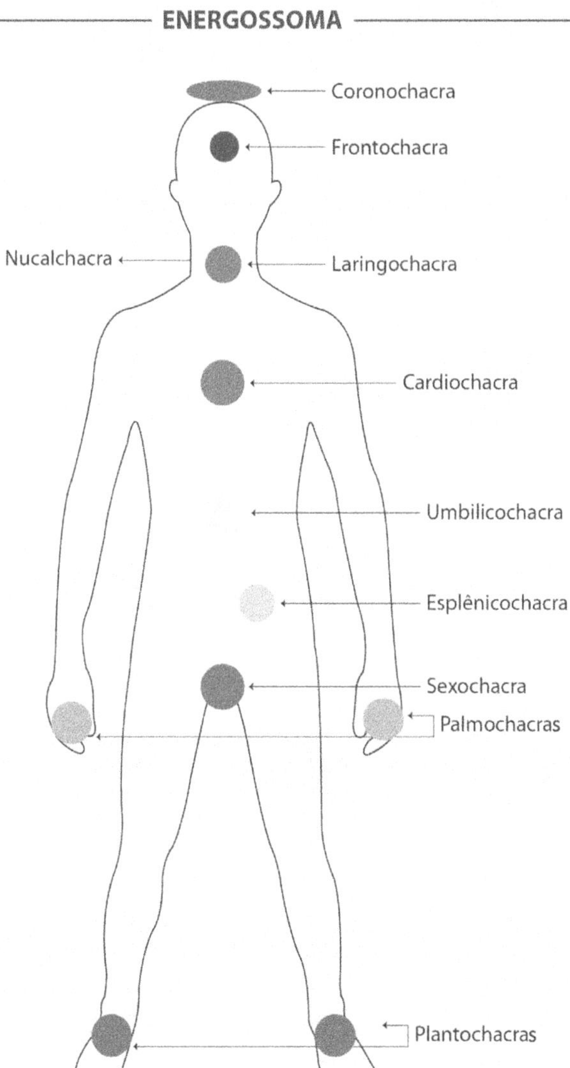

4. Mapeamento da Sinalética Psicossomática

Que emoções estou sentindo agora?

5. Mapeamento da Sinalética Mentalsomática

O que estou pensando agora?
Qual é o padrão de meus pensenes?

APÊNDICE 2
MODELOS DE FORMULÁRIOS PARA MAPEAMENTO DA SINALÉTICA PARAPSÍQUICA

Formulário. Eis modelo de formulário para o mapeamento da sinalética energética parapsíquica pessoal:

<table>
<tr><th colspan="3">Formulário de Autoavaliação da
Sinalética Energética Parapsíquica</th></tr>
<tr><td>Local:</td><td>Data:___/___/____</td><td>Hora:
___:____</td></tr>
<tr><td colspan="3">Companhias:</td></tr>
<tr><td colspan="3">Contexto:</td></tr>
<tr><td colspan="3">Descrição da Sinalética Parapsíquica:</td></tr>
<tr><td colspan="3">Hipótese de Significado:</td></tr>
<tr><td colspan="3">Soma:</td></tr>
<tr><td colspan="3">Energossoma:</td></tr>
<tr><td colspan="3">Psicossoma:</td></tr>
<tr><td colspan="3">Mentalsoma:</td></tr>
</table>

Modelo de Planilha Eletrônica

Acúmulo. O ideal é a conscin lúcida interessada em mapear as próprias sinaléticas criar banco de dados, a fim de fazer o registro de modo contínuo.

Campos. Eis, sugestão de 14 campos, na ordem funcional, utilizados para a criação do banco de dados de mapeamento das sinaléticas parapsíquicas:

01.Descrição do sinal.
02.Data.
03.Horário.
04.Local.
05.Contexto: situação.
06.Pensenes.
07.Análise.
08.Sincronicidades.
09.Ocorrências.
10.Hipótese de significado.
11.Confirmação.
12.Utilização/Aplicação.
13.Classificação/Categoria.
14.Frequência.

Revisão. Será necessário fazer a revisão e o inventário a cada 6 meses e depois a cada ano, a fim de identificar os possíveis padrões e sinaléticas.

Década. Após uma década de registros, é possível estar mais lúcido e afirmar com maior certeza íntima ter conquistado o mapeamento da sinalética energética parapsíquica pessoal nesta existência.

Continuísmo. As sinaléticas evoluem e ampliam, sendo útil manter o exercício de registro e anotação para o resto da vida intrafísica.

REFERÊNCIA BIBLIOGRÁFICA

01. **Abrantes, Mateus;** ***Senso de Observação;*** verbetes; *In:* **Vieira,** Waldo;(Org.); ***Enciclopédia da Conscienciologia Digital;*** 11.034 p.; glos. 2.498 termos (verbetes); 192 microbiografias; 147 tabs.; 191 verbetógrafos; 8ª Ed.; Versão 8.00; *Associação Internacional Editares;* & *Associação Internacional do Centro de Altos Estudos da Conscienciologia* (CEAEC); Foz do Iguaçu, PR; 2013; páginas 9.773-9.777.

02. **Aczel,** Amir D.; ***Bússola: A Invenção que mudou o Mundo;*** 136 p.; trad. Maria Luiza X. de A. Borges; *Jorge Zahar Editor;* Rio de Janeiro, RJ; 2002; páginas 8, 38 e 39.

03. **Arakaki,** Kátia; ***Antibagulhismo Energético: Manual;*** revisores Erotides Louly, Flávio Buononato e Sandra Tornieri; 190 p.; 23 caps.; 22 *E-mails*; 1 foto; 1 minicurrículo; 1 teste; 8 refs.; 2 filmografias; alf.; 21 x 21 cm; br.; *Associação Internacional Editares;* Foz do Iguaçu, PR; 2015; páginas 19, 84, 118 e 126 .

04. **Balona,** Málu; ***Síndrome do Estrangeiro;*** pref. Waldo Vieira; revisores Ana Bonfim; *et al.;* 318 p.; 2 seções; 14 caps.; 13 abrevs.; 19 *E-mails;* 1 entrevista; 28 enus.; 5 escalas; 1 fluxograma; 1 foto; 6 gráfs.; 6 ilus.; 1 microbiografia; 30 tabs.; 3 *websites;* posf.; 4 musicografias; 5 pinacografias; 93 filmes; 380 refs.; 12 webgrafias; 2 apênds.; alf.; 21 x 14 cm; br.; 2ª Ed.; *Instituto Internacional de Projeciologia e Conscienciologia* (IIPC); Rio de Janeiro, RJ; 2006; página 79, 126 e 183.

05. **Idem;** ***Paradoxos da Autodefesa Energética: O Efeito Kriptonita;*** Artigo; *Jornal da Invéxis;* Seção: *A;* Ano 3; N. 6; *Instituto Internacional de Projeciologia;* Rio de Janeiro, RJ; Dezembro, 1997; páginas 10 e 11.

06. **Balona,** Maria Luiza; ***Paradoxo Autodefensivo;*** verbetes; *In:* **Vieira,** Waldo;(Org.); ***Enciclopédia da Conscienciologia Digital;*** 11. 034 p.; glos. 2.498 termos (verbetes); 192 microbiografias; 147 tabs.; 191 verbetógrafos; 8ª Ed.; Versão 8.00; *Associação Internacional Editares;* & *Associação Internacional do Centro de Altos Estudos da Conscienciologia* (CEAEC); Foz do Iguaçu, PR; 2013; páginas 7.973-7979.

07. **Battistella,** Paulo; ***Sinalética Parapsíquica Invexológica;*** verbetes; In: **Vieira,** Waldo; (Org.); ***Enciclopédia da Conscienciologia Digital;*** 11.034 p.; glos. 2.498 termos (verbetes); 192 microbiografias; 147 tabs.; 191 verbetógrafos; 8ª Ed.; Versão 8.00; *Associação Internacional*

Editares; & Associação Internacional do Centro de Altos Estudos da Conscienciologia (CEAEC); Foz do Iguaçu, PR; 2013; páginas 9.876-9.880.

08. **Berlo,** David K.; ***O Processo da Comunicação: Introdução à Teoria e Prática;*** 270 p.; 4ª Ed.; *Editora Fundo de Cultura;* Rio de Janeiro, RJ, 1972; páginas 43, 68, 69 e 97.

09. **Broad,** William J; ***O Oráculo: O Segredo da Antiga Delfos;*** *(The Oracle: The Lost Secrets and Hidden Message of Ancient Delphi);* trad. Regina Lyra; 350 p.; 24 seções; 7 caps.; 1 cronologia; 1 *E-mail;* 8 enus.; 3 fórmulas; 6 fotos; 16 ilus.; 7 mapas; 1 *website;* glos. 138 termos; 1 nota; 159 refs.; alf.; 23 x 16 cm; br.; *Nova Fronteira;* Rio de Janeiro, RJ; 2006; páginas 148, 181 e 205.

10. **Cambray,** Joseph; **Sincronicidade: Natureza e Psique num Universo Interconectado;** *(Synchronicity - Nture & Psyche in a Interconnected Universe);* trad. Caio Liudvik; 216 p.; 5 caps.; 9 ilus.; 170 refs.; ono.; 12 x 18 cm; br.; Editora Vozes; Petrópolis, RJ; 2013; páginas 1-183

11. **Chalcisdensis,** Jámblico; ***Sobre Los Mistérios Egípcios;*** revisora Silvia Lamata Meana; tradução Enrique Ángel Ramos Jurado; 236 p.; 10 seções; Editorial Gredos; Madrid, 1997, página 91-93.

12. **Daou,** Dulce; ***Vontade: Consciência Inteira;*** revisores Equipe de Revisores da Editares; 288 p.; 6 seções; 44 caps.; 23 *E-mails;* 226 enus.; 1 foto; 1 minicurrículo; 1 seleção de verbetes da Enciclopédia da Conscienciologia; 3 tabs.; 21 *websites;* glos. 140 termos; 1 nota; 133 refs.; 17 webgrafias; 1 apênd.; alf.; ono.; 23 x 16 cm; br.; *Associação Internacional Editares;* Foz do Iguaçu, PR; 2014; páginas 77 e 82 a 84.

13. **Fernandes,** I.; & **Machado,** D. I.; ***Laboratórios Conscienciais do CEAEC: Uma proposta para a Pesquisa da Consciência;*** Artigo; *Conscientia;* Revista; Trimestral; Vol. 2; N. 3; Seção: *Artigo Original;* 5 enus.; 2 fotos; 4 refs.; *Centro de Altos Estudos da Consciência;* Foz do Iguaçu, PR; Julho-Setembro, 1998; páginas 103 a 110.

14. **Fernandes,** Pedro; ***Parassinal Evolutivo;*** verbetes; In: **Vieira,** Waldo; (Org.); ***Enciclopédia da Conscienciologia Digital;*** 11.034 p.; glos. 2.498 termos (verbetes); 192 microbiografias; 147 tabs.; 191 verbetógrafos; 8ª Ed.; Versão 8.00; *Associação Internacional Editares; & Associação Internacional do Centro de Altos Estudos da Conscienciologia* (CEAEC); Foz do Iguaçu, PR; 2013; páginas 8.171-8.177.

15. **Gikovate,** Flávio; ***O Bem, o Mal e mais além: Egoístas, Generosos e Justos;*** 12ª Ed.; *MG Editores;* São Paulo, SP; 2005; páginas 12 a 17.

16. **Gladwell,** Malcolm; ***Blink: A Decisão num Piscar de Olhos;*** 254 p.; 6 caps.; 21 x 14 cm; enc.; *Rocco;* Rio de Janeiro, RJ; 2005; páginas 55 a 57.

17. **Gonsalves,** Eiró Paulo; ***Maus Hábitos Alimentares;*** 128 p. *Editora Ágora;* São Paulo, SP; 2001; páginas 17 a 21.

18. **Greimas,** A.J., **& Courtés,** J.; **Dicionário de Semiótica;** (Semiotique, dictionnaire raisonné de la théorie Du langage); trad. Alceu Dias Lima, Diana Luz Pessoa de Barros, Eduardo Peñuela Cañizal, Edward Lopes, Ignacio Assis da Silva, Maria José Castagnetti Sombra, Tieko Yamaguchi Miyazaki; 544 p.; 460 verbetes; 15 x 22 cm; br.; Editora Contexto; São Paulo, SP; 2008; páginas 448-457.

19. **Lascani,** Amin Simon; ***Amparabilidade;*** verbetes; *In:* **Vieira,** Waldo; (Org.); ***Enciclopédia da Conscienciologia Digital;*** 11.034 p.; glos. 2.498 termos (verbetes); 192 microbiografias; 147 tabs.; 191 verbetógrafos; 8ª Ed.; Versão 8.00; *Associação Internacional Editares;* & *Associação Internacional do Centro de Altos Estudos da Conscienciologia* (CEAEC); Foz do Iguaçu, PR; 2013; páginas 495-499.

20. **Leimig,** Roberto de A.; ***Biodiversidade no Campus CEAEC;*** Artigo; *Conscientia;* Revista; Trimestral; Vol. 14; N. 3; Seção: *Temas da Conscienciologia;* 1 *E-mail;* 8 enus.; 1 gráf.; 11 tabs.; 2 *websites;* 1 nota; 26 refs.; 6 webgrafias; *Associação Internacional do Centro de Altos Estudos da Conscienciologia*(CEAEC); Foz do Iguaçu, PR; Julho-Setembro, 2010; páginas 408 a 446.

21. **Lopes,** Tatiana; ***Desenvolvimento da Projetabilidade Lúcida;*** pref. Dulce Daou; revisores Dayane Rossa; *et al.;* 160 p.; 25 *E-mails;* 58 enus.; 1 foto; 1 microbiografia; 22 *websites;* glos 179 termos; 60 refs.; 1 anexo; alf.; 21 x 14 cm; br.; *Associação Internacional Editares;* Foz do Iguaçu, PR; 2015; páginas 65 a 73.

22. **Lopez,** L.I.; ***Experiência Marcada (Laboratório da Sinalética Energética - CEAEC);*** Artigo; Conscientia; Revista; Trimestral; Vol. 2; N. 3; Seção: *Pesquisas Laboratoriais da Consciência; Centro de Altos Estudos da Consciência* (CEAEC); Foz do Iguaçu, PR; Julho-Setembro; 1998; página 130.

23. **Martins,** Eduardo; ***Higiene Consciencial Aplicada à Tenepes;*** Artigo; *Conscientia;* Revista; Trimestral; Vol. 14; N. 2; *Centro de Altos Estudos da Consciência;* Foz do Iguaçu, PR; Abril-Junho, 2010; páginas 251 a 260.

24. **Idem;** ***Padrão Homeostático de Referência;*** verbetes; *In:* **Vieira,** Waldo; (Org.); ***Enciclopédia da Conscienciologia Digital;*** 11. 034 p.; glos. 2.498 termos (verbetes); 192 microbiografias; 147 tabs.; 191 verbetógrafos; 8ª Ed.; Versão 8.00; *Associação Internacional Editares;* & *Associação Internacional do Centro de Altos Estudos da Conscienciologia* (CEAEC); Foz do Iguaçu, PR; 2013; páginas 7.830-7835.

25. **Musskopf,** Tony; *et al.;* ***O Fenômeno da Clarividência no Laboratório Acoplamentarium: Um Estudo de Campo.*** Artigo; Anais da III Jornada da Parapercepciologia. Foz do Iguaçu; PR; 16.07.10; *Conscientia;* Revista; Trimestral; Vol. 4; N. 13; Seção: Temas da Conscienciologia; 4 enus.; 2 tabs.; 6 grafs.; 7 refs.; *Associação Internacional do Centro de Altos Estudos da Conscienciologia* (CEAEC); Foz do Iguaçu, PR; Outubro-Dezembro, 2009; páginas 320 a 338.

26. **Nader, Rosa;** ***Efeitos Antissomáticos do Wi-Fi;*** verbetes; *In:* **Vieira,** Waldo; (Org.); ***Enciclopédia da Conscienciologia Digital;*** 11. 034 p.; glos. 2.498 termos (verbetes); 192 microbiografias; 147 tabs.; 191 verbetógrafos; 8ª Ed.; Versão 8.00; *Associação Internacional Editares;* & *Associação Internacional do Centro de Altos Estudos da Conscienciologia* (CEAEC); Foz do Iguaçu, PR; 2013; páginas 4350-4357.

27. **Nunomura,** Eduardo; ***Ela representa o Sobrenatural entre nós. Cacique Cobra Coral. Sabe tudo (?) Prevê tudo (?) Faz chover (?);*** Reportagem; *O Estado de S. Paulo;* Jornal; Diário; Seção: *Geral;* São Paulo, SP; 22.06.01. página A4;

28. **Plimmer,** Martin; & **KING,** Brian; ***Além das Coincidência:. Uma Explicação Científica para os Acontecimentos Atribuídos ao Acaso;*** 286 p.; 7 caps.; *Editora Relume Dumará;* Rio de Janeiro, RJ; 2005; páginas 16, 66, 67, 76 e 77.

29. **Puchkin,** V. N; ***Heurística: A Ciência do Pensamento Criador;*** trad. Vera Neverova; *Jorge Zahar Editores;* Rio de Janeiro, RJ; 1967; páginas 23 a 29.

30. **Queiroz,** Clélia Ferraz Pereira de; ***Corpo, Mente, Percepção: Movimento em BMC e Dança;*** 120 p.; *Annablume & Fapesp;* São Paulo, SP; 2009; páginas 11 a 15 e 17 a 19.

31. **Radin,** Dean; ***Mentes Interligadas: Evidências Científicas da Telepatia, da Clarividência e de outros Fenômenos Psíquicos;*** 334 p.; 14 caps.; *Editora Aleph;* São Paulo, SP; 2008; páginas 127 a 131 e 144 a 147.

32. **Reis,** Alessandro Vieira dos; ***Linguagem como Comportamento;*** Artigo; *Psique Ciência e Vida;* Revista; Ano 3; N. 34; Seção: *Comportamento;* páginas 68 a 71.

33. **Santaella,** Lúcia; ***A Teoria Geral dos Signos: Como as Linguagens significam as Coisas;*** 154 p.; *Editora Cengage Learning;* São Paulo, SP; 2008; páginas 10 a 150.

34. **Idem; O que é Semiótica?**; Coleção Primeiros Passos; 84 p.; *pocket;* 27ª imp. da 1ª ed. de 1983; *Editora Brasiliense;* São Paulo, SP; 2007; páginas 5 a 78.

35. **Seno,** Ana; ***Comunicação Evolutiva nas Interações Conscienciais;*** pref. Málu Balona; revisores Equipe de Revisores da Editares; 342 p.; 4 seções; 29 caps.; 36 citações; 1 diagrama; 22 *E-mails;* 70 enus.; 2 esquemas; 2 fluxogramas; 1 foto; 4 ilus.; 1 microbiografia; 1 planilha; 9 tabs.; 20 *websites;* glos. 181 termos; 17 filmes; 183 refs.; 2 apênds.; 23 x 16 cm; br.; *Associação Internacional Editares;* Foz do Iguaçu, PR; 2013 páginas 168 a 195.

36. **Sheldrake,** R.; ***The Sense of Being Stared At;*** *Part 1: Is it Real or Illusory?* Artigo; *Journal of Consciousness Studies;* Vol. 12; N. 6; 2005; páginas 10 a 31.

37. **Teles,** Mabel; ***Zéfiro: A Paraidentidade Intermissiva de Waldo Vieira;*** revisores Erotides Louly; *et al.;* 240 p.; 3 seções; 14 caps.; 113 citações; 22 *E-mails;* 32 enus.; 37 fotos; 1 linha do tempo; 1 minicurrículo; 2 tabs.; 20*websites;* glos. 210 termos; 45 refs.; alf.; geo.; ono.; 23 x 16 cm; br.; *Associação Internacional Editares;* Foz do Iguaçu, PR; 2014.

38. **Tonon,** Rafael; ***Silêncio, por Favor;*** Artigo; *Vida Simples;* Revista; Ed. 140; Seção: *Capa;* São Paulo, SP; Janeiro, 2014; páginas 20 a 27.

39. **Tornieri,** Sandra; ***A Importância do Domínio da Vontade no Desenvolvimento do Epicentrismo Consciencial;*** Artigo; *Conscientia;* Revista; Trimestral; Vol. 11; N. 4; *Associação Internacional do Centro de Altos Estudos da Conscienciologia* (CEAEC); Foz do Iguaçu, PR; 2007; páginas 223 a 231.

40. **Idem; *Mapeamemto da Sinalética;*** verbetes; In: **Vieira,** Waldo; (Org.); ***Enciclopédia da Conscienciologia Digital;*** 11.034 p.; glos. 2.498 termos (verbetes); 192 microbiografias; 147 tabs.; 191 verbetógrafos; 8ª Ed.; Versão 8.00; *Associação Internacional Editares;* & *Associação Internacional do Centro de Altos Estudos da Conscienciologia* (CEAEC); Foz do Iguaçu, PR; 2013; páginas 6.769 a 6.773.

41. **Tosi,** Renzo; ***Dicionário de Sentenças Latinas e Gregas*** *(Dizionario delle Sentenze Latine e Greche);* revisores Andréa Stahel M. da Silva; & Lilian Jenkino; trad. Ivone Castilho Benedetti; XXVI + 904 p; 10.000 citações; 1 *E-mail;* 24 enus.; 1.180 frases gregas; 3.220 frases latinas; glos. 1.841 termos; 56 ilus.; 1 *website;* 130 refs.; 20,5 x 13,5 x 4,5 cm; enc.; 3ª Ed.; *Editora WMF Martins Fontes;* São Paulo, SP; 2010; páginas 6, 330 e 331.

42. **Tractenberg,** Leonel; **Steiner,** Pia; **Ferraro,** Tânia; ***Dissipação de Bionergias nos Períodos Pré-Menstrual e Menstrual;*** *Anais do I CIPRO - Congresso Internacional de Projeciologia;* 14 refs.; espiralado; *Instituto Internacional de Projeciologia* (IIP); Rio de Janeiro, RJ; 4 a 7 de Junho de 1990; páginas 19 a 23.

43. **Trower,** Barrie; ***A Humanidade está em Risco: Um Relatório de Barrie sobre Wi-FI. Wi-Fi in Scools;*** Setembro, 2013; páginas 1 a 26.

44. **Vasconcelos,** Yuri; ***Isto ou aquilo? Nunca foi tão Difícil para a Humanidade Saber o que quer, Fazer Boas Escolhas e Ser Feliz;*** Artigo; *Vida Simples;* Revista; Ed. 17; São Paulo, SP; Junho, 2004; páginas 22 a 31.

45. **Vieira,** Waldo; ***Aconchego Botânico; Acoplador Energético; Assim; Bússola Intraconsciencial; Código Pessoal de Cosmoética; Dia Matemático; Dragona Parapsíquica; Fluxo Cósmico; Hipostasia; Interleitura Parapsicosférica; Iscagem Interconsciencial; Marca Parapsíquica; Omniconfluência Analítica; Opção pelo Autodesassédio; Planilha Evolutiva; Sinal de Alerta; Sinalética Parapsíquica; Sinalizador Evolutivo & Vida Centrífuga*** verbetes; In: **Vieira,** Waldo; (Org.); ***Enciclopédia da Conscienciologia Digital;*** 11.034 p.; glos. 2.498 termos (verbetes); 192 microbiografias; 147 tabs.; 191 verbetógrafos; 8ª Ed. Digital; Versão 8.00; *Associação Internacional Editares;* & *Associação Internacional do Centro de Altos Estudos da Conscienciologia* (CEAEC); Foz do Iguaçu, PR; 2013; páginas 235 a 238, 239 a 242, 992 a 997, 4.490 a 4.493, 9.876 a 9.880.

46. **Idem;** Artigo; ***Técnica do Cosmograma;*** Boletins de Conscienciologia;Vol. 2; N. 1; Janeiro-Dezembro, 2000, *CEAEC - Centro de Altos Estudos da Conscienciologia;* Foz do Iguaçu, PR; páginas 33-52.

47. **Idem;** ***Conscienciograma: Técnica de Avaliação da Consciência Integral;*** revisor Alexander Steiner; 344 p.; 150 abrevs.; 106 assuntos das folhas de avaliação; 3 *E-mails;* 11 enus.; 100 folhas de avaliação; 1 foto; 1 microbiografia; 100 qualidades da consciência; 2.000 questionamentos; 100 títulos das folhas de avaliação; 1 *website;* glos. 282 termos;

7 refs.; alf.; 21 x 14 cm; br.; *Instituto Internacional de Projeciologia;* Rio de Janeiro, RJ; 1996; páginas 52 a 251.

48. **Idem; *Dicionário de Argumentos da Conscienciologia;*** revisores Equipe de Revisores do Holociclo; 1.572 p.; 1 *blog;* 21 *E-mails;* 551 enus.; 1 esquema da evolução consciencial; 18 fotos; glos. 650 termos; 19 *websites;* alf.; 28,5 x 21,5 x 7 cm; enc.; *Associação Internacional Editares;* Foz do Iguaçu, PR; 2014; páginas 695 a 697, 882 e 883.

49. **Idem; *200 Teáticas da Conscienciologia: Especialidades e Subcampos;*** revisores Alexander Steiner; *et al.;* 260 p.; 200 caps.; 15 *E-mails;* 8 enus.; 1 foto; 1 microbiografia; 2 *websites;* 13 refs.; alf.; 21 x 14 cm; br.; *Instituto Internacional de Projeciologia e Conscienciologia* (IIPC); Rio de Janeiro, RJ; 1997; página 198.

50. **Idem; *Homo sapiens pacificus;*** revisores Equipe de Revisores do Holociclo; 1.584 p.; 24 seções; 413 caps.; 403 abrevs.; 38 *E-mails;* 434 enus.; 484 estrangeirismos; 1 foto; 37 ilus.; 168 megapensenes trivocabulares; 1 microbiografia; 36 tabs.; 15 *websites;* glos. 241 termos; 25 pinacografias; 103 musicografias; 24 discografias; 20 cenografias; 240 filmes; 9.625 refs.; alf.; geo.; ono.; 29 x 21,5 x 7 cm; enc.; 3ª Ed. Gratuita; *Associação Internacional do Centro de Altos Estudos da Conscienciologia* (CEAEC); & *Associação Internacional Editares;* Foz do Iguaçu, PR; 2007; páginas 230, 232, 355, 369, 471, 862, 867, 937 e 992.

51. **Idem; *Homo sapiens reurbanisatus;*** revisores Equipe de Revisores do Holociclo; 1.584 p.; 24 seções; 479 caps.; 139 abrevs.; 12 *E-mails;* 597 enus.; 413 estrangeirismos; 1 foto; 40 ilus.; 1 microbiografia; 25 tabs.; 4 *websites;* glos. 241 termos; 3 infográficos; 102 filmes; 7.665 refs.; alf.; geo.; ono.; 29 x 21 x 7 cm; enc.; 3ª Ed. Gratuita; *Associação Internacional do Centro de Altos Estudos da Conscienciologia* (CEAEC); Foz do Iguaçu, PR; 2004; páginas 48, 86, 119, 219, 223, 262, 463, 647, 801, 820, 236, 241, 319, 383, 403, 813, 815, 816, 1.102 e 1.108.

52. **Idem; *Manual da Dupla Evolutiva;*** revisores Alexander Steiner; Cristiane Ferraro; & Graça Razera; 212 p.; 40 caps.; 15 *E-mails;* 88 enus.; 1 foto; 1 microbiografia; 1 teste; 2 *websites;* 16 refs.; alf.; 21 x 14 cm; br.; *Instituto Internacional de Projeciologia e Conscienciologia* (IIPC); Rio de Janeiro, RJ; 1997; página 109.

53. **Idem; *Manual da Proéxis: Programação Existencial;*** revisores Alexander Steiner; & Cristiane Ferraro; 172 p.; 40 caps.; 15 *E-mails;* 86 enus.; 1 foto; 1 microbiografia; 2 *websites;* 17 refs.; alf.; 21 x 14 cm; br.; 2ª Ed. rev.; *Instituto Internacional de Projeciologia e Conscienciologia* (IIPC); Rio de Janeiro, RJ; 1998; página 132.

54. **Idem; *Projeciologia: Panorama das Experiências da Consciência Fora do Corpo Humano;*** revisores Alexander Steiner; *et al.;* 1.248 p.; 18 seções; 525 caps.; 150 abrevs.; 16 *E-mails;* 1.156 enus.; 1 escala; 1 foto; 3 gráfs.; 42 ilus.; 1 microbiografia; 1 sinopse; 2 tabs.; 2 *websites;* glos. 300 termos; 2.041 refs.; alf.; geo.; ono.; 28 x 21 x 7 cm; enc.; 6ª Ed. rev. e aum.; *Instituto Internacional de Projeciologia e Conscienciologia* (IIPC); Rio de Janeiro, RJ; 2009; páginas 551, 589 e 926.

55. **Idem; *700 Experimentos da Conscienciologia;*** 1.058 p.; 40 seções; 100 subseções; 700 caps.; 147 abrevs.; 1 cronologia; 100 datas; 1 *E-mail;* 600 enus.; 272 estrangeirismos; 2 tabs.; 300 testes; glos. 280 termos; 5.116 refs.; alf.; geo.; ono.; 28,5 x 21,5 x 7 cm; enc.; *Instituto Internacional de Projeciologia;* Rio de Janeiro, RJ; 1994; páginas 165, 241, 337, 339, 391, 414, 447, 514, 526, 596, 605, 612, 641, 685 e 702.

56. **Weil,** Pierre; **Tompakow,** Roland; ***O Corpo fala: A Linguagem Silenciosa da Comunicação não Verbal;*** 288 p.; 17 caps.; 350 ilus.; 2 microbiografias; 1 *website;* 21 x 14 cm; br.; 71ª Ed.; *Editora Vozes;* Petrópolis, RJ; 2013; páginas 53 a 64, 81 e 94 a 103.

57. **Zolet,** Lílian; & **Buononato,** Flávio; Org.; ***Manual do Acoplamentarium;*** revisores Antonio Pitaguari; et al.; 160 p.; 1 E-mail; 63 enus.; 16 filmes; 24 fotos; 8 gráfs.; 27 ilus.; 64 pesquisadores de fenômenos parapsíquicos; 8 planilhas para autopesquisas; 5 tabs.; 151 taxologias dos sinais energéticos; 1 website; 6 anexos; glos. 171 termos; 808 refs.; 28 x 21 cm; br.; Associação Internacional do Centro de Altos Estudos da Conscienciologia (CEAEC); Foz do Iguaçu, PR; 2012; páginas 1 a 160.

FILMOGRAFIA ESPECÍFICA

1. ***Corpo Fechado.*** **Título Original:** *Unbreakable.* **País:** EUA. **Data:** 2000. **Duração:** 107 min. **Gênero:** Suspense. **Idade** (censura): 12 anos. **Idioma:** Inglês. **Cor:** Colorido. **Legendado:** Espanhol; Inglês; & Português (em DVD). **Direção & Roteiro:** M. Night Shyamalan. **Elenco:** Bruce Willis; Samuel L. Jackson; Robin Wright Penn; Spencer Treat Clark; Charlayne Woodard; Eamonn Walker; Laura Regan; & Michael Kelly. **Produção:** Barry Mendel; Sam Mercer; & M. Night Shyamalan. **Desenho de Produção:** Larry Fulton. **Direção de Arte:** Steve Arnold. **Fotografia:** Eduardo Serra. **Música:** James Newton Howard. **Montagem:** Dylan Tichenor. **Cenografia:** Gretchen Rau. **Efeitos Especiais:** K.N.B. Effects Group; & Secret Lab, The (TSL). **Companhia:** Touchstone Pictures; Blinding Edge Pictures; Barry Mendel Productions; & Limited Edition Productions Inc. **Sinopse:** Espantoso desastre de trem choca os Estados Unidos. Todos os passageiros morrem, com exceção de David Dunn saindo completamente ileso do acidente, para espanto dos médicos e dele próprio. Buscando explicações sobre o ocorrido, David encontra o estranho e sombrio Elijah Price, apresentando explicações bizarras e peculiares para o fato.

2. ***Matrix.*** **Título Original:** *The Matrix.* **País:** EUA; & Austrália. **Data:** 1999. **Duração:** 136 min. **Gênero:** Ficção científica. **Idade** (censura): 12 anos. **Idioma:** Inglês. **Cor:** Colorido. **Legendado:** Português; Espanhol; & Inglês (em DVD). **Direção:** Andy Wachowski; & Lana Wachowski. **Elenco:** Keanu Reeves; Laurence Fischburne; Carrie-Ane Moss; Hugo Weaving; Joe Pantoliano; Marcus Chong; Julian Arahanga; Matt Doran; Belinda McClory; Gloria Foster; & Ray Anthony Parker. **Produção:** Joel Silver. **Desenho de Produção:** Owen Paterson.**Direção de Arte:** Hugh Bateup; & Michelle McGahey. **Roteiro:** Andy Wachowski; & Lana Wachowski. **Fotografia:** Bill Pope. **Música:** Don Davis. **Montagem:** Zach Staenberg. **Cenografia:** Lisa Brennan; Tim Ferrier; & Marta McElroy. **Figurino:** Kym Barrett. **Efeitos Especiais:**Amalgamated Pixels; Animal Logic; Bullet Time; DFILM Services; Makeup Effects Group Studio; Manex Visula Effects; & Mass. Illusions. **Companhia:** Warner Bros. Pictures; Village Roadshow Pictures; Groucho II Film Partnership; & Silver Pictures. **Outros dados:** Vencedor dos Oscars de melhor montagem, edição de som, mixagem de som e efeitos visuais. **Sinopse:** Em futuro próximo, Thomas Anderson (Keanu Reeves), jovem programador de computador morando em cubículo escuro, é atormentado por estranhos

pesadelos. Quanto mais o sonho se repete, mais duvida da realidade. Através do encontro com os misteriosos Morpheus (Laurence Fishburne) e Trinity (Carrie-Anne Moss), Thomas descobre-se, assim como outras pessoas, vítima do Matrix, sistema inteligente e artificial manipulador da mente das pessoas, criando a ilusão de mundo real. Morpheus, está convencido de Thomas ser Neo, o aguardado messias capaz de enfrentar o Matrix e conduzir as pessoas de volta à realidade e à liberdade.

3. ***O Mistério da Libélula.*** **Título Original:** *Dragonfly.* País: EUA. **Data:** 2002. **Duração:** 104 min. **Gênero:** Suspense. **Idade:** (censura): 12 anos. **Idioma:** Inglês. **Cor:** Colorido. **Legendado:** Inglês; & Português (em DVD). **Direção:** Tom Shadyac. **Elenco:** Alison Lohman, Brian J. Davis, Casey Biggs, Jay Thomas, Joe Morton, Joseph Will, Kathryn Erbe, Kathy Bates, Kevin Costner, Matt Craven, Maz Jobrani, Meg Thalken, Moné Walton, Paul Gutrecht, Ron Rifkin, Samantha Smith, Susanna Thompson. Produção: Gary Barber, Mark Johnson, Roger Birnbaum, Tom Shadyac. **Roteiro:** Brandon Camp e Mike Thompson. **Música:** John Debney. **Cenografia:** Dean Semler. **Companhia:** Universal Pictures. **Sinopse:** Depois da morte de sua mulher, Emily (Susanna Thompson), o médico Joe Darrow (Costner) fica completamente desnorteado. Em meio ao inferno no qual sua vida se tornou, Joe começa a desconfiar que sua esposa está tentando se comunicar com ele por meio das experiências de seus pacientes à beira da morte e de misteriosas libélulas (de diversas formas) que o perseguem e o assombram. Com ajuda de uma vizinha (Kathy Bates), o médico começa a tentar desvendar as mensagens supostamente enviadas por Emily.

4. ***O Sexto Sentido.*** **Título Original:** *The Sixth Sense.* **País:** EUA. **Data:** 1999. **Duração:** 107 min. **Gênero:** Suspense. **Idade** (censura): 12 anos. **Idioma:** Ingles; Latim; & Espanhol. **Cor:** Colorido. **Legendado:** Espanhol; & Portugues (em DVD). **Direção:** M. Night Shyamalan. **Elenco:** Bruce Willis; Haley Joel Osment; Toni Collette; & Olivia Williams. **Produção:** Kathleen Kennedy; Frank Marshall; & Barry Mendel. **Desenho de Produção:** Larry Fulton. **Direção de Arte:** Philip Messina. **Roteiro:** M. Night Shyamalan. **Fotografia:** Tak Fujimoto. **Música:** James Newton Howard. **Montagem:** Andrew Mondshein. **Cenografia:** Douglas A. Mowat; & Susannah McCarthy. **Efeitos Especiais:** Dream Quest Images; & Stan Winston Studio. **Companhia:** Barry Mendel Productions; Hollywood Pictures; Kennedy/Marshall Company, The; Spyglass Entertainment. **Sinopse:** O garoto de 8 anos Cole Sear e assombrado pelo fato de ver pessoas já mortas. Muito assustado, ele so conseguira falar sobre o assunto com o psicologo infantil Malcolm Crowe.

5. ***Os Outros.*** **Título Original:** *The Others.* **País:** EUA. **Data:** 2001. **Duração:** 104 min. **Gênero:** Suspense. **Idade** (censura)**:** 14 anos. **Idioma:** Inglês; & Português. **Cor:** Colorido. **Legendado:** Inglês; & Português (em DVD). **Direção:** Alejandro Amenábar. **Elenco:** Nicole Kidman; Fionnula Flanagan; Christopher Eccleston; Alakina Mann; James Bentley; Eric Sykes; & Elaine Cassidy. **Produção:** Fernando Bovaira; José Luis Cuerda; & Park Sunmin. **Desenho de Produção** & **Direção de Arte:** Benjamín Fernández. **Roteiro & Música:** Alejandro Amenábar. **Fotografia:** Javier Aguirresarobe. **Montagem:** Nacho Ruiz Capillas. **Cenografia:** Emilio Ardura; Elli Griff; & Benjamín Fernández. **Figurino:** Sonia Grande. **Efeitos Especiais:** Graham Aikman; Derek Langley; Pedro Moreno; Bernard Newton; & Félix Bergés. **Companhia:** Miramax Films. **Sinopse:** Na isolada Ilha de Jersey, ao final da Segunda Guerra Mundial, Grace (Nicole Kidman) aguarda o retorno do marido. Na bela e espaçosa mansão, vivendo com 2 filhos, Grace acredita estarem em segurança. Novos criados chegam para substituir os antigos e eventos sobrenaturais começam a se desenrolar.

6. ***Paixão Eterna.*** **Título Original:** *Made in Heaven.* **País:** EUA. **Data:** 1987. **Duração:** 103 min. **Gênero:** Romance. **Idioma:** Inglês. **Cor:** Colorido; & Preto e branco. **Legendado:** Português. **Direção:** Alan Rudolph. **Elenco:** Timothy Hutton; Kelly McGillis; Maureen Stapleton; Ann Wedgeworth; James Gammon; Mare Winningham; Don Murray; Tim Daly; David Rasche; Amanda Plummer; Willard E. Pug; Vyto Ruginis; Tom Petty; Ric Ocasek; Debra Winger; & Ellen Barkin. **Produção:** David Blocker; Bruce A. Evans; & Raynold Gideon. **Desenho de Produção:**Paul Peters. **Direção de Arte:** Steven Legler. **Roteiro:** Bruce A. Evans; & Raynold Gideon. **Fotografia:** Jan Kiesser. **Música:** Mark Isham. **Montagem:** Tom Walls. **Efeitos Especiais:** Cinemotion Pictures Incorporated. **Companhia:** Lorimar Film Entertainment. **Sinopse:** Jovem morre e, no céu, se apaixona por McGillis, a consciex à espera da hora de nascer. Renasce, de volta à terra, sob a condição de encontrar a grande paixão antes de completar 30 anos.

INDICAÇÃO DE VERBETES DA ENCICLOPÉDIA DA CONSCIENCIOLOGIA

Indicação. Eis lista, em ordem alfabética, de 24 verbetes e respectivos verbetógrafos e pesquisadores do tema da **Sinaleticologia** e temas correlatos apresentados na presente obra:

01. **Aconchego Botânico** (Intrafisicologia; Homeostático). W.V. (Waldo Vieira).

02. **Acoplador Energético** (Energossomatologia; Homeostático). W.V. (Waldo Vieira).

03. **Amparabilidade** (Amparologia; Homeostático). A.S.L. (Amin Simon Lascani).

04. **Assim** (Energossomatologia; Neutro). W.V. (Waldo Vieira).

05. **Bússola Intraconsciencial** (Holomaturologia; Homeostático). W.V. (Waldo Vieira).

06. ***Código Pessoal de Cosmoética*** (Cosmoeticologia; Homeostático). W.V. (Waldo Vieira).

07. **Dragona Parapsíquica** (Parapercepciologia; Neutro). W.V. (Waldo Vieira).

08. ***Efeitos antissomáticos do Wi-Fi:*** (Profilaxiologia; Nosográfico). R.N. (Rosa Nader).

09. **Fluxo Cósmico** (Cosmoconscienciologia; Homeostático). W.V. (Waldo Vieira).

10. **Hipostasia** (Hermeneuticologia; Nosográfico). W.V. (Waldo Vieira).

11. **Interleitura Parapsicosférica** (Energossomatologia; Neutro). W.V. (Waldo Vieira).

12. **Mapeamento da Sinalética** (Autossinaleticologia; Neutro). S.T. (Sandra Tornieri).

13. **Marca Parapsíquica** (Parapercepciologia; Neutro). W.V. (Waldo Vieira).

14. **Omniconfluência Analítica** (Hermeneuticologia; Neutro). W.V. (Waldo Vieira).

15. **Padrão Homeostático de Referência** (Paraassepsiologia; Homeostático) E.M. (Eduardo Martins).

16. **Paradoxo Autodefensivo** (Paradoxologia; Neutro). M.L.B. (Maria Luiza Balona).

17. **Parassinal Evolutivo** (Parassemiologia; Homeostático). P.F. (Pedro Fernandes).

18. **Planilha Evolutiva** (Evoluciologia; Homeostático). W.V. (Waldo Vieira).
19. **Senso de Observação** (Mentalsomatologia; Neutro). M.S.A. (Mateus Abranches).
20. **Sinal de Alerta** (Paraprofilaxiologia; Homeostático). W.V. (Waldo Vieira).
21. **Sinalética Parapsíquica** (Parapercepciologia; homeostático). W.V. (Waldo Vieira).
22. **Sinalética Parapsíquica Invexológica** (Parapercepciologia; Homeostático). P.E.B. (Paulo Battistella).
23. **Sinalizador Evolutivo** (Evoluciologia; Homeostático). W.V. (Waldo Vieira).
24. **Vida Centrífuga** (Evoluciologia; Homeostático). W.V. (Waldo Vieira).

GLOSSÁRIO CONSCIENCIOLÓGICO

O presente glossário foi elaborado a partir de conceitos apresentados pelo pesquisador Waldo Vieira (1932–), nos tratados científicos *700 Experimentos da Conscienciologia* (1994), *Projeciologia: Panorama das Experiências da Consciência Fora do Corpo Humano* (1999), *Homo sapiens reurbanisatus* (2004), *Homo sapiens pacificus* (2007), *Enciclopédia da Conscienciologia* (2013) e *Dicionário de Argumentos da Conscienciologia* (2014).

Abertismo consciencial - Condição avançada da conscin neofílica com abertura *omnilateral* da autopensenidade ao conhecimento quanto à evolução da consciência, capaz de executar intencionalmente, com a própria vida, as técnicas evolutivas avançadas da Conscienciologia, por exemplo, a Cosmoeticologia, a invéxis, a tenepes e a desperticidade.

Acerto grupocármico - Ajuste cármico de alguém quando ocorre conjunta e simultaneamente com outras conscins ou consciexes.

Ambientex - Ambiente extrafísico é o local ou meio onde a conscin projetada se manifesta fora do corpo humano e do mundo geográfico tridimensional, esfera ou dimensão de vida além da dimensão intrafísica, material ou humana da vigília física ordinária.

Amparador extrafísico - Consciência benfazeja e auxiliadora de consciência humana (conscin) ou de várias consciências humanas ao mesmo tempo, quando afins ao nível de evolução, notadamente durante as projeções extrafísicas, abrangendo a influência benéfica em toda a vida intrafísica da personalidade e até mesmo durante o estado da vigília física ordinária.

Amparo extrafísico - Realização da assistência (amparação, apoio, ajuda, auxílio, arrimo, suporte; sustentáculo) evidente dos amparadores extrafísicos, capazes de atuar de modo sadio e universalista, não manipulador, junto às manifestações ordinárias do dia a dia intrafísico da conscin, quando já detentora de méritos cosmoéticos óbvios, no desenvolvimento e conclusão da programação existencial (maxiproéxis) pessoal.

Anticosmoética - Procedimento imaturo no qual a consciência infringe consciente ou inconscientemente os princípios universais, corretos e evolutivos, da Cosmoética, multidimensional, agindo de modo indigno, antifraterno, marginal ou criminoso com efeitos patológicos ou dolosos.

Apriorismose – É a qualidade, condição ou estado cronicificado do apriorista, homem ou mulher, somente capaz de raciocinar *a priori,* a partir de elementos prévios fixados, sem exame, análise ou verificação, independente da facticidade ou da parafacticidade.

Assediador extrafísico – Consciência extrafísica promotora da condição patológica da assedialidade extrafísica, ação negativa ou perseguição insistente, direta ou indiretamente, de qualquer natureza, sobre outras consciências.

Assedialidade – Intrusão pensênica interconsciencial, doentia. Expressão equivalente, anacrônica: *obsessão.*

Assim – É a assimilação simpática de energias conscienciais (ECs), pela vontade, ou o ato básico de absorver temporariamente as energias conscienciais de outrem e perscrutar-lhe condições holossomáticas, parafisiológicas e parapatológicas, não raro com a decodificação espontânea do conjunto de pensenes de outra ou até mesmo de outras consciências.

Assistenciologia – Especialidade da Conscienciologia que estuda as técnicas de amparo e auxílio interconsciencial, notadamente no que se refere aos seus efeitos para a consciência considerada "inteira", holossomática e multimilenar com vistas à holomaturidade, um trabalho de solidariedade lúcida entre as consciências no caminho para a megafraternidade. É subcampo científico da Conviviologia.

Atacadismo consciencial – Sistema de comportamento individual caracterizado pela diretriz de se levar em conjunto, ou de eito, os atos conscienciais, sem deixar rastros ou *gaps* evolutivos, negativos, para trás.

Autoassédio – Condição ou estado da conscin emocional, intelectual e energeticamente predisposta a se molestar autopensenicamente, com insistência importuna e patológica sobre si mesma, sem qualquer Higiene Consciencial nem autodisciplina ideativa, constituindo o embasamento para todo tipo de heteroassédio.

Autobilocação consciencial – É o ato do projetor(a) intrafísico encontrar e contemplar o próprio corpo humano *cara a cara,* estando a consciência fora dele, sediada em outro veículo de manifestação consciencial.

Autoconsciencialidade – Qualidade do nível de autoconhecimento por parte da própria consciência; megaconhecimento.

Autoconscientização Multidimensional – É a condição da lucidez madura da conscin quanto à vida consciencial no estado evoluído da multidimensionalidade, alcançado através do poder da vontade (Voliciologia) promovendo as projeções conscientes (Projeciologia) em outras dimensões, fora da esfera das manifestações físicas (Intrafisicologia), ou seja, por intermédio da projetabilidade lúcida (PL).

Autocorrupção – É a repetição do ato com o qual a pessoa não se sente confortável e para o qual não consegue dar aprovação, cuja lembrança, escamoteada no mais absconso escaninho do íntimo, incomoda, corrompe a si própria, notadamente do ponto de vista anticosmoético, reforçando os traços-fardo (traf*a*res) e prejudicando a autevolução.

Autodiscernimento – Ato ou efeito de discernir e determinar a capacidade pessoal superior de compreender situações com clareza e exatidão, primeiro, para depois julgar, distinguir, decidir e identificar, *separando* o lógico do ilógico, o verossímil do inverossímil, o homeostático do caótico, o positivo do negativo, o verdadeiro do falso, o certo do errado, o sadio do patológico, o melhor do péssimo, o ideal do inframedíocre, o prioritário do preterível, o neofílico do neofóbico, o novíssimo do ultrapassado, o joio do trigo, o racional do irracional, a exatidão da ambiguidade, a sensatez da coragem, a prudência da imprudência, além do bom senso, da boa intenção e da boa vontade, capaz de dar maior acerto, justiça, consenso e evolução consciencial às tomadas de decisão e posição da consciência.

Autoimperdoador – Conscin, homem ou mulher, que não se perdoa, em suas autodisciplinas, quanto aos próprios erros e omissões, a fim de eliminar as autocorrupções conscientes.

Autoincorruptibilidade – É a qualidade ou caráter da realidade incorruptível pessoal da conscin cosmoética e teática, assentada no *trinômio autodiscernimento-automotivação-autorganização* e formando a base dos princípios específicos para se viver melhor ou mais sadiamente a cotidianidade diuturna.

Automimese existencial – Imitação, por parte da conscin, das próprias vivências ou experiências passadas, sejam do renascimento intrafísico atual ou de existências anteriores.

Autopensene – É o pensene da própria consciência.

Autopensenização – Elaboração intraconsciencial exclusiva do ato de pensenizar da consciência, construindo diferentes formas de ideias, sentimentos e manifestações energéticas, conjugadas e ininterruptas, expandindo a autocognição nos contextos da evolução interminável.

Autorrevezamento consciencial – Condição avançada em que a consciência evolui entrosando uma existência intrafísica com outra, consecutivamente, ao modo dos elos de uma cadeia (seriéxis), dentro do seu ciclo multiexistencial *(holobiografia)*.

Autorrevezamento multiexistencial – Ato, processo ou efeito de a consciência lúcida revezar-se, com inteira autoconsciência, no desenvolvimento ininterrupto dos empreendimentos evolutivos, avançados e intencionalmente entrosados, ao máximo, entre as séries de intermissões pré-ressomáticas e pós-ressomáticas e as vidas intrafísicas, consecutivas, continuadas, multisseculares.

Baratrosfera – É a dimensão extrafísica patológica da paratroposfera terrestre, usada como domicílio coletivo de consciexes anticosmoéticas, doentias, parapsicóticas e paracomatosas.

Bússola intraconsciencial – Ponteiro da consciência manifestando-se sadiamente, fornecendo orientação da direção cosmoética às manifestações pensênicas, de modo a indicar o nível evolutivo máximo em favor da megafraternidade vivida.

Calculismo Cosmoético – Conjunto de procedimentos integrados pelo cálculo, a conjetura e a avaliação detalhista e exaustiva para se desenvolver qualquer empreendimento seja individual ou grupal.

CCCI – *Comunidade Conscienciológica Cosmoética Internacional* é o conjunto de habitantes, reunião ou agrupamento e a vida intrafísica, em comum, da sociedade de conscins conectadas pelos vínculos conscienciais da Conscienciologia, na cotidianidade diuturna, nesta dimensão humana, material ou terrestre.

Central Extrafísica da Fraternidade (CEF) – Parainstituição ou comunidade extrafísica especializada, planejada e instalada para irradiar manifestações ou cosmopensenizações da fraternidade permeando o Cosmos de modo terapêutico e homeostático, na assistência silenciosa, anônima e efetiva às consciências, em geral.

Central Extrafísica da Verdade (CEV) – Parainstituição ou comunidade extrafísica especializada, planejada e instalada para irradiar as manifestações ou paraconstructos da verdade básica do Cosmos, terapêutica e homeostática, na assistência efetiva às consciências, em geral.

Central Extrafísica de Energia (CEE) – Parainstituição especializada, planejada e montada para estocar, manter e monitorar a energia consciencial (EC), ao modo de estação extrafísica de energias conscienciais, objetivando o abastecimento e a distribuição de energias terapêuticas, homeostatizantes, na assistência efetiva a outras consciências – consciexes e conscins – sob a supervisão direta do Colégio Invisível dos Serenões.

Ciclo multiexistencial pessoal (CMP) – Intervalo de tempo durante o qual se completa a sequência da sucessão, regularmente recorrente, de eventos ou fenômenos do sistema ou condição de alternância continuada, multissomática e multimilenar, no atual nível evolutivo consciencial médio, do período do renascimento intrafísico (pré-ressomática; ressoma) da consciex na vida humana, com outro período de pós-desativação somática (dessoma; pós-dessomática), extrafísico, dessoma ou a volta da conscin à *intermissão.*

Clariaudiência - Capacidade relativa às conscins *parapsíquicas audientes,* sensitivas ouvintes ou clariaudientes, em captar, perceber ou receber mensagens telepáticas, para eles, no caso, às vezes sonoras, enviadas ou emitidas pelas consciexes e conscins projetadas.

Clarividência - Capacidade parapsíquica de captar, perceber ou sentir determinado padrão de energia consciencial, seja referente a objeto, ambiente ou consciência, localizada na dimensão intrafísica ou extrafísica, estando cronologicamente no passado, presente ou futuro, e transformar esta percepção energética em imagem.

Código pessoal de Cosmoética - É a compilação sistemática ou o conjunto de normas de retidão, ortopensenidade e autocomportamento policármico do mais alto grau moral, criado e seguido pela consciência mais lúcida, em qualquer dimensão existencial.

Completismo existencial (compléxis) - Rara condição na qual a consciência pré-serenona, mas de exceção, consegue realizar, razoavelmente, as atribuições que lhe foram conferidas para sua vida na Terra (proéxis), aproveitando as potencialidades evolutivas que o soma lhe ofereceu.

Comunex - É a comunidade extrafísica, agrupamento parapopulacional ou reunião e vida em comum de consciexes em dimensão extrafísica específica.

Con - Unidade hipotética de medida do nível de lucidez da conscin ou da consciex.

Conscienciograma - Planilha técnica das medidas avaliativas do nível de evolução da consciência, o megateste consciencial tendo por modelo o *Homo sapiens serenissimus,* representando 100% da escala evolutiva, responsável pela conta-corrente egocármica, positiva, exemplar.

Conscienciologia - Ciência que estuda a consciência de modo integral, holossomático, multidimensional, multimilenar, multiexistencial e, sobretudo, conforme as suas reações perante as EIs e as ECs, bem como em seus múltiplos estados.

Conscienciólogo (a) - Conscin empenhada no estudo permanente e na experimentação objetiva, dentro do campo de pesquisas da *Conscienciologia,* na qualidade de agente de renovações evolutivas *(agente retrocognitor),* no trabalho libertário das consciências em geral.

Consciencioмetrologia – Disciplina ou área que estuda as medidas conscienciológicas, ou da consciência, através dos recursos e métodos oferecidos pela *Conscienciologia*, capazes de assentar as bases possíveis da *matematização da consciência*. Instrumento principal: conscienciograma.

Consciex – É a consciência extrafísica, o paracidadão ou paracidadã da Sociedade Extrafísica.

Consciex Livre – Consciência extrafísica liberta definitivamente (desativação) do psicossoma, ou do paracorpo emocional, e, consequente mente, da fieira da Seriexologia das vidas humanas, ou intrafísicas, consecutivas, processo antigo, multimilenar, situando-se na *hierarquia evolutiva* depois do *Homo sapiens serenissimus*, e encetando, então, outro curso evolutivo mais avançado, cujas diretrizes principais ainda permanecem desconhecidas pela Humanidade Terrestre atual.

Conscin – Consciência intrafísica é a consciência quando vivendo no corpo humano; homem ou mulher.

Conscin-cobaia – Consciência intrafísica, homem ou mulher, pesquisada, investigada, analisada, examinada, anatomizada, esmiuçada e utilizada na condição de modelo de estudo em situação específica, contextual ou vivencial, ímpar, independente da autoconscientização pessoal quanto aos fatos, parafatos e às múltiplas dimensões nos quais se manifesta.

Consréu – É aquela consciência extrafísica de paragenética patológica compulsoriamente deslocada – por atuação das reurbanizações extrafísicas promovidas por Serenões e evoluciólogos – da comunidade extrafísica patológica (baratrosfera), onde estava há séculos, para outra comunidade extrafísica de transição, relativamente mais evoluída, a fim de se preparar para ressomar na Terra, ou ainda, em casos mais graves, sofrer a transmigração imposta para outro planeta de evolução intrafísica inferior a este.

Continuísmo consciencial – Condição da inteireza – sem brechas – na continuidade da vida consciencial através da previsão providencial e do autorrevezamento evolutivo, ou seja: a emenda desta vivência do momento, às vivências imediatamente anterior e posterior, incessantemente, em um todo coeso e único, sem solução de continuidade nem experiências conscienciais estanques.

Cosmoconsciência – Condição ou percepção interior da consciência do cosmo, da vida e da ordem do Universo, em uma exaltação intelectual e cosmoética impossível de se descrever, quando a consciência sente a presença viva do Universo e se torna una com ele, em uma unidade indivisível.

Cosmoética – É a ética ou reflexão sobre a moral cósmica, multidimensional, definindo a holomaturidade consciencial, situada além da moral social, intrafísica, ou aquela apresentada sob qualquer rótulo humano, ao modo de discernimento máximo, moral e emocional, a partir da intimidade do microuniverso de cada consciência.

Cosmograma – É a planilha técnica para a determinação valorativa das realidades do Universo, filtradas pelos princípios multidimensionais da Conscienciologia, através da associação máxima de ideias ou visão de conjunto, a partir dos fatos alcançando e envolvendo o holopensene da conscin auto e heterocrítica.

Cosmovisiologia – É a Ciência aplicada ao estudo teático do entendimento evolutivo da cosmovisão conscienciológica, exaustiva, multidimensional, multiexistencial, holopensênica, holomnemônica, holobiográfica, holocármica e holossomática.

Curso Intermissivo – Conjunto de disciplinas, ensinadas de acordo com programas traçados em série de aulas e experiências teáticas, administradas à consciex depois de determinado nível evolutivo lúcido, durante o período da intermissão consciencial (Intermissiologia, Extrafisicologia), dentro do ciclo de existências humanas pessoais, objetivando o completismo consciencial (compléxis) da programação existencial (proéxis), na próxima vida intrafísica.

Descoincidência vígil – Condição parapsíquica da conscin – projetor ou projetora – em que a mesma se percebe com psicossoma fora do estado da coincidência, em plena vigília física ordinária, sem sentir-se completamente integrada ao soma, gerando a intensificação de parapercepções e fenômenos energéticos e parapsíquicos.

Desperticidade – Qualidade consciencial, evolutiva, do ser desperto, desassediado, permanente, total, plenamente autoconsciente da qualidade de desperticidade dentro das tarefas assistenciais às consciências.

Desperto – Ser intrafísico, ou conscin, desassediado, permanente, total, plenamente autoconsciente da sua qualidade de desperticidade.

Dessoma – Desativação somática, próxima e inevitável para todas as conscins; projeção final; *primeira morte;* morte biológica; monotanatose. A dessoma (simplesmente) ou *primeira* dessoma é a desativação do corpo humano ou soma. A *segunda* dessoma é a desativação do holochacra. A *terceira* dessoma é a desativação do psicossoma.

Egocarma – Princípio de causa e efeito, atuante na evolução da consciência, quando centrado exclusivamente no ego em si. Estado do livre-arbítrio preso ao egocentrismo infantil.

Egocarmologia – Ciência aplicada aos estudos, conhecimentos específicos, sistemáticos, técnicos, teáticos ou pesquisas da estrutura, condição ou caráter das relações dos princípios de causa e efeito, atuantes na evolução da consciência, quando centrados exclusivamente no ego em si, no universo da lei de ação e reação, lei do retorno ou da Holocarmologia.

Encapsulamento consciencial – Manobra energética, paratécnica, avançada, própria da conscin lúcida, traquejada com a mobilização das energias conscienciais (ECs), em si mesma ou extraconsciencialmente, com o isolamento assistencial e a anulação energética, temporária, das manifestações pensênicas, especificamente intrusivas ou assediadoras, podendo consistir da consciência individualmente ou em grupo, conscins e/ou consciexes, sadias e/ou enfermas, a partir da vontade decidida, da intenção firme e da autodeterminação sadia.

Energia consciencial – É a energia imanente empregada pela consciência nas pensenizações ou manifestações em geral.

Energia imanente (EI) – Energia primária, vibratória, essencial, multiforme, impessoal, difusa e dispersa em todos os objetos ou *realidades* do Universo, de modo onipotente, ainda indomada pela consciência humana, e demasiadamente sutil para ser descoberta e detectada pelos atuais instrumentos tecnológicos.

Energossoma – Paracorpo energético da consciência humana.

Energossomática – Especialidade da Conscienciologia aplicada ao estudo da qualidade das manifestações da consciência humana (conscin) derivadas do holochacra ou o paracorpo energético (energossoma), bem como as manobras energéticas e consequente influência sobre a autopensenidade e os estados de coincidência e descoincidência da conscin.

Epicon lúcido – Epicentro consciencial, a conscin-chave, homem ou mulher, autoconstituída qual eixo fulcral de lucidez, minipeça de maximecanismo interassistencial, multidimensional, cosmoético, através da autoconsciencialidade avançada ou, por exemplo, do desenvolvimento ativo da oficina extrafísica (ofiex) dentro do tenepessismo.

Equipex – Conjunto de consciências extrafísicas gabaritadas, afinizadas e interatuantes operacionalizando os empreendimentos evolutivos interdimensionais.

Escala evolutiva das consciências – Hierarquização das faixas conscienciológicas, representando a categoria, nível, estado ou período específico de manifestação evolutiva predominando na consciência.

Euforex – Condição de euforia extrafísica, após a desativação somática, gerada pelo cumprimento razoável da proéxis; euforia *post-mortem*; paraeuforia; euforia pós-somática.

Evoluciente – É a conscin, homem ou mulher, assistido(a) pela Consciencioterapia.

Evoluciologia – Especialidade da Conscienciologia dedicada aos estudos da evolução da consciência abordada de modo integral, holossomático, multiexistencial e multidimensional. Subcampo científico da Pensenologia.

Evoluciólogo – Consciência coadjutora da coordenação inteligente da programação existencial (proéxis), evolução consciencial individual ou de todo o grupo de consciências componentes do próprio megagrupocarma.

Experimentologia – Especialidade da Conscienciologia aplicada aos estudos técnicos dos experimentos evolutivos da consciência em todas as formas, naturezas e categorias.

Extrafísico – Relativo àquilo que esteja fora, ou além, do estado *intra*físico ou humano; estado consciencial *menos* físico do que o soma.

Extrafisicologia – Especialidade da Conscienciologia aplicada aos estudos técnicos das relações e vivências da conscin em outras dimensões, além da intrafisicalidade.

Extrapolacionismo – Estudo aplicado às experiências de extrapolações ou antecipações evolutivas, esporádicas, obviamente não habituais nem rotineiras, da consciência em qualquer nível evolutivo, em relação ao próprio nível atual, ou imediatamente superior ou outro ainda mais avançado.

Ficha evolutiva pessoal (FEP) – Registro extrafísico, conjunto ordenado das informações e caracteres mais íntimos e detalhistas das manifestações pensênicas essenciais, relativo às autovivências ou ao microuniverso de todo princípio consciencial, sempre atualizada ou preenchida paratecnologicamente sob a responsabilidade do evoluciólogo, ou orientador evolutivo extrafísico, do grupocarma.

Fitoenergia – É o conjunto de energias presente e irradiada pelos vegetais.

Força presencial – É o magnetismo ou a eletricidade humana derivada da psicosfera ou do holopensene específico da pessoa, compondo o conjunto de manifestações pensênicas, holossomáticas, notadamente com energias conscienciais exteriorizadas, de modo consciente ou inconsciente, influenciando cosmoética ou anticosmoeticamente esta e outras dimensões conscienciais.

Gescon – É a produtividade evolutiva, cosmoética e útil da conscin, centrada na consecução de obras de fraternidade vivida de neoideias libertárias, dentro do quadro de obras pessoais da programática mais avançada da proéxis.

Grupalidade – Qualidade do grupo evolutivo da consciência; condição da evolutividade em grupo.

Grupo evolutivo – Reunião de consciências, mais ou menos lúcidas, evoluindo juntas conforme a afinidade de emoções, ideias e atos.

Grupocarma – Princípio de causa e efeito, atuante na evolução da consciência, quando centrado no grupo evolutivo. Estado do livre-arbítrio individual, preso ao grupo evolutivo.

Grupocarmologia – Especialidade da Conscienciologia aplicada aos estudos técnicos das relações ou princípios de causa e efeito atuantes na evolução da consciência quando centrados no grupo evolutivo (ciência dos grupos evolutivos; rede de relações evolutivas).

Heteroassédio – Condição ou estado da conscin emocional, intelectual e energeticamente submissa ao assédio ou insistência impertinente de outra consciência inconsciente, energívora, ou consciente e mal intencionada.

Heteropensene – O pensene de outrem em relação a nós.

Hiperacuidade – Qualidade da lucidez máxima da conscin alcançada pela recuperação que lhe é possível de cons.

Holobiografia – Conjunto dos arquivos pessoais da evolução multidimensional da consciência ao longo das seriéxis.

Holocarma – É a reunião dos 3 tipos de ações e reações conscienciais – egocarma, grupocarma e policarma – dentro dos princípios de causa e efeito, ou ação e reação, atuantes no caminho da evolução da consciência, seja conscin ou consciex.

Holomaturidade – É a qualidade de madurez consciencial integrada – biológica, psicológica, holossomática e multidimensional – da consciência humana.

Holomemória – Memória integral – total, contínua, multimemória ou polimemória – é a fonte de identidade consciencial que, um dia, empregaremos com lucidez, eficácia e cosmoética a todo momento, sem maiores esforços. Esta holomemória é multiexistencial, multimilenar e multidotada, o nosso megarrepositório quanto às vivências.

Holopensene – É a atmosfera pensênica ou ambiente intrafísico fixador do conjunto de pensenes agregados ou consolidados, seja da conscin apenas ou de todo o grupo evolutivo.

Holossoma – Conjunto dos veículos de manifestação da conscin: soma, holochacra, psicossoma e mentalsoma; e da consciex: psicossoma e mentalsoma.

Holossomatologia – Estudo específico do holossoma. É uma especialidade da Conscienciologia.

Homeostase geral – Processo de regulação pelo qual a vida cósmica pode manter constante o estado do próprio equilíbrio ou a homeostasia entre os princípios conscienciais.

Homeostase holossomática – Estado integrado, hígido, de harmonia do holossoma.

Homo sapiens serenissimus – Consciência quando na vivência integral da condição do serenismo lúcido. Sinônimo de emprego popular: *Serenão.*

IC – *V. Instituição Conscienciocêntrica.*

Impactoterapia – É o processo terapêutico evoluído empregando, cosmoeticamente, a verdade relativa de ponta como remédio ou *técnica cirúrgica* para dar o *choque mentalsomático* do heterodiscernimento consciencial, racional, nas conscins misoneístas, neofóbicas, *leitores de cabresto,* componentes de algum público dirigido, constituído pelos portadores da robéxis cronicificada, e liderados por personalidades anticosmoéticas, autocráticas, fanáticas, dogmáticas, defensoras de verdades absolutas, ultrortodoxas ou fundamentalistas se julgando *donas da verdade* ou acima do bem e do mal.

Instituição Conscienciocêntrica – É aquela concentradora das atividades nas autopesquisas da consciência e na reeducação consciencial, a partir da razão social e dos estatutos legais transparentes, sendo intrínseca, cosmoética e consciencialmente sadia.

Inteligência evolutiva – É a capacidade de apreender, aprender ou compreender e adaptar-se à vida humana, com bases na aplicação e expansão teática, autoconsciente, do mecanismo da evolução consciencial, pessoal, já assimilado, incluindo a Cosmoeticologia, a Seriexologia e a Proexologia, definindo o autodiscernimento da consciência quanto à evolução consciencial racional, inclusive a autevolução lúcida, na dinamização do próprio desempenho autopensênico e cosmoético.

Interassistencialidade – É a vivência da assistência interconsciencial, mútua, fundamentada notadamente na reeducação por intermédio da tarefa do esclarecimento (tares), inteligência evolutiva (IE), Cosmoética, policarmalidade e no princípio cósmico de "quem é menos doente assiste o mais doente".

Interconscienciologia – Ciência aplicada ao estudo embasado plenamente nas manifestações centradas entre as consciências ou entre a consciência e as realidades extraconscienciais.

Interiorose – Qualidade, condição ou estado cronicificado do interiorota, homem ou mulher, superradicado e circunscrito a pequeno burgo, seja aldeia, bairro, subúrbio retirado ou área rural, do Interior do país, sem coragem nem estímulos para encarar a cosmovisão da vida além desse limite acanhado.

Intermissão – Período extrafísico da consciência entre duas das suas seriéxis pessoais.

Intermissiologia – Especialidade da Conscienciologia relativa aos estudos do *período da intermissão* da consciência em evolução, compreendido entre duas de suas vidas intrafísicas, dentro do seu ciclo existencial.

Intermissivista – A consciex aluna ou ex-aluna de algum Curso Intermissivo (CI) pré-ressomático, contudo, no universo da Conscienciologia, é, especificamente, a conscin, homem ou mulher, ex-aluna autoconsciente quanto aos próprios compromissos e deveres evolutivos, variegados, acordados durante as vivências do período da pré-natalidade intermissiva, por intermédio da assistência direta do evoluciólogo atuante naquela oportunidade extrafísica.

Interprisão grupocármica – Comprometimento interconsciencial coercitivo decorrente de ações anticosmoéticas conjuntas ou em grupo, a condição de inseparabilidade grupocármica do princípio consciencial evolutivo ou consciência.

Intraconsciencialidade – Qualidade das manifestações específicas da intimidade da consciência.

Intraconscienciologia – Ciência aplicada ao estudo embasado plenamente nas manifestações centradas no âmago ou no regaço mais inerente da intraconsciencialidade, quando a consciência (conscin ou consciex) emprega o máximo dos potenciais dos atributos mentaissomáticos mais recônditos, inseridos no microuniverso consciencial.

Intrafisicalidade – Condição da vida intrafísica, humana, ou da existência da consciência humana.

Inversor existencial – Consciência humana disposta a realizar a invéxis na vida intrafísica.

Invexibilidade – Qualidade da realização intrafísica da invéxis.

Invéxis – A técnica da inversão existencial realizada pela consciência humana (conscin) tendo início antes da maturidade biológica.

Materpensene – É a ideia-mãe, a matriz de todo desenvolvimento de tese, teoria ou ensaio, o *leitmotiv,* o pilar mestre ou o pensene predominante em qualquer holopensene.

Maturidade integrada – Estado da maturidade consciencial mais evoluída, além da maturidade biológica ou física, e da maturidade mental ou psicológica; holomaturidade.

Maxidissidência ideológica – Momento crítico, a maior, de separação inapelável perante grupo ou instituição, quando a parte isolada trava o progresso consciencial da outra, visando desenvolvimento de ideia mais avançada e libertária.

Maxifraternidade - Condição interconsciencial, universalista, mais evoluída, fundamentada na fraternidade pura da consciência autoimperdoadora (não perdoar os próprios erros) e heteroperdoadora (perdoar os erros dos outros), meta inevitável na evolução de todas as consciências.

Maxiproéxis - É a programação existencial máxima, *por atacado,* maior, avançada, doadora, dedicada conscientemente ao bem da coletividade, objetivando a consecução da tarefa do esclarecimento (tares), na vivência do universalismo, da maxifraternidade e da Paradireitologia, com bases evolutivas policármicas.

Megaeuforização - É o estado energético provocado pela vontade decidida da consciência, conscin ou consciex, por meio da exaltação máxima das energias conscienciais da energosfera ou do holossoma, levado ao ápice homeostático da harmonização íntima do microuniverso consciencial, com expansão da consciência, gerando a aura de saúde, serenidade, tranquilidade, fraternidade universal, ápice de plenitude e autodisposição para a realização interassistencial, a partir do estado vibracional (EV).

Megatrafor - O maior traço-força ou o megatalento predominante na estrutura do microuniverso da consciência.

Mentalsoma - É o corpo mental ou paracorpo do discernimento da consciência; o veículo de manifestação mais sofisticado.

Microuniverso consciencial - A consciência considerada de per si, como um todo, englobando todos os seus atributos, pensenes e manifestações no desenvolvimento da sua evolução. O microcosmo da consciência em relação ao macrocosmo do Universo.

Minipeça Interassistencial - Consciência lúcida dedicada ao trabalho assistencial, interconsciencial, multidimensional e cosmovisiológico do próprio grupo evolutivo, convicta da função menor pessoal, contudo produtiva e participativa, dentro do maximecanismo de assistência às conscins e consciexes.

Multidimensionalidade - Condição inerente à consciência, seja conscin ou consciex, vivendo sempre, inevitavelmente, atuando, ao mesmo tempo, de modo consciente ou inconsciente, em "n" dimensões existenciais.

Multiexistencialidade - É a qualidade da condição de autoconsciência e vivência continuadas da consciência quanto às suas múltiplas vidas, entrosadas entre si, através do tempo.

Neofilia – Adaptação fácil da pessoa às situações, coisas e acontecimentos novos.

Neopensene – É o pensene da consciência humana, quando se manifesta através de novas sinapses ou conexões interneuroniais (hemisférios corticais) gerando ideias novas.

Neoverpon – É a nova verdade relativa de ponta, neopensene, neoconstructo ou neoideia à espera de ser descoberta ou revelada por meio da persistência inabalável do desempenho do pesquisador autoconsciente ou pesquisadora lúcida.

Oficina Extrafísica – *V. Ofiex.*

Ofiex – A *ofiex* (oficina extrafísica) é a instalação física-extrafísica atuante na heterassistencialidade diária, avançada, do tenepessista veterano, homem ou mulher, na condição de epicon intrafísico, representando tal oficina, mais evoluída, equivalente à base humana, doméstica, da conscin.

Omissão superavitária – É a *conduta-exceção,* seja pessoal ou grupal, de se evitar, profilaticamente, de modo consciente e com autodeterminação, a ação antievolutiva ou anticosmoética, no caso indo explicitamente no contrafluxo ordinário da Socin, ainda patológica, contra os tradicionalismos bolorentos, folclores, mitos, simpatias ancestrais, superstições e idiotismos culturais em vigor, mesmo arrostando a incompreensão da *conduta-padrão* dos incautos e inconscientes quanto à inteligência evolutiva (IE).

Ortopensene – Pensene *reto* ou cosmoético, próprio da holomaturidade consciencial; a *unidade de medida* da cosmoética prática, segundo a Conscienciometria.

Ortopensenidade – Qualidade, o ato ou o efeito da manutenção da autopensenidade caracterizada pelo predomínio constante dos ortopensenes, os pensenes retos ou cosmoéticos, compondo a condição própria da holomaturidade da consciência, conscin ou consciex, e a *unidade da Cosmoeticologia Prática.*

Para – Prefixo empregado em palavras para significar *além de, ao lado de,* a exemplo de *paracérebro.* Significa também *extrafísico.*

Paracérebro – Cérebro extrafísico do psicossoma da consciência nos estados extrafísico (consciex), intrafísico (conscin) e projetado, quando através do psicossoma.

Paracidadão(ã) – É a consciex habitante de alguma comunidade extrafísica.

Paradever – Condição da consciência lúcida dos próprios compromissos, normas, princípios e paraleis justas, íntegras e retas, firmados com o desenvolvimento autoconsciente da evolução pessoal entrosada à evolução do grupo evolutivo.

Paradidática – É o subcampo da Parapedagogia dedicado aos preceitos científicos capazes de orientar a atividade paraeducativa, a modo de torná-la mais eficaz.

Paradigma Consciencial – É a Teoria-Líder da Conscienciologia fundamentada na própria consciência.

Paradireito – Ciência aplicada aos estudos técnicos, paratécnicos, pesquisas e parapesquisas teáticas do conjunto de normas, princípios e *paraleis* das manifestações conscienciais ou pensenizações justas, íntegras e retas, conforme o fluxo cosmoético e sincrônico do Cosmos, a partir do emprego correto da energia imanente (EI), na vivência e paravivência da megafraternidade.

Parafato – Fenômenos, ocorrências, eventos ou adventos extrafísicos relativos à consciência, conscin ou consciex.

Parafenômeno – É a ocorrência de natureza parapsíquica, energética, holossomática ou mesmo projetiva.

Parafisiologia – Fisiologia dos veículos de manifestação da consciência, excluído o corpo humano ou soma. É uma especialidade da *Conscienciologia.*

Paragenética – Especialidade da Conscienciologia aplicada aos estudos e pesquisas da Genética composta e integral, abarcando todas as heranças holossomáticas da consciência, através do psicossoma e do mentalsoma, dos retrossomas das vidas anteriores (retrovidas) ao atual embrião humano na condição de conscin.

Parapatologia – Patologia dos veículos de manifestação da consciência, excluído o corpo humano ou soma. É uma especialidade da *Conscienciologia.*

Parapedagogo – É o(a) professor(a), educador(a), preceptor(a), instrutor(a) ou monitor(a) atuante a partir dos recursos e das técnicas derivadas da Conscienciologia ou, mais especificamente, da Parapedagogia.

Parapercepção – *V. Parapsiquismo.*

Parapercepciologia – Especialidade da Conscienciologia aplicada aos estudos e pesquisas das parapercepções ou do parapsiquismo da consciência, além das perceptibilidades adstritas ou próprias do corpo humano (soma), fenômenos decorrentes e consequências evolutivas.

Paraprocedência – A base extrafísica, original, pessoal, de onde cada consciência intrafísica (conscin) procede, antes da ressoma, durante o período pré-ressomático, quando estava na condição de consciência extrafísica (consciex).

Parapsiquismo – É a condição da consciência humana (conscin) capaz de vivenciar parapercepções além dos sentidos do corpo físico (soma).

Paratroposfera – É a dimensão extrafísica troposférica, camada circundante à superfície terrestre.

Patopensene – É o pensene patológico, pecadilho mental, específico da amência consciencial ou da consciência intoxicada pela Anticosmoética.

Pensene – É a unidade de manifestação prática da consciência, segundo a Conscienciologia, considerando o *pen*samento ou ideia (concepção), o *sen*timento ou a emoção, e a *ene*rgia consciencial em conjunto, de modo indissociável.

Pensenidade – É a qualidade da consciência pensênica de alguém.

Pensenologia – Especialidade da Conscienciologia aplicada aos estudos e pesquisas dos pensenes (pensamentos, sentimentos e energias).

Personalidade Consecutiva – Conscin com a qual se convive, na mesma vida humana, em duas etapas, sendo a primeira vida curta quando a personalidade dessoma e, a segunda vida, quando a personalidade ressoma, depois de viver breve período intermissivo.

Policarma – É o princípio de causa e efeito, atuante na evolução da consciência, quando centrado no senso e vivência da maxifraternidade cósmica, além do egocarma e do grupocarma.

Pré-serenão – Consciência humana, conscin, homem ou mulher (pré-serenona), ou a consciência extrafísica, consciex, comum, vulgar, ainda distante (25%) da vivência da condição (100%) do serenismo lúcido da Serenologia ou do nível racional do Serenão *(Homo sapiens serenissimus),* o modelo evolutivo para a Humanidade.

Precognição – Faculdade perceptiva pela qual a consciência fica conhecendo fatos indeterminados vindouros, inclusive objetos, cenas e formas distantes, no tempo futuro.

Pré-Intermissiologia – Ciência aplicada aos estudos específicos e vivências da conscin intermissivista com a iniciativa de começar, desde a vida intrafísica a se preparar intraconsciencialmente para assistir às consciexes mais afins da Baratrosfera, deixada anteriormente, por si, para trás, quando chegar à segunda dessoma, em futuro próximo.

Primener – Primavera energética; condição pessoal, mais ou menos duradoura, de apogeu das ECs sadias e construtivas.

Princípio da Descrença – É a proposição fundamental e insubstituível da abordagem da Conscienciologia às realidades, em geral, do Cosmos, em qualquer dimensão, recusando a consciência pesquisadora e refutadora todo e qualquer conceito de modo apriorista, dogmático, sem demonstração prática ou reflexão demorada, confronto da causação, lógica e a plenitude da racionalização pessoal.

Priorologia – Ciência aplicada aos estudos técnicos ou pesquisas dos atos ou efeitos dos primados das priorizações evolutivas da consciência.

Proéxis – É a programação existencial, evolutiva e pessoal do indivíduo, estabelecida na dimensão extrafísica, antes deste mesmo indivíduo entrar no funil do restringimento da vida humana ou no renascimento na intrafisicalidade.

Projeção consciente (PC) – Projeção da conscin para além do soma; experiência extracorpórea.

Projeção Lúcida – *V. Projeção Consciente.*

Projeção pelo Mentalsoma – É o estado de expansão máxima da consciência em nível de mentalização suprarracional e suprassensória.

Projeciologia – Especialidade da Conscienciologia que estuda as projeções da consciência e seus efeitos, inclusive as projeções das energias conscienciais para fora do holossoma. É um subcampo científico da Comunicologia (interdimensionalidade).

Projetabilidade lúcida (**PL**) – Qualidade parafisiológica, projetiva, lúcida, da consciência, capaz de descoincidir-se ou tirar os seus veículos de manifestação da condição de alinhamento do holossoma, inclusive através da impulsão da própria vontade.

Psicossoma – É o paracorpo emocional da consciência; o *corpo objetivo* da conscin.

Recéxis – É a consecução técnica de mudanças substanciosas, para melhor, na vida intra e extrafísica da personalidade humana, tendo em vista a evolução cosmoética.

Reciclagem existencial – *V. Recéxis.*

Reciclagem intraconsciencial – *V. Recin.*

Reciclante existencial – Conscin aplicante da técnica evoluída da reciclagem existencial (recéxis) na atual vida humana visando à aceleração evolutiva.

Reciclante existencial – Conscin que se dispõe a realizar a recéxis.

Recin – *Reci*clagem *intra*consciencial ou a renovação cerebral da consciência humana (conscin) através da criação de neossinapses ou conexões interneuroniais (neuróglias).

Ressoma – *Re*nascimento *somá*tico da consciex que passa para a condição temporária de conscin, ou sai da extrafisicalidade para a intrafisicalidade.

Restringimento intrafísico – Afunilamento dos atributos pessoais imposto à consciência renascida na Terra.

Retrocognição – Faculdade perceptiva pela qual a pessoa humana passa a conhecer fatos, cenas, formas, objetos sucessos e vivências pertencentes ao tempo passado distante, comumente relacionado à holomemória.

Retrovida – Existência humana anterior, recente ou remota, à vida atual da conscin.

Reurbanização extrafísica – *V. Reurbex.*

Reurbex – Reurbanização extrafísica é a mudança para melhor dos ambientes e comunidades extrafísicas doentias, anticosmoeticamente degradados, patrocinada pelos Serenões, com a finalidade de higienizar o holopensene intrafísico das áreas das Socins sobre as quais exercem influência antievolutiva e deletéria para a Humanidade.

Reurbexologia – Especialidade da Conscienciologia dedicada aos estudos técnico das reubanizações extrafísicas (reurbexes).

Serenão – Nome popular do *Homo sapiens serenissimus.*

Serenologia – Ciência aplicada aos estudos dos Serenões, de modo geral.

Serialidade – Qualidade da consciência sujeita às seriéxis.

Seriéxis – Seriação existencial evolutiva da consciência; existências sucessivas; renascimentos intrafísicos em série.

Sinalética parapsíquica – Existência, identificação, registro e emprego autoconsciente dos sinais anímicos, energéticos, parapsíquicos e personalíssimos, ou a percepção transcendente, indiscutível, da presença de consciexes ou de ocorrências extrafísicas, parafatos e parafenômenos em torno da pessoa parapercipiente na vigília física ordinária ou da conscin projetada, fora do soma, com lucidez.

Sociex – Sociedade extrafísica ou das consciexes, dentro das pesquisas da Extrafisicologia.

Socin – Sociedade intrafísica, humana, ou das conscins, um arremedo das realidades das sociexes das dimensões evolutivamente avançadas.

Soma – Corpo humano.

Tacon – É a tarefa da consolação, assistencial, pessoal ou grupal, primária, dentro da interassistencialidade evolutiva da consciência.

Taquipensene – O pensene de fluxo rápido, próprio da conscin taquipsíquica.

Tares – Tarefa do esclarecimento, ou vivência alerta da assistencialidade racional, libertária, científica e cosmoética, no mais alto grau, a favor das consciências.

Teática – Vivência conjunta da teoria e da prática por parte da conscin ou da consciex.

Tenepes – Tarefa energética pessoal, diária, multidimensional, com assistência permanente de amparadores, a longo prazo ou para o restante da vida intrafísica.

Tenepessista – Conscin praticante da tarefa energética pessoal, diária, tenepes.

Tertúlia conscienciológica – Agrupamento, reunião informal, espontânea ou assembleia de pesquisadores afins, homens e mulheres, para debater temas do momento, fazer análises rápidas e obter consensos transitórios de neopesquisas, hipóteses e teorias, através do Curso de Longo Curso, gratuito, diário, sem pré-requisitos, durante duas horas, com abordagens e temas inéditos, atuais, de interesse comum, teáticos, circulares e avançados da Conscienciologia.

Tertuliarium – Ambiente tecnicamente preparado para a transmissão diária das tertúlias e demaiss atividades tarísticas de ponta.

Tra*fal* – Traço faltante à personalidade do ser humano, no caso, traço-força ou trafor, para completar o quadro pessoal, razoável, conscienciométrico, do próprio nível evolutivo.

Tra*far* – Traço-fardo da personalidade da conscin, componente negativo da estrutura do microuniverso consciencial, capaz de impedir-lhe a evolução autoconsciente.

Tra*for* – Traço-força da personalidade da conscin, componente positivo da estrutura do microuniverso consciencial, capaz de impulsionar-lhe a evolução autoconsciente.

Transmigraciologia Extrafísica – Ciência, especialidade da Conscienciologia, aplicada ao estudo das transmigrações interplanetárias das consciências extrafísicas com as mudanças da paraprocedência e novo estabelecimento do domicílio posterior, intrafísico, planetário, de consciexes chegando, incessantemente, a este planeta, e saindo daqui para outros habitados, sob a orientação de evoluciólogos e Serenões.

Universalismo – Conjunto de ideias derivadas da universalidade das leis básicas da Natureza e do Universo e que, através da evolução natural da consciência, torna-se inevitavelmente, a sua filosofia dominante; cosmismo.

Verbação – Técnica da vivência humana pela interação teórica da fala ou verbo e consequente manifestação prática, atitude ou ação, no comportamento pessoal coerente da cotidianidade.

Verdade relativa de ponta – *V. Verpon.*

Verpon – A verdade relativa de ponta é a conformidade entre o neopensene, a expressão do neopensene (forma) e o objeto do neopensene (conteúdo), ou a realidade (fato) ou pararrealidade (parafato) nova, existindo iniludivelmente para a própria conscin (autoconvicção), segundo o *princípio da descrença*, obtida por intermédio das pesquisas da Conscienciologia.

Verponogenia – É a autodisposição da conscin lúcida, intermissivista, para entrar nas faixas pensênicas adequadas, interativas e sincrônicas, a fim de produzir ou conceber verdades relativas de ponta ou neoverpons cosmoéticas.

Vínculo consciencial – Ligação cosmoética, autolúcida, voluntária e policármica, entre o colaborador e a instituição conscienciocêntrica.

ÍNDICE REMISSIVO

F

G

H

I

K

L

M

N

O

P

Q

R

S

INSTITUIÇÕES CONSCIENCIOCÊNTRICAS (ICS)

ICs. As Instituições Conscienciocêntricas (ICs) são organizações cujos objetivos, metodologias de trabalho e modelos organizacionais estão fundamentados no *Paradigma Consciencial.* A atividade principal das ICs é apoiar a evolução das consciências através da *tarefa do esclarecimento* pautada pelas *verdades relativas de ponta,* encontradas nas pesquisas no campo da Ciência Conscienciologia e especialidades.

Voluntariado. Todas as Instituições Conscienciocêntricas são associações independentes, de caráter privado, sem fins de lucro e mantidas predominantemente pelo trabalho voluntário de professores, pesquisadores, administradores e profissionais de diversas áreas.

CCCI. O conjunto das Instituições Conscienciocêntricas e dos voluntários da Conscienciologia no planeta compõe a *Comunidade Conscienciológica Cosmoética Internacional* (CCCI) formada atualmente por 20 ICs, incluindo a *Associação Internacional Editares.*

AIEC – Associação Internacional para Expansão da Conscienciologia

Fundação: 22/04/2005
Sede: Av. Felipe Wandscheer, 6.200, sala 111, Cognópolis
Foz do Iguaçu, Paraná, Brasil, CEP: 85856-530
Tel.: +55 (45) 2102-1411
Site: www.worldaiec.org
Contato: aiec.comunicacao@gmail.com
Campus Discernimentum: Av. Felipe Wandscheer, 5.100, sala 201
Cognópolis, Foz do Iguaçu, Paraná, Brasil, CEP: 85856-530
Tel.: +55 (45) 2102-1400
Contato: contato@discernimentum.org

APEX – Associação Internacional da Programação Existencial

Fundação: 20/02/2007
Sede: Rua da Cosmoética, 1.511, Cognópolis, Caixa Postal 921, Centro, Foz do Iguaçu, Paraná, Brasil, CEP: 85851-000
Tel.: +55 (45) 3525-2652 – Fax: +55 (45) 3525-5511
Site: www.apexinternacional.org
Contato: contato@apexinternacional.org

ARACÊ – Associação Internacional para Evolução da Consciência

Fundação: 14/04/2001
***Campus* ARACÊ:** Rota do Conhecimento, Km 7, acesso pela BR-262 Km 87, Distrito de Aracê Domingos Martins, Espírito Santo, Brasil
Endereço para correspondência: Caixa Postal 110, Pedra Azul Domingos Martins, Espírito Santo, Brasil, CEP: 29278-000
Tel.: +55 (27) 9739-2400
Site: www.arace.org
Contato: associacao@arace.org

ASSINVÉXIS – Associação Internacional de Inversão Existencial

Fundação: 22/07/2004
***Campus* de Invexologia:** Av. Maria Bubiak, 1.100, Cognópolis Foz do Iguaçu, Paraná, Brasil, CEP: 85853-728
Tel.: +55 (45) 3525-0913
Site: www.assinvexis.org
Contato: contato@assinvexis.org

ASSIPEC – Associação Internacional de Pesquisas da Conscienciologia

Fundação: IC apresentada oficialmente na Tertúlia Conscienciológica do dia 14/08/2011
Sede: Rua XV de Novembro, 1.681, Vila Municipal Jundiaí, São Paulo, Brasil, CEP: 13201-006
Tel.: +55 (11) 4521-8541
Site: www.assipec.org
Contato: assipec@assipec.org

ASSIPI – Associação Internacional de Parapsiquismo Interassistencial

Fundação: 29/12/2011
Sede: Av. Felipe Wandscheer, 6.200, sala 212, Cognópolis Foz do Iguaçu, Paraná, Brasil, CEP: 85856-530
Tel.: +55 (11) 2102-1421 – VOIP: +55 (45) 4053-9818
Site: www.assipi.org
Contato: assipi@assipi.com

CEAEC – Associação Internacional do Centro de Altos Estudos da Conscienciologia

Fundação: 15/07/1995
Sede: Rua da Cosmoética, 1.511, Cognópolis, Caixa Postal 921, Centro
Foz do Iguaçu, Paraná, Brasil, CEP: 85851-000
Tel.: +55 (45) 3525-2652 – Fax:+55 (45) 3525-5511
Site: www.ceaec.org
Contato: ceaec@ceaec.org

COMUNICONS – Associação Internacional de Comunicação Conscienciológica

Fundação: 24/07/2005
Sede: Av. Felipe Wandscheer, 6.200, sala 206, Cognópolis
Foz do Iguaçu, Paraná, Brasil, CEP: 85856-530
Tel.: +55 (45) 2102-1409
Site: www.comunicons.org.br
Contato: comunicons@comunicons.org

CONSCIUS – Associação Internacional de Consciencimetria Interassistencial

Fundação: 24/02/2006
Sede: Av. Felipe Wandscheer, 6.200, casa 352, Cognópolis
Foz do Iguaçu, Paraná, Brasil, CEP: 85856-530
Tel.: +55 (45) 2102-1460
Site: www.conscius.org.br
Contato: conscius@conscius.org.br

CONSECUTIVUS – Associação Internacional de Pesquisas Seriexológicas e Holobiográficas

Fundação: 14/12/2014
Sede: Av. Felipe Wandscheer, 6.200, Casa 351, Cognópolis
Foz do Iguaçu, Paraná, Brasil, CEP: 85851-579
Tel.: +55 (45) 9807-1320
Site: www.consecutivus.com.br
Contato: consecutivus@consecutivus.com.br

ECTOLAB – Associação Internacional de Pesquisa Laboratorial em Ectoplasmia e Paracirurgia

Fundação: 14/07/2013
Sede: Avenida Felipe Wandscheer, 6.200, sala 105, Cognópolis
Foz do Iguaçu, PR, Brasil, CEP: 85856-630
Telefone: +55 (45) 2102-1427
Site: www.ectolab.org
Contato: ectolab@ectolab.org

EDITARES – Associação Internacional Editares

Fundação: 23/10/2004
Sede: Av. Felipe Wandscheer, 6.200, sala 107, Cognópolis
Foz do Iguaçu, Paraná, Brasil, CEP: 85856-530
Tel.: +55 (45) 2102-1407
Site: www.editares.org
Shopcons: www.shopcons.com.br (portal de compra de livros)
Contato: editares@editares.org

ENCYCLOSSAPIENS – Associação Internacional de Enciclopediologia Conscienciológica

Fundação: 21/12/2013
Sede: Rua da Cosmoética, 1.511, Cognópolis
Foz do Iguaçu, Paraná, Brasil, CEP: 85851-000
Caixa Postal 921
Tel.: +55 (45) 3525-2652 – Fax: +55 (45) 3525-5511
Site: www.encyclossapiens.org
Contato: contato@encyclossapiens.org

EVOLUCIN – Associação Internacional de Conscienciologia para Infância

Fundação: 09/07/2006
Sede: Av. Felipe Wandscheer, 6.200, sala 102, Cognópolis
Foz do Iguaçu, Paraná, Brasil, CEP: 85856-530
Tel.: +55 (45) 9909-6129
Site: www.evolucin.org
Contato: evolucin@gmail.com

IIPC – Instituto Internacional de Projeciologia e Conscienciologia

Fundação: 16/01/1988
Sede: Av. Felipe Wandscheer, 6.200, sala 103, Cognópolis
Foz do Iguaçu, Paraná, Brasil, CEP: 85856-530
Tel.: +55 (45) 2102-1448
Site: www.iipc.org.br
Contato: iipc@iipc.org.br
***Campus* de Pesquisas IIPC:** Estrada do Universalismo, 1.177
Sampaio Correa, Saquarema, Rio de Janeiro, Brasil
CEP: 28997-970
Tel.: +55 (22) 2654-1186
Contato: campussaquarema@iipc.org

INTERCAMPI – Associação Internacional dos *Campi* de Pesquisas da Conscienciologia

Fundação: 23/07/2005
Sede: Av. Antonio Basílio, 3.006, sala 602, Lagoa Nova
Natal, Rio Grande do Norte, CEP: 59056-005
Tel.: +55 (84) 3211-3126
Site: www.intercampi.org
Contato: intercampi@intercampi.org

INTERPARES – Associação Internacional de Aportes Interassistenciais

Fundação: 15/05/2016
Sede: Rua da Cosmoética, 1635, sala 11, Cognópolis
Foz do Iguaçu, Paraná, Brasil, CEP: 85853-755
Tel.: +55 (45) 3525-2652
Site: www.interpares.org.br
Contato: aslascani@yahoo.com.br

OIC – Organização Internacional de Conscienciopterapia

Fundação: 06/09/2003
***Campus* OIC:** Av. Felipe Wandscheer, 5.935, Cognópolis
Foz do Iguaçu, Paraná, Brasil, CEP: 85856-530
Tel.: +55 (45) 3025-1404 / 2102-1402
Site: www.oic.org.br
Contato: aco@oic.org.br

REAPRENDENTIA – Associação Internacional de Parapedagogia e Reeducação Consciencial

Fundação: 21/10/2007
Sede: Rua da Cosmoética, 1.511, Cognópolis, Caixa Postal 921, Centro
Foz do Iguaçu, Paraná, Brasil, CEP: 85851-000
Tel.: +55 (45) 3525-2652 – Fax: +55 (45) 3525-5511
Site: www.reaprendentia.org
Contato: contato@reaprendentia.org.br

RECONSCIENTIA – Associação Internacional de Pesquisologia para Megaconscientização

Fundação: 02/07/2011
Sede: Felipe Wandscheer 6.200, Sala 104, Cognópolis
Foz do Iguaçu, Paraná, Brasil, CEP: 85856-530
Tel.: +55 (45) 9993-2000
Contato: pesquisologia@gmail.com

UNICIN – União das Instituições Conscienciocêntricas Internacionais

Fundação: 22/01/2005
Sede: Av. Felipe Wandscheer, 6.200, sala 105, Cognópolis
Foz do Iguaçu, Paraná, Brasil, CEP: 85856-530
Tel.: +55 (45) 2102-1405
Site: www.unicin.org
Contato: unicin@unicin.org

UNIESCON – União Internacional de Escritores da Conscienciologia

Fundação: 23/11/2008

Sede: Rua da Cosmoética, 1.511, Cognópolis, Caixa Postal 921, Centro

Foz do Iguaçu, Paraná, Brasil, CEP: 85851-000

Tel.: +55 (45) 3525-2652 – Fax:+55 (45) 3525-5511

Site: www.uniescon.org

Contato: uniescon.ccci@gmail.com

LIVROS PUBLICADOS PELA EDITARES

AUTOR	TÍTULO
Adriana Kauati	SÍNDROME DO IMPOSTOR
Adriana Lopes	SENSOS EVOLUTIVOS E CONTRASSENSOS REGRESSIVOS
Alessandra Nascimento / Felix Wong (Orgs.)	CONSCIENCIOLOGIA É NOTÍCIA – PROJECIOLOGIA
Alexandre Nonato	JK E OS BASTIDORES DA CONSTRUÇÃO DE BRASÍLIA
Alexandre Nonato *et. al.*	ACOPLAMENTO ENERGÉTICO
Alexandre Nonato *et. al.*	INVERSÃO EXISTENCIAL
Aline Niemeyer	MEGAPENSENES TRIVOCABULARES DA INTERASSISTENCIALIDADE
Aline Niemeyer / Lilian Zolet	TÉCNICAS BIOENERGÉTICAS PARA CRIANÇAS
Alzemiro Rufino de Matos	VIDA: OPORTUNIDADE DE APRENDER
Alzira Gesing	INTENÇÃO
Ana Seno	COMUNICAÇÃO EVOLUTIVA
Anália Rosário Lopes / Myriam Sanchez / Rita Sawaya	DICIONÁRIO DE TECAS DA HOLOTECOLOGIA
Antonio Pitaguari / Marina Thomaz	REDAÇÃO E ESTILÍSTICA CONSCIENCIOLÓGICA
Arlindo Alcadipani	ITINERÁRIO EVOLUTIVO DE UM RECICLANTE
Bárbara Ceotto	DIÁRIO DE AUTOCURA
Cesar Machado	ANTIVITIMIZAÇÃO
	PROATIVIDADE EVOLUTIVA
Cesar Machado / Stéfani Sabetzki	HUMANIZAÇÃO PARAPSÍQUICA NA UTI
Cirleine Couto	CONTRAPONTOS DO PARAPSIQUISMO
	INTELIGÊNCIA EVOLUTIVA COTIDIANA
Dalva Morem	SEMPRE É TEMPO
Dayane Rossa	OPORTUNIDADE DE VIVER
Débora Klippel	O PEQUENO PESQUISADOR: MULTIDIMENSIONALIDADE
Dulce Daou	AUTOCONSCIÊNCIA E MULTIDIMENSIONALIDADE
	VONTADE: CONSCIÊNCIA INTEIRA
Eduardo Martins	HIGIENE CONSCIENCIAL
Eliana Manfroi	ANTIDESPERDÍCIO CONSCIENCIAL
Fernando R. Sivelli / Marineide C. Gregório	AUTOEXPERIMENTOGRAFIA PROJECIOLÓGICA
Flavia Rogick	MUDAR OU MUDAR
	CONSCIÊNCIA CENTRADA NA ASSISTÊNCIA
Flavio Amado	TEÁTICAS DA TENEPES

Flávio Buononato	ANUÁRIO DA CONSCIENCIOLOGIA 2012
	ANUÁRIO DA CONSCIENCIOLOGIA 2013
	FATOS E PARAFATOS DA COGNÓPOLIS FOZ DO IGUAÇU
Graça Razera	HIPERATIVIDADE EFICAZ
Guilherme Kunz	MANUAL DO MATERPENSENE
Jacqueline Nahas / Pedro Fernandes	*HOMO LEXICOGRAPHUS*
Jayme Pereira	BÁRBARAH VAI À ESTRELA
	PRINCÍPIOS DO ESTADO MUNDIAL COSMOÉTICO
João Aurélio / Kátia Arakaki	COGNÓPOLIS FOZ: UM LUGAR PARA SE VIVER
João Paulo Costa / Dayane Rossa	MANUAL DA CONSCIN-COBAIA
Jovilde Montagna	VIVÊNCIAS PARAPSÍQUICAS DE UMA PEDIATRA
Julieta Mendonça	MANUAL DO TEXTO DISSERTATIVO
Julio Almeida	QUALIFICAÇÕES DA CONSCIÊNCIA
	QUALIFICAÇÃO AUTORAL
Kátia Arakaki	ANTIBAGULHISMO ENERGÉTICO – MANUAL
	VIAGENS INTERNACIONAIS
Laura Sánchez	LASTANOSA: MEMÓRIA E HISTÓRIA DO INTELECTUAL E HOLOTECÁRIO DO SÉCULO XVII
Lilian Zolet	PARAPSIQUISMO NA INFÂNCIA
Lilian Zolet / Flávio Buononato	MANUAL DO *ACOPLAMENTARIUM*
Lilian Zolet / Guilherme Kunz	*ACOPLAMENTARIUM:* PRIMEIRA DÉCADA
Lourdes Pinheiro / Felipe Araújo	DICIONÁRIO DE VERBOS CONJUGADOS DA LÍNGUA PORTUGUESA
Luciana Lavôr (Org.)	NOITE DE GALA MNEMÔNICA
Luciano Vicenzi	CORAGEM PARA EVOLUIR
Lucy Lutfi	VOLTEI PARA CONTAR
Luiz Bonassi	PARADOXOS
Mabel Teles	PROFILAXIA DAS MANIPULAÇÕES CONSCIENCIAIS
	ZÉFIRO
Málu Balona	AUTOCURA ATRAVÉS DA RECONCILIAÇÃO
	SÍNDROME DO ESTRANGEIRO
Marcelo da Luz	ONDE A RELIGIÃO TERMINA?
Maria Helena Lagrota	MINHAS QUATRO ESTAÇÕES
Maria Thereza Lacerda	A PEDRA DO CAMINHO
Marina Thomaz / Antonio Pitaguari (Orgs.)	TENEPES: ASSISTÊNCIA INTERDIMENSIONAL LÚCIDA
Maximiliano Haymann	PRESCRIÇÕES PARA O AUTODESASSÉDIO
	SÍNDROME DO OSTRACISMO
Miguel Cirera	*EVOLUCIÓN DE LA INTELIGENCIA PARAPSÍQUICA*

Moacir Gonçalves / Rosemary Salles	DINÂMICAS PARAPSÍQUICAS
Osmar Ramos Filho	CRISTO ESPERA POR TI (Edição Comentada)
Phelipe Mansur	EMPREENDEDORISMO EVOLUTIVO
Reinalda Fritzen	CAMINHOS DE AUTOSSUPERAÇÃO
Roberto Leimig	VIDAS DE NATURALISTA
Rodrigo Medeiros	CLARIVIDÊNCIA
Rosa Nader	MANUAL DE VERBETOGRAFIA
Roseli Oliveira	DICIONÁRIO DE EUFEMISMOS DA LÍNGUA PORTUGUESA
Rosemary Salles	CONSCIÊNCIA EM REVOLUÇÃO
	CONCIENCIA EN REVOLUCIÓN
Sandra Tornieri	MAPEAMENTO DA SINALÉTICA ENERGÉTICA PARAPSÍQUICA
Silda Dries	TEORIA E PRÁTICA DA EXPERIÊNCIA FORA DO CORPO
Tatiana Lopes	DESENVOLVIMENTO DA PROJETABILIDADE LÚCIDA
Tathiana Mota	CURSO INTERMISSIVO
Tony Musskopf	AUTENTICIDADE CONSCIENCIAL
Vera Hoffmann	SEM MEDO DA MORTE
Vera Tanuri	PERDÃO
Wagner Alegretti	RETROCOGNIÇÕES
Waldo Vieira	500 VERBETÓGRAFOS DA ENCICLOPÉDIA DA CONSCIENCIOLOGIA
	700 EXPERIMENTOS DA CONSCIENCIOLOGIA
	DICIONÁRIO DE ARGUMENTOS DA CONSCIENCIOLOGIA
	DICIONÁRIO DE NEOLOGISMOS DA CONSCIENCIOLOGIA
	ENCICLOPÉDIA DA CONSCIENCIOLOGIA
	HOMO SAPIENS PACIFICUS
	HOMO SAPIENS REURBANISATUS
	LÉXICO DE ORTOPENSATAS
	MANUAL DA DUPLA EVOLUTIVA
	MANUAL DA PROÉXIS
	MANUAL DA TENEPES
	MANUAL DOS MEGAPENSENES TRIVOCABULARES
	NOSSA EVOLUÇÃO
	O QUE É A CONSCIENCIOLOGIA
	PROJECIOLOGIA
	PROJEÇÕES DA CONSCIÊNCIA

1. Área da Pesquisa:

Este livro pesquisa temas da
SINALETICOLOGIA
especialidade da Conscienciologia.

2. Princípio da Descrença:

Não acredite em nada, nem mesmo
nas informações expostas neste livro,
o inteligente é fazer pesquisas
pessoais sobre os temas.

www.ingramcontent.com/pod-product-compliance
Ingram Content Group UK Ltd.
Pitfield, Milton Keynes, MK11 3LW, UK
UKHW021957190726
13853UKWH00004B/1590